人格心理研究丛书

Series on
Personality Psychology

主编 郭永玉

人格的毕生发展

尤 瑾 著

上海教育出版社
SHANGHAI EDUCATIONAL
PUBLISHING HOUSE

总　序

《人格心理学：人性及其差异的研究》(中国社会科学出版社 2005 年版)一书出版后，我就开始酝酿一个计划，就是以此书的体系为框架，编写一套人格研究丛书。就是说此书尽管很厚，但就人格心理学这一丰富而宽泛的领域而言，仍然是概略性的。如果将每一章扩展成一本书，就可以讲得更明白而翔实一些。但这个计划从酝酿到现在实现，已经十几年过去了。之所以如此"难产"，原因当然很多，其中最主要的是中青年作者队伍的形成。因为人格心理学虽然在西方是心理学的一个基础性领域，已经有了深厚的积累，但在中国，由于历史的原因，人格心理学一直是一个薄弱的分支。

在那个心理学即使被允许存在的年代，"人格"一词在相当长的时间里也是避免使用的。在普通心理学课程中，有关人格的内容讲的是气质和性格，更奇怪的是，把气质又归结为巴甫洛夫的神经活动类型，把性格归结为对人、对己、对集体、对社会的态度。这些内容与西方的普通心理学或心理学导论课程中的人格章节的内容几乎没有相同之处，是另外一套说辞。总之就是回避"人格"一词。直到现在，我也很难解释这件事，只能笼统地理解为"人格"大概属于"资产阶级的东西，姓资不姓社"。这种情况是"冷战"时代意识形态指导学术的一个很小的例证。20 世纪 80 年代初期，由北京大学周先庚先生组织全国同行协作翻译的克雷奇(David Krech)等人编著的《心理学纲要》(文化教育出版社 1981 年版)，涉及人格和心理健康的部分是没有被译出的，也就是说该书只是个节译本。这种情况直到 80 年代后期才有所改变，周先庚先生主持翻译的希尔加德(E. R. Hilgard)等人编著的《心理学导论》(北京大学出版社

1987 年版)，就没有整章缺漏的情况了。

人格心理学在中国被视为一个独立的分支，具体而言就是在心理学专业课程体系中被作为一门课程，要比其他基础性分支晚得多。就教科书而言，高玉祥的《个性心理学》(北京师范大学出版社 1989 年版)和叶奕乾、孔克勤的《个性心理学》(华东师范大学出版社 1993 年版)，是将动机和价值观，以及气质、性格和能力(智力)等都归在“个性”概念之下，将西方心理学中有关人格的知识纳入其中，将人格说成个性或者性格，总之是在“苏联心理学”的概念框架下吸收西方的人格心理学知识，但仍然尽量避免使用“人格”一词。

难能可贵的是，同样在那种背景之下，陈仲庚、张雨新的《人格心理学》(辽宁人民出版社 1987 年版)和叶奕乾的《人格心理学》(青海人民出版社 1990 年版)则是采用西方心理学的体系，以各大派别的人格理论为主线。黄希庭的《人格心理学》(台湾东华书局 1998 年版，浙江教育出版社 2002 年版)将这种体系加以整合完善。至此，人格心理学教材在体系和内容上才与国际接轨。而此时，“冷战”早已结束，作为特殊话语体系的所谓“苏联心理学”也早就寿终正寝了。当然，单从学术本身而言，人格心理学是具有社会性和文化性的学科，不同国家、地区乃至学术机构和具体学者都可能有不同的理论或体系，但这与“冷战”背景下形成的美苏两大学术壁垒或阵营是两回事。

进入 21 世纪，人格心理学的教学和研究也发展到更高的水平。在黄希庭等教授的倡导下，2005 年 10 月中国心理学会第九届第一次常务理事会决定成立人格心理学专业委员会。从此，人格心理学的发展进入新的阶段。在教育部颁布的《高等学校本科专业类教学质量国家标准》的心理学部分，人格心理学被规定为心理学类专业的核心知识领域。我有幸作为这些事件的参与者，见证了这一学科发展的若干个里程碑时刻。

尽管如此，整体而言，人格心理学的教学和研究人员一直很少，招收人格研究方向研究生的导师屈指可数。因此，某种意义上，我是在等待愿意并能够承担这套丛书写作任务的中青年学者队伍的形成。直到近五年，时机逐渐成熟了。一批以人格为研究方向的年轻学者成长起来，他们大体在2010年前后五年内获得博士学位并成为教学科研骨干。2015年，我觉得丛书编写的计划可以付诸实施了，于是在上海教育出版社谢冬华先生的积极推动下，丛书写作任务开始落实。

丛书的选题依据基本上是以我在本文开始所言的那本书为蓝本，每一章扩展成一本书。为此，这里简要回顾一下那本书的框架。我当年在自序中说：

> 本书试图较系统地总结人格心理学的主要理论和研究成果，特别是体现这一领域从理论流派的纷争到深入的问题研究这一重大转向。我将主要以1990年代以来的文献为依据，以人格心理学的理论和实证研究成果为基础，整合人格心理学领域的最新研究成果，进而打通各理论派别间的界限，沟通各个研究主题间的联系，将已有的理论和实证研究成果整合到一种新的架构中，使人格心理学的知识体系接近历史与逻辑相统一的标准。

那本书包括六部分：第一部分探讨人格的概念及人格心理学的对象、任务、方法和历史，回顾传统的人格理论。在本丛书中，《人格理论》和《人格研究方法》就属于这一部分。

第二部分探讨人格的形成与发展，分别探讨生物学条件（生理、遗传、进化）和社会文化条件，以及发展历程（年龄阶段）和机制（天性与教养的相互作用）。在本丛书中，包括《人格的生理学维度》《人格的遗传学解释》《进化人格心理学》《人格与社会》《人格与文化》和《人格的毕生发展》。

第三部分是人格的整体功能研究，包括认知、情绪、动机和自我，即信息的获取与处理、情绪的反应与适应、行为的动力与目标，以及自我的统合与完善。在本丛书中，包括《人格与认知》《人格与情绪》《动机与目标》《自我调节》和《自我》。

第四部分是人格的具体功能研究，分别探讨潜意识、攻击、利他、人格与健康。在本丛书中，包括《人格与健康》《人格障碍》《人格中的恶》《利他主义》《人格与道德》和《人格与创造》。这部分与那本书的章目不完全对应，其间虽有内容上的重叠交叉，但每本书都围绕一个专题展开，各自有其独立成篇的合理性。

第五部分是人格的群体差异研究，包括性别差异和文化差异这两个最大的群体差异。在本丛书中，包括《性别与人格》和《中国人的人格》。

第六部分是总结性的，探讨人格测评的理论和方法，并在最后一章探讨人格理论中的人性观、人格理论分歧的维度、人格研究的方法论问题，以及人格心理学的未来走向。在本丛书中，有《人格评鉴》。

这里列的书目是迄今为止已经明确任务的，随着工作的进展，可能会有个别变动，有的可能因为各种原因不能如期完成，有的专题这里没有提及，但内容很好又有合适的作者，可能会新加入进来。但这些变动不会改变这个大的框架。定稿后的书名可能有变化，但内容基本就是这些。

人格心理学是一个丰富、有趣又富于挑战性的领域。我们期待这套丛书能够较完整地展现这一学科的面貌，也期待有更多的年轻人进入这一研究行列。当然，也期待着读者坦率地指出丛书编撰中存在的问题甚至错误。

郭永玉

2019 年 2 月

于金陵随心斋

自　序

我在中国香港读书期间，所修专业是毕生发展心理学，有机会系统学习这个领域重要的理论和研究方法，并跟进相关主题的最新研究进展。几年过去了，国外的毕生发展心理学研究发展迅速，但是在国内，它仍属“新生”领域，不仅有关的原创研究很少，而且除了若干翻译著作，对国外研究的系统介绍也寥寥无几。鉴于国内外研究的差距，我一直都有愿望将毕生发展领域的研究进展总结出来，介绍给国内的心理学研究者和爱好者。但因为时间问题，一直未能付诸实践。现在，有幸能够执笔“人格心理研究丛书”中《人格的毕生发展》一书，算是了却一个心愿。对我个人而言，这是非常有意义的事情。

早期发展心理学的研究重点多在儿童期和青少年期的发展。在过去的二三十年间，研究者开始将研究范围拓展到成年中期、老年期等整个人生周期。早期的老年学研究关注个体在成年中期之后智力、认知能力、生理健康和身体活动方面的衰退。可以说，与常识一致，研究者认为，人生后半程是一片惨淡的，与无能、负担、痛苦、孤独、残疾等各种消极词汇联系在一起。但到了20世纪90年代，毕生发展心理学家开始指出，个体的发展是多方向的。诚然，到了人生的后半程，在一些方面（如身体状况、认知加工速度），个体的发展呈下降的趋势；在另一些方面（如人生智慧、情商、人格、工作经验、专业技术），尤其是人格、情绪和社会性方面，个体的发展则呈上升的趋势。因此，中老年期并不完全是一幅消极的画面，相反，很多中老年人是积极的、成功的，完全拥有更加精彩的生活和更加通透的人生体验。更重要的是，年龄在带走个体某些财富（如健康）的同时，在情绪和社会性方面赋予个体独特的优势。例如，个体到了中老年期拥有各种主动的和无意识的策略(如选择—最优化—补偿策略、无意识自我调节),这是个体在青年期无法获得的生存策略。因此,了解人生后半程个体在情绪和社会性方面的积极变化,不仅对毕生发展研究有重要的理论贡献,而且有利于个体和社会应对老龄化的挑战,帮助中老年人更愉悦、更有意义地度过人生的后半部分。人格作为情绪和社会性方面的核心,指导并决定着个体的认知、情感和行为,正如日常生活中常说的,“性格决定命运”。因此,了解人格的发展,对揭示个体的毕生发展规律,帮助个体更好地应对整个人生的挑战,尤其有意义。

本书的主要目标正在于此。全书尝试从毕生发展的角度总结跟人格形成与发展有关的理论和实证研究成果,以揭示人格发展的基本规律和内在过程,帮助个体更好地了解自己的人格在整个人生历程中扮演的角色。简单地说,本书包括三个部分。第一部分主要探讨人格发展的基本概念、常用研究方法和重要理论。第二部分主要涉及人格发展的轨迹及其背后的内在机制。第三部分重点关注人格发展与重要人生主题(人际关系、工作和健康)之间的双向关系。前两部分主要是人格发展研究领域的理论探讨,算是“顶天”;第三部分旨在揭示人格与每个人的个人命运或者重要生活结果(如职业成功、学业成就、健康状况、婚姻幸福)之间的相互联系,意在梳理人格研究的生活基础,算是“立地”。

第一部分根据上述的概念、方法、理论三方面内容,分作三章来具体阐述。人格概念在很多人格心理学书中都有详细论述,在本系列——“人格心理研究丛书”中也有详细的、多角度的阐释。为了避免不必要的重复,本书第一章首先简单回顾了人格发展研究中经常谈及的理论框架(大五人格理论、六焦点人格模型),然后重点介绍了人格发展的不同形式(平均水平一致性、等级一致性、自比一致性、人格发展的个体差异),最后总结了人格发展研究在回答心理学领域基本理论问题(如天性与教养之争、特质与情境问题、发展方向问题)中的重要作用。第二章首先介绍了发展研究常用的三种实验设计(横断设计、纵向设计、序列设计)及其区分年龄、世代和测量时间点效应时的优劣,然后回顾了人格研究中常用的研究资料(自我报告资料、他人评定资料和客观的数据资料)及其运用于人格发展研究时值得注意的问题。第三章回顾了与人格发展有关的经典理论观点，包括弗洛伊德的心理性欲发展阶段理论、奥尔波特的人格发展理论、埃里克森的心理社会发展阶段理论、莱文森的人生季节理论和洛文杰的自我发展理论。值得一提的是，书中在回顾理论时有两点考虑：(1) 只涉及与人格发展有关的理论，以期能够将重点放在人格发展上，而不是人格的所有领域；(2) 所探讨的相关实证研究旨在阐释经典理论如何启发当代的人格实证研究，进一步引导读者思考如何运用经典理论来指导研究。

第二部分包括第四章和第五章，描述和解释人格的毕生发展。第四章主要描述人格不同的结构和过程（如人格特质、自我、自我叙事）在整个人生历程中的变化轨迹。本质上说，第四章与第三章相呼应：第三章回顾有关人格毕生发展的经典理论，第四章则是有关人格毕生发展的实证研究总结；经典的人格发展理论都为阶段论，而实证研究发现人格发展的连续性。以第四章为基础，第五章尝试解释人格发展现象背后的内在机制。书中不仅回顾了与人格发展机制（基因和环境的主效应、基因与环境相关、基因与环境交互作用）有关的小型理论（如生命历程理论），以及人格理论中的相关论断（如大五人格理论的相关论断），而且总结了与各种理论论断有关的支持证据。

第三部分包括第六章、第七章和第八章，分别总结了整个人生周期中人格与人际关系、工作、健康之间的相互关系。弗洛伊德指出，人生的重要主题是工作和爱（亲密关系）。后来的研究者提到，人生的五大主题是身体健康、人际关系、能力、自我发展和创造力。由于后三者主要与工作关系密切，因此本书重点关注了健康、工作和人际关系三个方面。沿用个人—环境相互关系的思路，本书不仅关注人格对人生三大主题的塑造作用，而且总结了这三大主题（尤其是工作和亲密关系）对人格发展的反向作用；采用毕生发展的观点，书中关注了从出生到死亡的所有的人际关系（亲子、同伴、婚恋）和工作状态（参加工作、维持工作、退休、失业）等，以期能够科学地回答“性格是否决定命运”“性格能否改变”等生活中每个人都关心的问题。

本书算是我硕士阶段研究兴趣和博士阶段学习内容的总结。选择撰写本书的时候，我非常希望能够借助本书进一步融合两个学习阶段看似独立的知识结构，能够在两个领域更好地融会贯通。书稿完成之际，我清晰地感觉到写作本书的收获远不止于此。写书过程中的愉悦感受明确地告诉我：自己的确喜欢人格研究，未来应该继续在人格领域探索；在人格和毕生发展两个领域的专业训练原来可以如此相得益彰，帮助我形成独特的优势，开展有特色的工作。更重要的是，在整个写作过程中，我在反思自我和人生。通过将专业内容与自己的人生相联系，我更清楚地看见了自己的优势和局限；更加明白自己应该如何突破局限，继续自我成长；也更知道应该如何扬长避短，更好地规划和经营以后的生活，不负此生。我真诚地希望，本书也能给其他人带来类似的收获。

之所以能够完成本书，完全是因为硕士导师郭永玉教授和博士导师冯海岚教授多年来的悉心指导。两位导师风格迥异，但相同的是对研究的热爱、对工作的专注、对目标的执着、对尽善尽美的追求、对学生成长的关心等优秀的品质。正是幸得良师，自己才能如此无忧无虑地生活至今，如此顺利地完成一个个重要的人生任务。

同时感谢学生王雪娇、王也、杨蕾、徐婷等人帮我处理书稿中的各种细节；感谢家人对我无条件的支持，帮我查漏挑错，督促我的写作进程；感谢上海教育出版社的编辑和相关人员的编校工作。

本书内容繁多，主要由本人完成，虽然经过反复阅读，但某些疏漏或细节难以自我觉察，恳请批评指正。请通过 jyou@whu. edu. cn 与我联系。

尤　瑾

2019 年 10 月于珞珈山

目录 | Contents

1 引论

随着物质生活的丰富，人们对个人成长、心灵疗愈等方面的关注日益凸显。书店的书架上摆满了《重塑心灵》《改变命运，完善性格》《少有人走的路：心智成熟的旅程》等各种关于性格发展和人格重塑的书籍；市面上，针对不同年龄群体的心灵成长课程和人格塑造工作坊如火如荼。但是，如日常俗语所说，"三岁看大，七岁看老"，小时候的性格特点真的会影响长大后的性格吗？如果的确如此，那么我们的性格在一生中会改变吗？孔子曰："吾十有五而志于学，三十而立，四十而不惑，五十而知天命，六十而耳顺，七十而从心所欲，不逾矩。"（《论语·为政》）如果我们的性格的确在一定程度上可以改变，那么真如孔子所描述的那样，性格的毕生发展存在一定的规律吗？所有人的性格发展都将遵从这个规律吗？从出生开始，我们的性格就受到父母、学校和朋友的各种有意无意的影响和塑造。近年来，除了严父慈母的传统教育模式，以耶鲁大学华裔教授蔡美儿为典范的"虎妈"式的严厉教育风靡一时。假设性格的确可以改变，那么到底哪些因素能更好地促使人的性格发生改变？是无条件的关爱和温暖可以帮助我们向积极的方向发展，还是缺乏人情味的严厉批评更能促进我们反思自己，认识自己，最终超越自己，实现个人成长呢？如果性格不可以改变，那么又是什么原因让我们的性格保持稳定？是我们与生俱来的基因，还是相对稳定的生活环境？中国人一直强调修身养性，近年来国内各种儿童性格培养夏令营和情商培训班更是层出不穷。如此，我们真的可以通过读书、内省、专业的干预等途径超越自身的性格局限，变得越来越成熟吗？如果性格可以改变和塑造，那么怎样的性格才叫成熟？我们在完善自己的性格时，努力的方向应该在哪里？应该如何努力？所谓“性格决定命运”，性格到底如何影响我们生活的方方面面，如何影响我们的工作成就和社会地位，如何影响我们的婚姻、友情和各种人际关系？是不是某些性格的人会更健康、更长寿？这些是日常生活中时常讨论的话题，也是人格发展心理学家尝试揭秘的内容。

在心理学广泛的研究领域里，人格心理学是心理学的重要分支之一。人格心理学关注的重点是人格特征的共同性及其在群体和个体层面的差异性。人格心理学家尝试从生理、遗传、进化、认知、文化、社会、发展等不同角度理解人格特征的结构和过程。本书将主要从毕生发展的角度来关注人格的连续性和变化，及其发生、发展背后的心理过程和机制。通俗地说，本书要回答的问题包括：(1) 人格随着年龄增长会保持一致还是发生变化？(2) 如果人格可以改变，那么到底是如何随着年龄增长逐步发生变化的？(3) 如果人格改变或者保持不变，那么背后的原因是什么？或者说影响的机制是什么？本章将首先界定人格及人格发展，简要地概括和回顾人格发展研究中的基本问题；随后的章节将就本章提及的问题以及相关的研究证据逐一作出详细的阐释。

1.1 人格及人格发展的界定

根据毕生发展研究者的观点，发展科学旨在描述、解释和改变行为体在一生中发生的个体内变化以及个体间差异（Baltes, Reese, & Nesselroade, 1977）。具体到人格发展研究，该领域的任务是描述、解释和改变人格随年龄而发生的个体内变化以及个体间差异。因此，研究人格发展，不可避免的工作是操作地定义“人格”和“变化”。“人格”一词的定义和历史渊源在人格心理学书籍中已经有大量的阐述，“发展”的概念和操作定义在发展心理学研究中也有深入的探讨，关于这两个概念，可以参见相关书籍。本章将简要地回顾人格发展研究中研究者普遍认可的人格概念以及对人格变化(或连续性)的测量。

1.1.1 人格及其概念

在过去的30年间,人格研究中最盛行的理论是特质观,人格发展研究也就人格特质(personality traits)进行了深入探讨。根据特质理论,人格特质是人格的基本分析单元,是指个体在生物基础上形成的具有跨时间稳定性和跨情境一致性的思维、感受和行为模式(McCrae & Costa, 2008)。特质研究尝试找出描述个体人格的分类系统,当前最广为接受的是大五人格(Goldberg & Saucier, 1995)或者五因素人格结构(Goldberg & Saucier, 1995)。尽管这两个人格分类系统有细微的差异,但是从整体来看,二者都认为人格由神经质(情绪稳定性)、外向性、开放性、随和性和尽责性五个维度来描述。大五人格的具体特征见表1-1。

表1-1　大五人格的具体特征(McCrae & John, 1992)

高分者的人格特征	维度(因素)	低分者的人格特征
烦恼、紧张、情绪化、不安全、不准确、忧郁	神经质(N)	平静、放松、少情绪化、安全、果敢、自我陶醉
好社交、活跃、健谈、乐群、乐观、好玩乐、重感情	外向性(E)	谨慎、冷静、没精打采、冷淡、乐于做事、退让、寡言
好奇、兴趣广泛、有创造力、富于想象、非传统	开放性(O)	习俗化、讲实际、兴趣少、无艺术性、非分析性
心肠软、脾气好、信任人、助人、宽宏大量、轻信、直率	随和性(A)	愤世嫉俗、粗鲁、多疑、不合作、报复心理、残忍、易怒、好操纵别人
有条理、可靠、勤奋、自律、准时、细心、整洁、有抱负、有毅力	尽责性(C)	无目标、不可靠、懒惰、粗心、松懈、不检点、意志弱、享乐

更重要的是,大五人格特质可以预测职业成就指标(Hogan & Chamorro-Premuzic, 2015)、关系满意度(Robins, Caspi, & Moffitt, 2000)、反社会行为(Miller & Lynam, 2001)、健康和长寿(Friedman, 2000; Friedman et al., 1993)、社会权力(Anderson & Berdahl, 2002)等发展结果。由于人格特质的简洁性和预测力,人格发展研究就大五人格

特质以及相关的性格特征(如儿童期的抑制)随年龄的发展趋势及其背后的心理机制等开展了大量的工作,取得了丰硕的成果。有研究者(Digman, 1997)认为,大五人格或者五因素人格结构可以简化为两个更宽泛的维度:第一个维度包括尽责性、随和性和情绪稳定性,与"相处"有关;第二个维度包括外向性和开放性,与"趋近"有关,也反映着"意义寻求",因为外向性可以预测寻求外界刺激的倾向,开放性可以预测对知识的好奇心。

以五因素人格模型为基础,结合其他流派理论和研究成果,大五研究者还提出了大五人格理论,以系统地理解人格的个体差异。根据大五人格理论,人格系统包括基本倾向、特征适应、自我概念,与人格系统有关的成分包括生物基础、外在影响和客观叙事(如图 1-1 所示)(McCrae & Costa, 1996)。其中,基本倾向即大五人格特质,是内源性的基本倾向,会持续影响个体的思维、情感和行为模式;特征适应是根据人格特质和人生经验发展出来的思维、情感和行为模式,是生理成熟和环境影响共同作用的结果;客观叙事是由具体情境导致的、在特定时间和情境下的行为和心理体验,是特征适应和外部影响共同作用的结果;自我概念是个体自己能够意识到的对自己的认知和情感的信念,与人格特质保持一致,是有选择性的自我表征,是特征适应和客观叙事共同作用的结果。

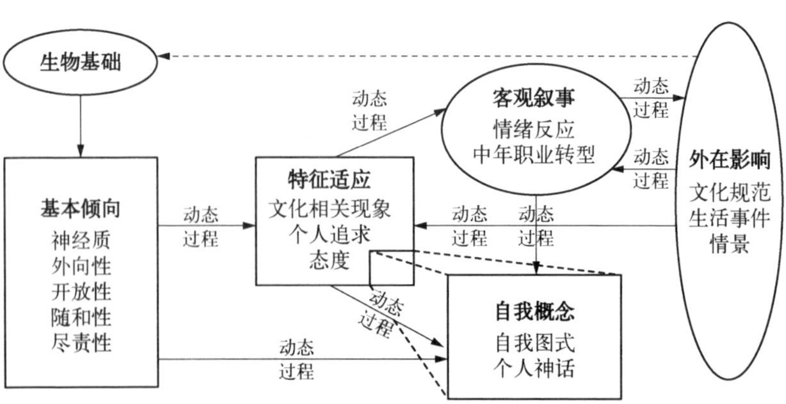

图 1-1 大五人格理论(McCrae & Costa, 1996)

近年来，越来越多的研究者认识到，人格特质虽然可以很好地描述个体跨情境的人格特点，但人格特质并不是人格的全部(Sheldon, Cheng, & Hilpert, 2011)。人格的社会认知特征、个人叙事、目标动机也是人格的重要组成部分，人格不同层面的整合工作在人格发展研究中进展良好。例如，发展研究强调自我特征对个人毕生发展和生活背景的塑造作用，发现了人格特质和社会认知变量(如自我调节)在毕生发展中的相互作用，为整合人格特质和社会认知变量提供了可能性(Carver & Scheier, 1982)。有研究者(Hooker & McAdams, 2003)提出了六焦点模型(six foci model)以整合人格不同层面的特征及其发展。根据他们的观点，人格可以分为结构和过程两个维度：人格结构主要来自特质流派的概念，是指人格中相对稳定的、结构性的成分，包括特质、特征适应和人生故事三个成分；人格过程主要来自社会认知流派的概念，是指人格中的动态成分，包括状态、自我调节和自我叙事三个成分(如图 1-2 所示)。六焦点模型很好地将特质研究、社会认知流派和叙事研究整合到一个理论框架中，为进一步全面理解人格及其发展奠定了基础。本书将主要以此理论框架为基础，探讨人格发展及其背后的心理机制。

图 1-2　人格的六焦点模型
(Hooker & McAdams, 2003)

1.1.2　人格的连续性与可变性

就人格连续性而言，研究者有不同的术语描述，其中包括人格连续性(continuity)、人格一致性(consistency)、人格稳定性(stability)，在研究中，这些术语常常可以互换，在内涵上相差甚微；此外，人格发展研究经常提及的另一个术语是人格变化(change)，它可以被看作人格连续性的反面。具体到人格到底是连续的还是变化的问题，研究者一直持不同的观点。例如，根据人格的定义，有研究者认为人格是稳定的，不会随时间或者年龄而变化；一些研究者一直在论证人格会随着年龄而变化；另一些研究者则认为,人格既有其稳定的一面,也有其变化的一面,在人格的发展中,稳定和变化是并存的。但是,上述三类论断的表述都相对含糊不清,甚至彼此矛盾,让人无所适从。后续的研究指出,这些不一致的论断可能是因为研究者关注的是不同形式的变化或者连续:一些研究者的论断关注的是某个群体的人格在不同年龄组的差异或者随年龄的变化,而另一些研究结论分析的是同一个体的人格在不同年龄段的异同。因此,人格发展研究通过明确的统计操作定义,区分不同形式的连续性或者变化,明确了不同形式的连续性或者变化背后独特的内涵和意义(Roberts, Wood, & Caspi, 2008)。

从整体来看,人格的连续性可以分为同质连续性(homotypic continuity)和异质连续性(heterotypic continuity)两大类型(Caspi & Bem, 1990)。同质连续性是指相同的思想、感受和行为倾向在发展的不同时间点表现出的一致性程度;与之相反,异质连续性是指某些性格倾向在发展的不同时间点,虽然外在表现上存在差异,但是其内在本质上的一致性程度。同质连续性假定同一性格倾向的外在表现和内在本质在人生的不同阶段是恒定不变的。同质连续性在成年人人格发展研究(如大五人格的连续性)中受到广泛关注,并且被进一步细分为不同的形式。异质连续性则主要体现在人格连贯性的研究中,重点关注儿童气质特点与其他年龄阶段人格特质的关系。

人格的同质连续性可以通过结构一致性、平均水平一致性、等级一致性、自比一致性和变化的个体差异来评估。

同质连续性。在考察同质连续性时,由于假设同一性格倾向(如大五人格特质)的内涵和外延在不同发展阶段保持一致,因而评价人格的同质连续性仅涉及统计层面上的区分和比较,不需要考虑概念内容及其操作定义的等价性。在当代人格发展研究中,同质连续性包括结构一致性(structural consistency)、平均水平一致性(mean-level consistency)、等级一致性(rank-order consistency)、自比一致性(ipsative consistency)和变化的个体差异(individual differences in change)等不同的形式,其中平均水平一致性和等级一致性受到更为广泛的关注。值得一提的是,不同形式的人格连续性由于理论意义和统计定义都不相同，因此相关的结论也相对独立，并不一定会彼此验证(Roberts et al., 2008)。例如，大五人格中的尽责性和情绪稳定性在成年早期和中期会表现出平均水平一致性的变化，但是两种人格特质的等级一致性在成年中期相对较高。

结构一致性。结构一致性是指人格测量工具的心理测量性质在发展的不同时间点的等同性。从统计上讲，结构一致性是指同一人格量表内部不同维度之间的相关关系在不同的发展阶段或者年龄群体中是否一致(Donnellan, Hill, & Roberts, 2015)。例如，在纵向研究中，结构一致性考察大五人格问卷中外向性、随和性、神经质、尽责性和开放性五个维度的相关矩阵在成年早期和老年期在统计意义上是否有显著差异。在横断研究中，结构一致性则检验上述人格维度之间的相关矩阵在青年人和老年人群体中是否存在显著差异。通常来说，结构一致性可以通过探索性因素分析或者多样本验证性因素分析等统计手段实现。结构一致性本质上就是测量等值性，与文化研究中的测量等值性类似，意义在于保证同一种性格倾向在不同的年龄群体或者不同的发展阶段以相同的、等价的方式得以测量，即在不同时间点测量的是同样的内容(Roberts & Mroczek, 2008)。结构一致性是年龄群体比较或者纵向比较的前提条件(Donnellan et al., 2015)。可以说，只有在结构一致性比较高的前提下，同质连续性分析才有意义；如果结构一致性很差，不同测量点或者不同年龄群体的人格测量不等值，其他同质连续性分析就完全没有比较的价值。因此，建立结构一致性是人格发展研究的第一步，是其他同质连续性分析的基石(Baltes et al., 1977)。

不同测量点或者不同年龄群体的人格测量不等值，也不是完全没有意义，它说明测量的人格结构在不同的年龄群体中有质的差异。有研究(Damon & Hart, 1986)发现，儿童期和青少年期的自我结构连续性很低，说明青少年期的自我有质的变化。这可能反映了青少年期自我发展的客观现实：随着年龄的增长，在青少年期，认知机能得到充分发展，社会角色和社会身份也变得更为复杂，自我开始从儿童期的未分化状态进一步细化和发展(Harter, 1997)。

平均水平一致性。平均水平一致性又叫绝对稳定性，是某种特质在一个样本中的平均水平随年龄的变化趋势或者在不同年龄样本中的平均数差异(Donnellan et al.，2015)。从统计的角度看，在纵向设计中，研究将测量某种人格特征在两个或者多个发展时间点的平均数，该人格特征的平均水平一致性体现在该人格特征不同时间点的平均数差异上。例如，一个样本中所有个体在大五尽责性量表上的平均得分在 18 岁的时候可能只有 2.80，到 30 岁的时候可能增加到 3.50，到了中年期可能继续增加到 4.20。在横断设计中，研究将测量两个或者多个年龄样本在某种人格特征上的平均数，该人格特征的平均水平一致性体现在不同年龄样本中该人格特征的平均数差异上。例如，有研究显示，中年人在外向性、神经质和开放性上的平均得分显著低于年轻人，但是随和性和尽责性的平均得分显著高于年轻人(Lucas & Donnellan，2009)。

无论采用何种设计，平均水平一致性关注以下两个方面：某人格特征在特定的样本中随着年龄和时间是否有增强、减弱或保持不变的潜在趋势；如果有变化的趋势，人格特征变化的程度到底有多大。如果某人格特质的平均数随着时间保持不变或者在不同年龄群体中差异很小，则平均水平一致性很高；反之，则平均水平一致性很低。平均水平一致性不仅可以描述样本在某种人格特征上的整体变化趋势，而且可以描述人格特征平均变化趋势的群体差异。例如，有研究显示，大五人格的平均水平一致性不存在显著的性别差异(Roberts，Caspi，& Moffitt，2001)，但存在显著的代际差异，譬如美国的年轻一代比年老一代在社会支配性方面随着年龄有更大幅度的平均水平变化(Twenge，2001)。20 世纪 50—60 年代出生的一代人在尽责性和随和性上随年龄增长的幅度远小于其他代人(Helson，Jones，& Kwan，2002)。

上述有关绝对一致性的讨论都只涉及人格的客观指标，还有研究考察了主观知觉到的人格一致性(Pervin & John，1999)。例如，一项持续 25 年的纵向研究(Settersten & Mayer，1997)考察了一批成年人的主观人格一致性：被试在初次测量中描述了当前的人格，25 年后要求被试按照首次测量的方式进行重测。研究发现，尽管客观上被试的人格在 25

年间并没有发生大幅度的变化，但是被试认为自己的人格有很大变化。这说明，主观年龄可能独立于客观年龄影响个人的自我知觉，与客观事件对行为的影响无关。

等级一致性。等级一致性又称区分稳定性(differential continuity)，是指个体的人格倾向在一个群体中的相对位置随年龄变化的程度(Donnellan et al.，2015)。在纵向设计中，研究将在两个或者多个发展时间点测量某个样本中所有个体某人格特征的等级排序分数，该人格特征的等级一致性就是该样本在两个或者多个时间点上人格特征的等级分数的相关程度。该人格特征在某个样本中的等级分数在不同时间点的相关程度越高，说明该人格特征在样本中的个体差异保持得越好，等级一致性越高；相关程度偏低则说明该样本中不同个体在此人格特征上的等级变化明显，该人格特征的等级一致性偏低。不同于平均水平一致性关注人格特征的绝对值，等级一致性关注个体的人格特征在某样本中的相对位置。例如，在参加工作后的十年间，一个大学班级中的所有学生在尽责性上的平均分数都会增加，但是该班级所有学生在外向性上的排序可能变化很小：外向的学生在同学中依然外向，内向的学生依然内向。

根据已有的研究证据，很多人格测量的自我报告和他人报告结果都呈现出较高的等级一致性，仅次于智力的等级一致性，但是远高于态度和自我的等级一致性(Pervin & John，1999)。研究者指出，不同人格变量的等级一致性之所以存在差异，主要有三方面的原因。第一，人格和态度测量关注个体的典型行为表现，而能力测量关注个体的最佳表现，后者更为稳定，不易改变(Ackerman，1997)。第二，人格和态度测量更需要特定环境激活，而能力测量取决于个体内部的反馈系统，前者的一致性在很大程度上受到各种背景或环境因素的影响(Cairns，1979)。第三，不同变量的遗传率不同，遗传率越高，等级一致性越高，能力的遗传率更高，因而更为稳定(Tesser，1993)。

自比一致性。自比一致性是指不同人格特征在同一个体身上的排序随时间或年龄变化的程度(Donnellan et al.，2015)。研究者首先使用

Q分类技术指导被试将不同的人格描述按照从“最符合自己”到“最不符合自己”的顺序排序分类，然后使用个体在不同时间点上的自比等级之间的相关系数来评估个体的自比一致性，也可以通过计算个体自比一致性的平均分来估计整个样本的自比一致性。自比相关系数越高，说明不同人格特征在同一个体内部的排序随时间变化越小；负向的自比相关系数，则说明不同的人格特征随着时间有顺序颠倒的趋势。相对于平均水平一致性和等级一致性，自比一致性可以同时估计个体水平和群体水平的自比一致性，进而观察自比一致性的整体趋势和个体差异。例如，如果使用大五人格问卷研究自比一致性，研究者可能会邀请被试在青年期和中年期对自己的大五人格进行排序。按照人格特质与自我的符合程度，如果个体在青年期的排序是外向性、开放性、神经质、尽责性、随和性，但在成年期排序相反，那么该个体的自比一致性就是－1；如果成年期的排序和青年期完全一致，那么该个体的自比一致性就是＋1。

最典型的自比一致性研究是布洛克使用加利福尼亚Q分类技术所做的工作(Block, 1971)。该研究发现，在青少年早期和晚期，整个样本的平均自比一致性分数很高，相关的程度几乎超过0.70；但样本内部每个个体的自比一致性分数差异巨大。另一项研究发现，从儿童期到青少年期，不同人格特征在群体层面的平均自比一致性系数大约为0.43～0.71，但是在个体层面的自比一致性系数大约为－0.44～0.92(Ozer & Gjerde, 1989)。自比一致性的另一个重要应用是，可直接揭示人格发展的群体差异和个体差异特征。例如，一项对纵向人格数据的自比一致性的分析发现，在从未入狱的青少年人群中，人格的发展可以分为四种类型：关系型(神经质和冲动性随年龄降低)、主体型(外向性随年龄提高、神经质和冲动性随年龄降低)、缺乏控制型(冲动性和神经质随年龄提高)、过度控制型(人格缺乏变化)(Morizot & Le Blanc, 2005)。其他研究发现，低神经质、高随和性、高控制性的个体人格随着年龄更少发生变化，更为稳定，平均水平一致性和自比一致性都高于其他个体(Roberts et al., 2001)。

变化的个体差异。变化的个体差异是指人格特征的绝对水平随年龄变化的趋势在方向和数量上的个体差异(Roberts & Mroczek, 2008)。在统计上,变化的个体差异既可以通过生长曲线模型模拟人格特征变化轨迹的变异实现(Vaidya, Gray, Haig, Mroczek, & Watson, 2008),也可以通过偏离样本平均变化趋势的人数百分比来表示(Roberts et al.,2001)。变化的个体差异和平均水平一致性是相对应的一组概念:平均水平一致性是某种人格特征在样本水平上随年龄发生变化的"集中趋势";变化的个体差异则指上述变化的"变异程度"。例如,维迪雅等人(Vaidya et al.,2008)发现,尽责性的平均水平从青少年期到成年期有上升趋势,但是不同个体的尽责性随年龄上升的程度有显著差异,一些个体的尽责性甚至有显著下降。

结构一致性、平均水平一致性、等级一致性、自比一致性和变化的个体差异这五种不同的人格一致性指标可以从分析水平(个体或群体)和分析内容(绝对水平或相对位置)两个维度进行分类。从分析水平看,平均水平一致性和等级一致性是群体水平上对人格一致性的分析指标;自比一致性和变化的个体差异则是个体水平上对人格一致性的分析指标。从分析内容看,平均水平一致性和变化的个体差异分析的是某人格特征的绝对得分在群体和个体层面随年龄变化的情况;等级一致性和自比一致性分析的则是某人格特征在群体或者个体内部所处的相对位置随年龄变化的情况。结构一致性是上述四种人格一致性的基础(如图 1-3 所示)(Roberts et al.,2008)。

除了内容上相互对照,这五种人格一致性指标从整体上看是相互独

	相对位置	**绝对水平**
群体	等级一致性	平均水平一致性
个体	自比一致性	变化的个体差异

结构一致性

图 1-3 人格同质连续性的不同指标(Roberts et al.,2008)

立的，在统计上彼此不相关。例如，人格的平均水平一致性和等级一致性并没有明确的相关性（Roberts & Pomerantz，2004）。某些人格特质（如外向性）表现出比较低的平均水平一致性，但是等级一致性可能很高。这就是说，一个群体中所有人的外向性都会随年龄发生变化（如提高），但是彼此的相对位置没有改变。另一些人格特征（如自尊）表现出比较高的平均水平一致性，同时等级一致性也相对较高，即群体中所有人的自尊随着年龄变化很小，并且彼此的相对位置也没有改变。

异质连续性。与上述同质连续性强调统计的一致性程度不同，异质连续性关注的是某种人格特征在概念上的连续性，而不是某个具体行为的连续性。这就是说，当某种人格倾向在不同的年龄阶段有不同的行为表现时，该人格特质表现出来的连续性（Roberts et al.，2008）。有研究显示，外向性在孩童期只体现在玩耍时的活动性上，在成年早期则体现为广泛交友和热心参与社交活动；背后的人格本质是心理生物系统决定的对奖励刺激的敏感性和追求（Rothbart，2011）。其他研究表明，儿童期的任务坚持性与成年期的成就定向关系密切（Ryder，1967）。儿童期被同伴评定为高攻击性的儿童到了成年期男性更多表现出犯罪行为、家庭暴力和酒后驾车等行为问题，女性则表现出虐待子女等行为问题（Huesmann，Eron，Lefkowitz，& Walder，1984）。

如果某人格特征在不同的时间点存在异质连续性，则该人格特征有如下特点：(1) 应该与不同时间点的行为模式都相关；(2) 在不同时间点表现出一定程度的等级一致性（Roberts et al.，2008）。例如，反社会行为在儿童期表现为伤害小动物，在成年期表现为暴力行为。如果有证据显示儿童期的伤害小动物和成年期的暴力行为与反社会人格高度相关，喜欢伤害小动物的儿童长大后的确有更多暴力行为，那么我们可以认为，反社会人格有比较高的异质连续性。研究异质连续性不能只通过统计上的操作定义，常常需要一个明确的人格发展框架以深入细化某种人格特征的心理功能（Roberts et al.，2008）。到目前为止，有关异质连续性的相关研究相对偏少，仍有很大的发展空间。

1.2 人格发展研究中的基本问题

本章开头部分提到，日常生活中研究者就人格发展及其原因有一些共同的问题。这些问题可以概括为以下方面：人格的连续性—可变性问题、人格发展中的天性与教养之争、人格发展中的特质与情境问题、人格改变的方向和形式。本节将就这些问题逐一进行理论上的概述，在回答这些问题的过程中总结出人格发展的基本原则。

1.2.1 人格的连续性—可变性问题

关于人格的连续性—可变性，虽然没有非常宏大的理论框架，但是人格研究者也提出不同的理论观点，尝试理解人格的发展趋势。在早期研究中，大五人格研究者认为，人格发展到成年早期(30 岁左右)即可成熟，基本不会有大的改变(Costa & McCrae, 1994)。与之相反，社会投资理论(social investment theory)指出，环境因素，尤其是对社会角色的承诺，会促使人格毕生都往成熟的方向发展(Roberts, Wood, & Smith, 2005)。折中二者的观点，定点模型(set-point model)则认为，人格是由遗传因素决定的动态平衡系统：一方面，人格有相对固定的惯常水平，一生保持相对稳定；另一方面，人格也会随着环境发生变化，但最终还是会恢复到惯常水平(Ormel, Riese, & Rosmalen, 2012)。

为了客观地回答人格的连续性—可变性问题，人格发展研究者使用了多种人格连续性指标，尤其对等级一致性和平均水平一致性开展了大量研究，已经获得一些比较有价值的结论，可以看作人格发展的基本原则。根据与等级一致性有关的综述和元分析结果，研究者(Roberts et al., 2008)总结出若干结论：(1) 人格等级一致性水平，虽然有一定的变化，但是在不同的年龄段都很高；(2) 人格等级一致性在儿童期和青少年期也相对较高，在青少年期和成年早期呈线性升高趋势，即使在生活多变的成年早期也相当稳定；(3) 等级一致性到 50 岁以后才达到顶峰，而且接近于不变;(4) 在过去的60年间,人格等级一致性水平的代际差异甚微。据此而知,人格发展的第一个原则是**累计连续性原则**(cumulative continuity principle),即在毕生的发展过程中,人格等级一致性相对较高,并随年龄逐步提升。

此外,研究者对人格平均水平一致性的分析也基本达成共识。关于人格平均水平一致性,最著名的一项研究是对92项纵向研究的元分析(Roberts, Walton, & Viechtbauer, 2006)。该研究以及大量纵向和横断研究的结果一致表明:(1) 在成年早期和中年期,尽责性和情绪稳定性会随年龄升高,随和性在整个成年期有升高的趋势,社会活力和开放性在青少年期有升高的趋势,在晚年期有下降的趋势;(2) 上述人格平均水平变化趋势不受性别的影响,而且变化可以在比较长的时间里得以维持。人格的这些变化趋势一方面的确有助于个体在人际关系、社会团体、社区中获得尊重、喜爱和崇拜等社会功能,另一方面也与成熟人格的定义相符(Hogan & Roberts, 2004)。因此,人格发展的第二个原则是**成熟原则**(maturity principle),随着年龄的增长,个体会变得更有社会支配性、更随和、更尽责、情绪更稳定。

上述平均水平一致性和等级一致性的研究结论表明:从平均水平一致性来看,人格的确在整个人生过程中都会有明显的变化;从等级一致性来看,人格虽然有一定的变化,但从整体上看还是保持相当高的稳定性。因此,人格发展的第三个原则是**可塑性原则**(plasticity principle),人格是一个开放的系统,在任何年龄都可能受到环境的影响。除了这些公认的共同规律以外,人格发展的连续性—可变性问题其实是一个非常复杂的问题:人格发展存在各种群体和个体差异。在本书其他章节,我们将进一步详细回顾与各种人格一致性有关的实证研究证据。

1.2.2 人格发展中的天性与教养之争

在描述了人格发展是稳定的还是可变的规律之后,研究者也尝试对人格发展作出解释。不同领域的研究者分别从先天因素(如遗传、进化)和后天因素(如家庭环境、文化)来理解人格的连续性和变化,但是关于两类因素对人格发展的重要性，一直存在严重的分歧，即天性与教养之争(nature-nurture debate)。在发展心理学中，天性与教养之争有非常悠久的历史，随着研究的进展，这一争论的具体表现形式也略有变化。天性与教养的问题最早在高尔顿的优生论中被提出，认为天性大于教养；随后的发展心理学家关注自然成熟和后天训练对发展结果的不同作用，就二者的重要性各执一词。到最近的几十年，随着行为遗传学的发展，当代人格研究者又开始讨论基因和社会环境因素在人格发展中的贡献大小。不管表现形式如何，这些争论的本质是一致的：先天论者或者遗传决定论者认为，人格的发展是按照先天预设的发展程序逐步推进的，如同个体身体的发育一般，环境最多只能在一定范围内改变发展程序发生的时间和程度；后天论者或者环境决定论者认为，人格发展完全由后天的教养决定。

具体到人格发展研究，天性与教养的理论争论依然存在。大五人格理论(Costa & McCrae, 1994)是典型的先天论。根据大五人格理论的观点，人格特质是有生物和遗传基础的，人格发展基本上完全由生物和遗传因素决定；与之相反，其他人格理论(Roberts et al., 2005)认为，环境因素(如社会角色)是人格保持稳定和变化的重要原因。

经过多年的研究积累，人格发展研究者发现，虽然基因和环境因素(尤其是基因和非共享环境因素)分别可以解释人格发展的一部分变异，但片面强调基因或环境的作用并不能很好地解释人格发展。值得一提的是，同时将基因和环境因素看作相对独立的两大因素，考察其对人格发展的主效应并将二者累加，也不能充分解释人格发展现象。因此，越来越多的研究者开始认同基因与环境相互作用的观点。具体地说，从毕生人格发展的角度看，基因与环境因素的相互关系至少有两种形式：一种是基因与环境交互作用(gene-environment interaction)，另一种是基因与环境相关(gene-environment correlation)(Rutter, Moffitt, & Caspi, 2006)。基因与环境交互作用是指基因对人格发展的影响会在特定的环境被放大或者压制，或者说基因会决定个体对特定环境的敏感性，这导致环境对人格发展的效应大小随着基因而不同(Rutter et al., 2006)。

例如，如果个体小时候不能得到父母足够的关注，基因对外向性和神经质的效应就变得很小（Krueger, South, Johnson, & Iacono, 2008）。基因与环境相关则是指个体由基因决定的人格特征会导致个体主动或者被动地吸引、引发和选择特定的环境，促进这些人格特征的进一步发展（Rutter et al., 2006）。主动形式的基因与环境相关是择巢效应的进一步发展。主动形式的基因与环境相关者会根据自己的基因特点主动选择适合自己的环境。例如，如果个体奖励寻求的生理系统比较活跃，那么这不仅导致个体在生命早期表现出外向、活跃的人格特点，而且导致个体在整个人生过程中都会对那些奖励刺激丰富的环境（如社交情境）更有兴趣，最终导致外向性进一步发展。

基于上述思路，人格发展研究已经积累了一些成果，获得一些相对可靠的结论，在一定程度上更新了对此问题的理解（Bleidorn, Kandler, & Caspi, 2014; Roberts et al., 2008）。第一，人格的毕生发展有相对稳定的基因基础，这是人格连续性的重要来源；第二，随着年龄的增长，非共享环境因素（如社会角色、父母的教养）对人格发展的影响不断变大并趋于稳定；第三，基因和环境因素不仅可以使人格在某种程度上保持稳定不变，而且可以促使人格往成熟的方向发展。以环境因素为例，有研究者指出，社会角色是环境的重要特点，个体在一生中会承诺相似的社会角色，这是人格连续性产生的重要原因（Roberts, 2007）。人格发展的第四个原则是**角色连续原则**，即连续、稳定的社会角色是人格毕生发展的原因。在人生的不同阶段，个体需要承担不同的社会角色（如为人妻、为人母），而新的社会角色对个体有特定的期望和要求，会促使个体学习新的社会要求，强化个体与社会规范一致的人格特征，最终使个体适应新的社会环境。人格发展的第五个原则是**社会投资原则**，承诺新的社会角色是人格发展和成熟的内驱力。值得一提的是，最近的人格发展研究表明，无论是基因和环境因素的纯效应（主效应）大小，还是基因与环境相关以及基因与环境交互作用等相互效应大小，在人生的不同阶段并不是一成不变的。例如，有研究者指出，在面临新的社会情境（如角色、关系）时，非共享环境因素以及基因与环境交互作用对人格发展的影响是毋庸置疑的；随着基因与环境交互作用的不断积累，非共享环境的主效应也会随着年龄而增大(Bleidorn et al.，2014)。因此，研究者应该用更具体的眼光理解天性与教养之争：不仅应该区分基因和环境因素对人格发展的主效应、交互效应、相互关系，而且应该关心这些效应的大小是否随年龄而变化，以及这些效应对人格的连续性和变化分别起到什么作用。

1.2.3　人格发展中的特质与情境问题

人格心理学特有的一个争论是特质与情境之争(trait-situation debate)。不同流派的人格理论家一直在争论人格和情境对具体行为的相对影响力。特质理论家认为，人格特质是稳定的，具有跨情境的一致性，在很大程度上不受情境的影响(McCrae & John，1992)。社会认知流派的研究者则认为，行为会随情境而表现出稳定的规律，人格的分析单元应该是情境—行为模式(Mischel & Shoda，1995；Sheldon et al.，2011)。如前所述，人格理论家提出六焦点模型尝试整合不同的观点(Hooker & McAdams，2003)。与该理论的观点类似，人格发展研究也独辟蹊径，为特质观和情境观的整合提供了一些新的思路(Roberts & Pomerantz，2004)。根据罗伯茨和波梅兰茨(Roberts & Pomerantz，2004)的观点，发展心理学至少在五个方面加深了人们对特质与情境之争的理解。

第一，在考察特质和情境对行为的效应时，充分考虑了年龄的作用。人格发展研究发现，在人生的不同阶段，特质和情境对自我定义和行为的影响力不尽相同。就特质而言，研究被试多为儿童、青少年和大学生群体，但儿童很难使用人格特质评估自己(Rholes，Newman，& Ruble，1990)，青少年乃至大学生的自我认识还处于困惑或探索阶段，并不能准确使用特质词语来定义自己(Hatter & Monsour，1992)；事实上，儿童期、青少年期和青年早期的人格等级一致性的确低于成年期(Roberts et al.，2008)。相反，在成年人样本中，人格特质的跨情境一致性、遗传率和预测力都比儿童期和青少年期更高(McCrae & Costa，2008)。因此，特质对自我和行为的作用在已有的研究中有可能被低估了。就情境而言，年龄不仅会影响个体遭遇的生活事件，而且会影响生活事件的心理意义（Wachs, 1999）。例如，恋爱、找工作在青年早期常常是第一次，对于个体的心理意义远比中年期的恋情和更换工作更为深远；相似地，由于缺乏足够的经验，个体在青年期失恋、失业、换工作等生活事件出现的可能性也远高于中年期。由此可知，生活事件等情境因素对自我发展和行为的预测作用在已有研究中也可能被错误估计。因此，通过在人生的不同阶段考察特质和情境对自我和行为的作用，人格发展研究可能有助于研究者动态地、全面地理解特质和情境对个体的作用。

第二，人格发展研究考虑了时间跨度问题，也为特质与情境之争带来新的见解。在发展心理学研究中，和年龄一样，时间跨度也是一个重要的考察变量，常被操作定义为纵向研究中的时间跨度或者横断研究中的年龄跨度。如前面所提到的，特质流派假设，人格具有跨时间的稳定性，具体表现为人格特质相对较高的重测信度（McCrae & John, 1992）。正是由于这一基本假设，人格研究者常将人格特质看作预测变量，考察人格特质对各种发展结果（如健康状态）和生活经历（如工作成就、人际关系）的预测作用；很少有研究考察各种发展结果和生活经历如何反向影响人格发展。相似地，情境论者只关心情境如何塑造行为，很少关注特质和情境的关系（Mischel & Shoda, 1995）。将时间跨度因素考虑进来，人格发展研究有三个结论。首先，在比较长的时间跨度（如 6 年或以上）内，人格特质的重测信度下降明显，大约只在 0.50～0.70 的范围，人格特质的确在较长时间范围内会有明显变化（Roberts et al., 2001）。其次，情境分析也发现，各种情境如教养实践和工作环境随着时间表现出相当程度的一致性和变化性（Holden & Miller, 1999; Roberts, 1997）。最后，人格特质和生活经验的确会相互影响：生活经验（如结婚、事业成功）会带来人格的变化，个体也会根据人格主动或者被动经历各种生活经验（Roberts, Helson, & Klohnen, 2002）。因此，特质和情境并不是独立的两类变量，进一步考察它们之间的相互关系也是整合特质与情境的一个可能方向。

第三，人格发展研究关注不同类型的人格一致性，为理解特质与情境之争提供了多样化的视角。从发展的角度来看，特质论者和情境论者分别关注不同类型的一致性指标，但没有全面地看待人格一致性或变化。特质论者强调人格稳定的一面，常常使用相关研究，更关注等级一致性，忽略了行为的情境差异。情境论者强调人格变化的一面，常常使用实验设计考察人格在不同情境中的平均数差异，忽略了等级一致性。研究者(Fleeson, 2001)在一系列经验抽样研究中请被试评价每一个抽样点上的人格特征，结果发现人格特质有很强的跨时间稳定性，人格状态的重测信度(等级一致性系数)高达0.90；与此同时，在不同情境下人格特征的平均水平有显著差异。因此，使用不同的一致性指标考察不同情境下人格的一致性和差异，为特质与情境之争提供了不同的答案：不同情境下人格的等级一致性和平均水平变化不仅同时存在，并且彼此互补。

第四，从多个层次看待人格发展也有利于特质观与情境观的整合。发展心理学研究中有一个重要的关注点——可变性(changeability)。无论是人格还是环境，不同特征根据其宽泛—具体的程度按层级组织。就人格特征而言，具体的行为、想法或者情感特征(如情境—行为模式)比相对宽泛的人格特征(如内向、自尊)更容易改变；微观的家庭环境比宏观的社会环境更容易改变。

如表1-2所示，最宽泛的人格维度是大五人格，中等程度宽泛的人格概念包括情绪、依恋、满意度等，最具体的人格概念包括情境—行为模式等相对具体的分析单元。相似地，最宽泛的情境是文化，中等程度宽泛的情境是工作环境、学校环境和家庭环境等相对复杂的人际系统，最具体、最容易变化的情境是具体的社会互动。但是，特质流派和社会认知流派的人格研究者似乎没有从不同层面系统看待人格和情境，使得他们并不能准确估计特质和情境的相对重要性。社会认知流派的实验室研究通常关注可操纵的具体环境，因此行为很容易受到情境的影响，常得出情境更为重要的结论。特质流派的研究关注最宽泛的人格维度，忽视了情境或者更关注宽泛的情境(如文化)，因此更容易得到人格特质是稳定的、更为重要的结论。

表 1-2 人格—情境交互作用(Roberts & Pomerantz, 2004)

情境因素		人格因素		
		具体	中等	宽泛
		想法、感觉、行为	情绪体验	特质
具体	相近情境	"如果—那么"情境—行为模式	工作满意度绩效反馈的影响	短期干预对人格特质改变的影响
中等	组织氛围	任务卷入中教养方式的影响	婚姻满意度中角色体验的影响	人格特质改变的影响因素
宽泛	文化	文化对思维方式的影响	文化和生活满意度研究	文化中大五人格特质的结构

从表 1-2 和本书随后章节的详细回顾中可以看到,人格发展研究针对不同层级的人格和情境因素开展了大量研究,取得了丰硕的研究成果。罗伯茨和波梅兰茨(Roberts & Pomerantz, 2004)指出,从不同的分析水平看待人格、情境和行为的关系,至少在两个方面有助于理解特质与情境的问题:第一,可以使人们认识到特质观和情境观是对人格和情境不同层面的分析,是相互补充的,并不是彼此矛盾的;第二,可以使研究者看到不同层面之间的相互关系,并找到已有研究的空白(如短期的情境干预对长期的、宽泛的大五人格的影响),拓宽人格研究的范围。

第五,关注发展过程也可以帮助人们理解人格的特质与情境问题。与发展心理学其他研究领域一样,人格发展研究一直很关心人格发展和变化的先天和后天基础,认为人格发展是生物和环境因素共同作用的结果。近年来,人格发展研究开始关注先天和后天因素影响人格发展背后的心理过程,并得到若干相对一致的结论,具体有以下三点(Roberts & Pomerantz, 2004)。首先,如前所述,个人—环境相关的研究表明,基因对人格的影响在很大程度上是通过不同的环境中介过程实现的。基因会导致个体激发他人作出特定的反应或驱使个体主动选择与基因一致的环境,进一步维持或者强化原有的人格特征。其次,常态人格发展研究发现,认知和社会认知能力的发展、生物因素(如激素)的变化、社会背景(如同伴群体、社会角色)的变化、身份感的发展是各种发展任务可以给人格带来变化的原因。最后,行为遗传学研究发现,在控制环境因素后,基因表达对人格和个体的行为没有直接的作用,但是在控制基因后,环境因素对人格发展有显著的预测作用,更重要的是,基因表达对人格发展的影响在很大程度上取决于特定的环境背景。由上述有关人格发展过程的研究结论可以看出,特质和情境因素是相互影响、相互调节、不可割裂的两个方面,应该用整合的、动态的观点来看待二者的关系。

1.2.4　人格改变的方向和形式

前面提到,人格发展的自然规律之一是成熟原则,即在自然状态下,人格会朝着成熟的方向发展。早期的人格心理学家(Allport, 1961)指出,成熟有五个基本特征:(1) 情绪安全感,即可以根据规则调整行为,人际交往中人际摩擦减少;(2) 自我意识的拓展,有能力完成重大生活事件和事业,不再专注于自我和身体;(3) 同情他人,可以和他人建立亲密关系;(4) 现实取向,对自我和他人有现实的知觉;(5) 形成统一的人生哲学。但是,多数人在自然状态下终其一生是否能够达到这个非常高的成熟标准,是非常值得探讨的。当代人格发展研究者认为,不考虑这个终极目标,积极人格发展至少有两个方向,即适应和成长(Dörner, Mickler, & Staudinger, 2005)。适应是指适应特定的社会环境要求(如社会规则、文化规范、社会预期),使个体得以维持良好的健康、更强的幸福感和更好的日常功能,最终取得社会认可的成就;成长是指某些美德(如洞见、自我整合、自我超越、智慧)的发展,是对社会环境要求的超越。这种区分与幸福感研究中对享乐主义幸福感和心理幸福感的区分类似。享乐主义幸福感关注消极情绪的最小化和积极情绪的最大化,心理幸福感追求更为深刻的人格意义和自我潜能的实现(Ryan & Deci, 2001)。

适应和成长这两个人格发展方向有不同的发展轨迹、目标和发生率。大五研究显示,适应和成长与大五人格的关系完全不同:适应与神经质的降低、随和性和尽责性的提高有显著相关;成长则与开放性有更显著的相关(Staudinger, Lopez, & Baltes, 1997)。在成年期,神经质降低,随和性和尽责性提高,说明人格适应有增强的趋势;在成年晚期,开放性会降低，说明成长可能有减弱的趋势（Helson & Kwan，2000）。心理幸福感的研究表明，环境掌控、自我接纳、积极的社会关系等维度与适应相关，而且随着年龄的增长有上升的趋势；个人成长、生活目标与成长有关，而且随着年龄的增长有下降的趋势（Ryff & Keyes，1995）。关于智慧的研究发现，人格成长与智慧（对自我和生活的洞见）的增长有很高的相关（Staudinger，1999）。在青少年样本中，年龄与智慧呈正相关（Pasupathi，Staudinger，& Baltes，2001）；但在成年人（20～89岁）样本中，自然年龄与智慧相关并不显著，甚至呈负相关（Kunzmann & Baltes，2003）。因此，随着年龄的增长，适应是人格发展的常态，是大多数人自然发展可以达到的水平，但成长并不是人格发展的必然结果，只有开放性相对较高的个体在老年期才会表现出智慧的增长（Staudinger，Dörner，& Mickler，2005）。成长和适应的发展趋势在特殊人群中也得到证实。例如，青少年期吸食大麻的个体在成年早期尽责性并未随年龄而增强，从而不能表现出明显的适应趋势（Roberts & Bogg，2004）；社会经济地位低的个体如果持续拥有坚持和积极关注的策略，就会表现出更明显的成长趋势（Chen & Miller，2013）。

无论是适应还是成长，人格改变的一种形式是自我的主动改变。研究者（Hennecke，Bleidorn，Denissen，& Wood，2014）指出，主动改变有三个前提条件：(1) 有改变人格的意愿；(2) 知觉到的改变人格的能力；(3) 自我调节促进的改变成为习惯。自我改变促进适应的一个例子是，个体对新的生活环境的顺应现象。例如，大学生初次参加工作时可能会认识到，已有的性格特征不再能够满足新的环境要求，为了更好地适应新的人生任务，他们会产生改变人格的意愿；认真反思工作要求后，他们会认识到有条理、有计划、细心谨慎等尽责性特征对工作的重要性，如果认为这些要求经过努力是可以达到的，个体则会主动进行自我调节；不断强化与尽责性有关的行为，个体可能会形成新的行为习惯，最终真正改变自己的尽责性。自我改变促进成长的典型例子是创伤后成长（post-traumatic growth）。相关研究表明，在有成长动机的前提下，创伤经验（如罹患重病、遭遇灾难）甚至极端生活事件（如贫穷）可以促进个体的人格成长，涉及生活目标的改变、亲密关系、新的人生机会、对生活的欣赏、坚强和独立、精神成长等方面(Bonanno, 2004)。

人格改变的另一种形式是专业的心理干预。虽然相关的证据还比较少，但仅有的研究证据显示，心理干预或心理治疗的确可以在相当大的程度上促使人格朝着适应或成长的方向发展。例如，对长期药物滥用病人进行职业技能、应对能力、精神性发展等方面的干预，结果发现，干预促使该样本的病人在大五人格所有维度上都有 1/4～1/2 个标准差的改变(Piedmont, 2001)。重度抑郁病人经过六个月的心理治疗，神经质的分数下降 1/2 个标准差(De Fruyt, Van Leeuwen, Bagby, Rolland, & Rouillon, 2006)。一项对医学院学生的心理干预发现，干预可以促进这些学生的正念、同情心、情绪稳定性、尽责性和随和性的发展，可能有利于人格的成长(Krasner, Epstein, Beckman, & Suchman, 2009)。值得注意的是，其他研究者认为，心理咨询或者心理干预对人格改变的效果只是暂时的，从长期来看，专业治疗带来的人格改变在很大程度上可能会反弹(Soskin, Carl, Alpert, & Fava, 2012)。总之，就此问题，不同领域的研究者只是作了初步的探索，还没有引起人格心理学家的关注。因此，专业心理帮助在多大程度上可以改善个体的人格，人格的改变是否会有持久的效果仍尚未可知，还有很大的探索空间。

1.3 小结与展望

如本章所述，人格发展研究者一致承认一个事实：人格存在相当的稳定性，但从人生发展全程看，人格又会有短期或者长期的变化。不同流派的人格研究者找出了人格的不同层面：人格不仅包括人格特质等比较宽泛、稳定的结构，而且包括自我概念、人生叙事、目标、认知情感结构等相对具体的人格过程。人格发展研究者通过不同的统计方法进一步描述了人格一致性或变化的各种形式：不仅不同年龄群体的人格平均水平会存在稳定性和差异(绝对一致性)，而且每个人的人格在群体中的相对位置也会随年龄存在稳定性和差异(相对一致性);不仅每个人的人格发展和变化会有其独特的发展轨迹(人格变化的个体差异),而且每个人身上的人格特质的相对位置也会有稳定性和变化(自比一致性)。但是,仅仅在描述人格发展的层面,仍有很多悬而未决的问题:人格的不同方面的确存在稳定性和变化,上述各种形式的人格发展和变化对每个人的生活到底意味着什么?每一种人格发展和变化,而不是人格本身,会对每个人的生活产生怎样的影响,影响会持续多久?随着人类寿命的延长,年龄或者各年龄阶段(如青年、老年)的心理意义在不断变化,人格发展的心理意义也在变化(Baltes, Lindenberger, & Staudinger, 2006)。例如,60～70岁之间个体的人格会有积极的变化,在当前平均寿命只有75岁的情况下,上述人格变化会对未来十年的生活起保护作用;但如果未来寿命进一步延长,60～70岁期间是否会有相似的变化?如果有,上述积极的人格变化在更长的时间范围内(20年、30年甚至更长时间)到底会如何影响个体的生活质量?因此,在当代多变的时代背景下,未来的人格发展研究应该充分利用毕生发展的观点深入探索人格及其变化在生命全程中的表现形式、起因和对生活的意义。

与心理学其他分支一样,人格和人格发展研究的任务不仅仅是描述人格和人格发展的规律,人格发展研究还可以走得更远。一方面,人格发展研究可以进一步揭示人格发展现象背后的机制,在理论上推进对人格领域乃至心理领域基本问题(如天性与教养之争、特质与情境之争)的理解;另一方面,人格发展研究可以以上述机制为基础,尝试通过干预或者指导帮助有需要的人改善人格发展的轨迹。就上述两个发展方向,人格研究已经开展一些初步的尝试。例如,人格理论研究者从生物因素(如基因)、生活事件、目标、认知等角度解释人格的发展和变化,并关注人格和环境因素的双向影响,区分出人格发展的两个方向——适应和成长。临床心理学家和健康研究者也开始评估各种心理干预和咨询对个体人格的影响。但是,这两方面的工作仍处于起步阶段,有巨大的发展空间。人格的哪些方面比较容易改变?什么样的方法或者干预可以更有效地促进人格的改变？人格的改变能持续多久？未来的研究应该采用多学科、跨领域的观点充分融合人格心理学、发展心理学、健康心理学、临床心理学的研究手段和成果，对人格发展作出全面的解释和有效的干预。

2 人格发展研究的方法论问题

人格发展研究是人格心理学和毕生发展心理学两个心理学分支的交叉研究领域。在研究方法上，人格发展研究也是这两个分支的综合：一方面可以采用来自两个领域的多样化的研究设计和研究思路，另一方面面临着两个领域研究所面对的困难。与其他角度的人格研究一致，人格发展研究需要使用问卷法、观察法、访谈、实验室实验等技术来准确测量不同年龄群体的人格现象。与发展科学一致，人格发展研究常通过横断设计和纵向设计推断人格如何随着时间而发生变化。因此，探讨人格发展现象时，研究者不仅要考虑人格测量的年龄因素，而且要决定需要测量的时间跨度，更要重视时代背景对人格的影响。本章第一节首先讨论发展研究中与时间有关的三个重要参数（年龄、世代和时间）及其内涵；第二节重点描述发展研究中常用的两种研究设计——横断设计和纵向设计，比较二者的优势和不足，并介绍综合了横断设计和纵向设计的序列设计；第三节综述不同年龄群体中获得测量资料的方法，如自我报告法、他人评定法、客观资料法等。

2.1 人格发展研究中的基本时间变量

无论是横断设计还是纵向设计，人格发展研究关注的核心变量都是年龄，都在考察人格随年龄发生变化的轨迹和形式。但是，在所有发展研究中，年龄效应都被与时间有关的其他变量（如世代、时间）混淆，需要通过研究设计和统计方法加以区分。有研究者(Schaie, 1965)指出,定义发展变化的三个时间参数是年龄(age)、世代(cohort)和时间(time)/时代(period),人格发展是年龄效应、世代效应和时间/时代效应三者共同作用的结果。用统计的形式表达就是,发展结果 $=f$(年龄、世代、时间/时代)。区分上述三个时间参数,不仅可以帮助研究者明确纯净的年龄效应,而且有助于研究者对结果作出合理、正确的解释,根据研究目的选择合适的研究设计。

2.1.1 年龄

年龄即自然年龄,是个体从出生到测量时间点的时间距离,在发展研究中常被当作预测变量,是发展现象的客观指标(Bergman & Magnusson, 1990)。值得一提的是,自然年龄与生理、心理、社会成熟的过程并不是一一对应的,与特定人格的发生也没有绝对的相关。因此,在人格发展研究中,年龄可能只是和某些人格特征同时发生,并不是因果关系;只是人格特征的相关变量,并不是人格变化的原因。但是,在现有的人格发展研究中,年龄仍然是最重要的变量,在随后的章节中会被频频提及,贯穿全书。

2.1.2 世代

世代类似于代(generation)的概念,是指在相同的时间点进入某个环境的一群人(Baltes, Cornelius, & Nesselroade, 1979)。在日常生活中,人们常用的"70 后、80 后和 90 后"的说法,就是研究中的世代现象。虽然人们常根据出生年代来定义世代,但世代也可以是同一年结婚、同一年入职、同一年退休的一群人。在很多研究中,世代常常被当作年龄的混淆变量加以处理,甚至常常被忽略不计。但是,有研究者(Baltes et al., 1979)认为,在青少年和成人样本中,世代效应被严重低估了。对某些发展结果(教育程度)来说,世代效应完全有可能大于年龄效应。根据巴尔特斯等人(Baltes et al., 1979)的观点,世代效应对发展结果的影响是不容忽视的,应该被当作重要的理论变量。例如,一项研究考察了出生于1955年、1956年、1957年和1958年的四代人从1970年到1972年在人格特征上的纵向变化。结果发现,世代在独立性和成就两个变量上的主效应显著:1958年出生的那代人在14岁的时候比1956年和1957年出生的两代人在独立性上得分更高;但是1956年出生的那代人在14岁的时候比1957年和1958年出生的两代人在成就上得分更高(如图2-1所示)。这说明,社会文化背景对人格发展的巨大作用(Nesselroade & Baltes, 1974)。

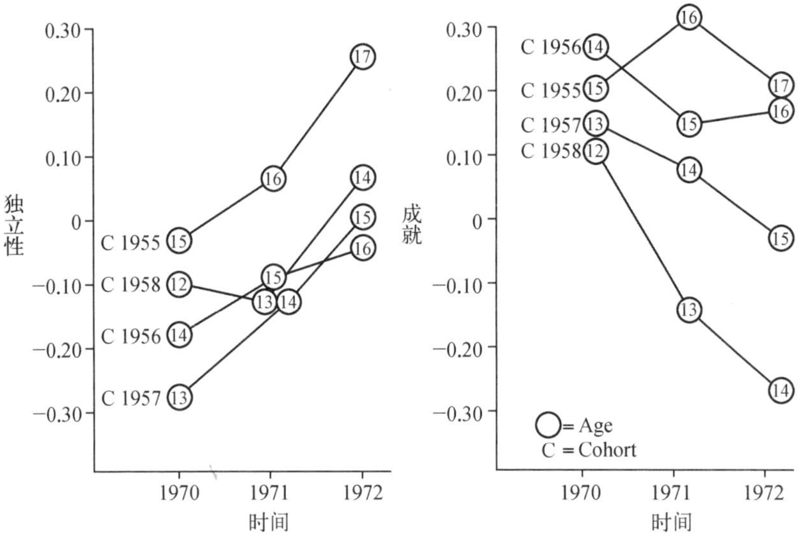

图2-1 世代、时间和青少年期人格发展(Baltes et al., 1979)

解释世代效应非常困难,因为世代效应的本质、形式及其背后发挥作用的心理机制非常难以界定。例如,有研究者认为,根据出生年代界定世代效应本身就是有问题的,因为出生在相同的年代并不代表这个世代的所有成员拥有相似的人生经历;即使经历了相似的生活事件,这一生活事件对同一世代中所有成员的意义并不完全相同(Kosloski, 1986)。例如,20世纪50—60年代出生的一代人都经历了"文化大革命",但"文化大革命"对这代人造成的影响是不同的,比如出生于贫穷家庭的人,"文化大革命"期间可能相对有更多的机会去读书获得更好的工作;而出生于富人家庭的人,"文化大革命"可能与创伤、侮辱、批判等负面经验密切联系。在此情况下，如果这代人的性格出现某种特殊的变化，那么很难明确是何种重大事件或者生活经历导致他们出现相似的人格变化。

研究者指出，世代主要通过三个途径影响行为和人格发展：与年龄相关的常态事件、与历史相关的常态事件、非常态事件（Baltes & Nesselroade, 1979）。其中，与年龄相关的常态事件是所有世代、所有人都会经历的生物成熟和社会化过程。例如，不同世代的人在青年期都会找人生第一份工作，都需要离开父母，建立自己的家庭，养育自己的孩子。与历史相关的常态事件是基于社会文化，影响一个世代大多数人的心理和社会过程。例如，受到独生子女政策和大学扩招的影响，没有兄弟姐妹以及可以读大学是 20 世纪 80 年代后出生的几代人不同于其父母辈的与历史相关的常态事件。非常态事件则是指不会影响一个世代大多数人的生物和社会过程，例如罹患重大疾病、失业、离婚等。这三类事件可以同时影响个体的人生，导致世代之间的差异，也是世代内部个体差异存在的原因（Baltes et al., 1979）。不同类型的生活事件对不同世代人格发展的影响在有关发展任务的人格研究中得到深入研究，我们将在随后的章节中详细回顾。

2.1.3 测量时间或时代

测量时间通常是施测（取样或者追踪）时的客观日历时间（Schaie, 1965）。由于任何施测时间都有其独特的历史背景或者个人生活背景，因此从广义上讲，测量时间在研究中常常被操作定义为施测时的历史时代，或者施测时的生活事件对个体人格发展的影响（Robinson, Schmidt, & Teti, 2005）。在人格发展研究中，一些研究者关注影响某个时代大多数人的重大历史事件（如“9·11”事件、犹太集中营、社会福利政策）对人格发展的影响。例如，在“9·11”事件之后的一段时间施测，所有被试的焦虑水平可能都会比其他历史时期更高。美国老年人群体的幸福感在 65 岁时突然下降，这既可能是年龄效应，也可能是政府老年福利政策的效应。另一些研究者关注施测时具体生活事件对人格发展的影响。

例如，有研究者探讨了测试时间在生活事件（如工作、结婚）和人格发展研究中的重要性，我们将在后面的章节进行详细探讨（Luhmann, Orth, Specht, Kandler, & Lucas, 2014）。总的来说，时间或时代效应及其与年龄效应的关系在已有的人格发展研究中并没有受到应有的重视，仍需要深入探索。

2.2 人格发展研究的设计

为了明确纯净的年龄效应，区分年龄、世代和时间的效应，发展心理学研究发展出多样化的研究设计，其中最简单的是横断设计（cross-sectional design）和纵向设计（longitudinal design）。由于这两种实验设计有其各自的局限性，因此后续研究者发展了各种各样的序列研究设计，用来区分上述三种时间变量的效应。近年来，随着研究证据的积累，人格发展研究者不再将研究局限于描述和解释层面，还尝试通过一些有效的研究设计考察心理干预或者心理治疗对人格发展的效果。在本小节，我们将首先回顾横断设计和纵向设计两种最为基础的设计类型，然后简要介绍各种类型的序列设计，最后讨论干预研究中常用的研究设计。

2.2.1 横断设计

横断设计，也叫年龄比较设计（age-comparative design），主要用于比较相同时间点上不同年龄群体在某人格特征上的差异。简单地说，横断设计关心的是年龄差异（age differences）（Schaie & Caskie, 2005）。在横断设计中，研究者会在一个时间点测量不同年龄组的人格特征，假定不同年龄的群体来自同一总体，而且不同群体的人格特征有较高的相关性。例如，研究者可能会考察 6 岁、8 岁、10 岁孩子的活跃程度。如果不同年龄群体的人格特征有高相关，则说明不同年龄群体的人格特征有可比性；如果不同年龄群体的人格特征相关性较低，则说明该横断设计的结论不可信。用沙伊(Schaie, 1965)的参数描述,横断设计的时间/时代变量是恒定的,因为所有人在同一个时间点接受测量;年龄和世代效应是彼此混淆的,因为年龄的差异只能通过比较不同的世代得到。这就是说,如果使用横断设计发现人格的年龄组差异,那么很难区分这些人格差异究竟是年龄还是世代导致的。因此,在人格发展研究中,横断设计考察的只是年龄组差异或者个体间差异,并不是年龄变化或个体内变化。此外,在使用这些术语时要谨慎,不能将年龄差异和年龄变化混用。

横断设计的优点在于成本相对较低、容易实施,在澄清假设、探索新测量或新技术的时候尤其有用,常常是进一步研究的基础(Robinson et al., 2005)。但是,横断设计也有很多方法论上的局限。第一,如前所述,由于世代效应的混淆,横断设计无法明确人格特征随年龄发生的变化。第二,外部效度相对较低,也就是,推广到其他样本的可能性偏低。横断设计只是某一个测量时间点或者特定时代历史背景下的测量,已有的横断设计结果可能是特定历史时期下世代效应的产物,这会导致横断设计的结果在其他时间点上难以重复。第三,横断设计更容易受到取样偏差的影响。一方面,在不同的年龄群体中选取随机样本存在一定困难;另一方面,采用实验法的思路通过配对样本确定年龄的纯效应,也会导致样本缺乏代表性,存在偏差。例如,在比较年轻人和老年人的人格差异时,可以使老年人样本和年轻人样本(如大学生样本)在除年龄以外的所有变量(如教育水平)上匹配。如此,匹配样本只能是接受过大学教育的老年人样本,这个样本并不能反映老年人的状态,可能会导致研究者就此年龄差异作出错误的推断。

2.2.2 纵向设计

纵向设计,也叫群体内追踪设计(within-group follow-up design),主要研究同一批个体的人格特征在两个或多个时间点的异同(Schaie & Caskie, 2005)。纵向设计关心的是年龄变化(age changes)。在单世代纵向设计中,研究者常常在不同的时间点追踪同一组个体的人格特征。由于只有一个世代,因此世代这一时间参数是恒定的,但年龄和测量时间的效应是混淆的。也就是说,即使单世代纵向设计发现了显著的人格变化,此类研究也不能区分人格变化究竟是成熟还是测量环境造成的。

有研究者(Miller, 1998)指出,纵向设计是在一定的时间跨度内对人格特征的重复测量。从这个定义可以看到,纵向设计有两个需要考虑的要点:(1) 时间跨度;(2) 重复测量的频次。在纵向设计中,选择时间跨度时需要考虑的一个重要问题是,在选择的时间跨度内,人格发展是可能的、有意义的。时间跨度的选择通常取决于研究对象和研究变量。例如,就研究对象来说,在一年的时间跨度内,中年人的人格很难有明显的改变,但儿童、青少年的人格可能会有很大的改变。就研究变量而言,在半年的时间跨度内,成年人的人格特质可能不会有明显的改变,但成年人的生活目标可能会有一些变动。在已有的人格研究中,时间跨度的范围非常大,最短只有几个月,最长可以达到几十年。研究者指出,由于人格理论假设人格的变化是缓慢的(Roberts, Walton, & Viechtbauer, 2006),因此当前的人格研究多使用大样本,即每年或者每两年考察人格的变化;但事实上,经历重大的生活转变后,人格的改变完全有可能在短期内发生,应该充分重视人格在较短时间跨度内的变化(Luhmann et al., 2014)。确定了时间跨度后,纵向设计需要考虑的另一个要点是,在选择的时间跨度内决定重复测量的次数。最简单的纵向设计只有两个测量时间点,但是现在越来越多的研究者认为两个时间点并不能准确反映可能的人格变化,应该使用多个测量时间点(Singer & Willett, 2003)。

相比于横断设计,纵向设计的优势在于可以考察:(1) 人格的个体内变化;(2) 人格与其他共变心理变量(如环境)之间的相互关系;(3) 个体内人格变化的群体或者个体间差异。研究者常常用纵向设计探讨人格与其共变心理变量之间的因果关系,由于不同测量时间点存在时间上的先后顺序,因此可以对因果关系作出合理的推断(Baltes & Nesselroade, 1979)。但是,其他研究者(Robinson et al., 2005)提到,时间顺序只是推断因果关系的必要非充分条件;人格发展过程可能方向不明确,也可能存在双向因果关系。关于纵向设计中变量的因果关系,交叉滞后设计(cross-lag design)是一种解决方案。在此研究设计中,研究者将在不同时间点同时测量两类变量,通过观察两类变量在不同时间点的预测关系可以确定两类变量的因果关系。例如,研究者可以在两个时间点测量 A 和 B 两个变量,如果时间点 1 的 A 变量可以预测时间点 2 的 B 变量,而时间点 1 的 B 变量不能预测时间点 2 的 A 变量,那么 A 可能是原因变量,B 可能是结果变量;如果时间点 1 的 A 变量可以预测时间点 2 的 B 变量,而时间点 1 的 B 变量可以预测时间点 2 的 A 变量,那么 A 和 B 互为因果关系。

尽管有上述明显的优势,纵向设计也有无可回避的局限性,如花费较高、耗时费力。更重要的是,这些缺点会影响纵向设计的外部效度或者代表性(Schaie & Caskie, 2005)。与横断设计相比,纵向设计更难获得一个有代表性的样本,因为被试流失或者死亡等原因也更难维持样本的代表性。就样本获取而言,由于纵向设计需要被试付出更多精力以及更长期积极配合,因此研究者最终能够找到的多半是更愿意合作的、生活更稳定的被试,故而研究之初使用的就是有偏样本,即只包括高参与动机被试的样本。就样本的维持而言,中途退出、死亡、搬家等多种原因会导致部分被试流失,即使在测量时间点 1 样本是有代表性的,后续测量中样本的代表性也值得怀疑。有研究者建议,在使用纵向设计时需要在两个极端选择中找出平衡点:一个选择是获取一个较大的样本,减少被试投入的时间和精力,最终防止被试流失;另一个选择是获取一个较小的样本,收集详细的、与过程有关的数据,以牺牲外部效度为代价(Bergman & Magnusson, 1990)。此外,研究者也给出一些对策,以减少因搬家、兴趣缺乏、主动拒绝等原因导致的被试流失:(1) 尽可能获取被试甚至其一位亲属的联系方式,以便在被试流失或者搬家后取得联系;(2) 被试搬家后,联系被试新家所在地的研究者协助完成后续研究;(3) 可以与被试建立情感联系(如寄生日卡片),增加被试对研究的承诺感。

除了取样问题之外,纵向设计的有效性可能还会受到练习效应、测量工具、均值回归的影响。**练习效应**是指,由于练习或者对研究材料或者研究程序熟悉度的增加，被试的反应受到影响，导致研究结果不能代表样本所在总体的客观情况（Schaie，1977）。练习效应对不够成熟的被试（如婴儿）来说不是很大的问题，但对于成年被试就值得注意（Miller，1998）。有研究者指出，练习效应可以通过使用匹配问卷和非反应性测量解决（Wohlwill，1973）。**测量工具**（instrumentation）主要是指在不同时间点的测量中工具的等值性问题。例如，在人格的异质连续性探讨中，纵向设计在不同的年龄使用不同的工具，不同的工具是否测量到相同的现象是值得探讨的问题；在人格的同质连续性探讨中，同样的工具在不同的年龄是否测量到相似的概念也是值得探讨的问题。如前所述，以上测量工具等值性的问题可以通过多样本比较等统计技术加以考察。**均值回归**（regression to the mean）是指对同一变量的重复测量会导致该变量的得分回归总体平均数（Buss，1979）。这个问题在研究同一总体的极端群体（如病人群体）中尤其明显，这会导致样本的误差变异随时间减小。

2.2.3 序列设计

为了克服横断设计和纵向设计的局限，研究者发展出更为复杂的研究设计——序列设计（sequential design）（Schaie，1977）。沙伊（Schaie，1977）提出了一种最有效设计，系统综合了横断设计和纵向设计。此种设计要求研究者首先在一个明确的总体（如学校系统、健康计划）中获得一个有代表性的样本进行施测，经过特定的时间间隔对样本重复测量，获取若干世代的纵向数据，形成一个纵向序列；与此同时，每一次后续测量都需要增加一组新被试，与测量时间点 1 的数据形成一个横向序列；如此不断重复，就会获得若干个测试时间点的纵向数据和若干个世代的横断数据。其中，总体需要符合两个特征：（1）可以反映所要研究的因变量（如人格）的全部变异；（2）要足够大，需要保证样本的一批被试流失之后可以在总体中重新抽样替代。纵向追踪的时间间隔最好与抽样的年龄间隔保持一致。抽样次数最少应该是 3 次，而不是 2 次。图 2－2 为最有效设计的例子。

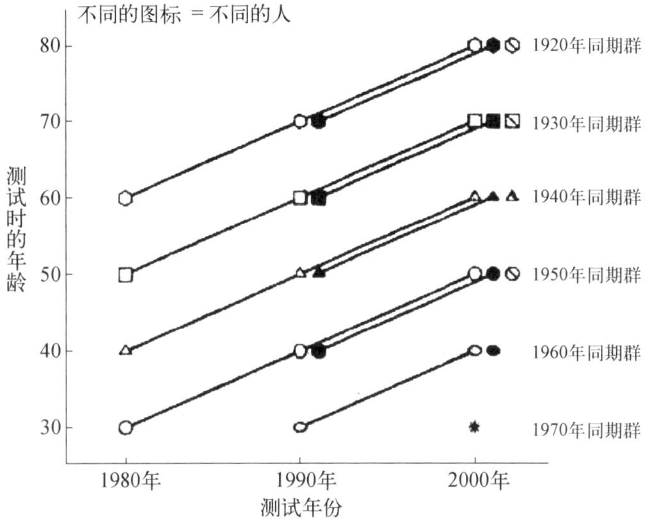

图 2-2　最有效设计(Schaie, 1977)

在测量时间点 1(1980 年),研究者想要测量 30～60 岁个体的人格,于是以 10 年为一个年龄间隔,抽取了四个年龄样本进行比较。单独来看,这是一个简单的横断设计。在测量时间点 2(1990 年),对测量时间点 1 的所有被试进行重测。这批被试都经历了 10 年的成长,可以观察他们 10 年间的人格变化,这是一个简单的纵向设计。但是,与横断设计和纵向设计不同的是,最有效设计会在测量时间点 2 招募一批年轻的被试,与测量时间点 1 的年龄结果相似。也就是说,测量时间点 2 和测量时间点 1 的最小年龄相同,取样年龄间隔相同。除了简单的纵向分析之外,研究者还会比较测量时间点 1 和测量时间点 2 两次横断测量的结果是否相同。如果结果相同,则说明测量时间点 1 的年龄差异有较好的外部效度,可推广性较强。如果不同,则说明年龄和世代效应可能还会受到测量时间(时代)的影响。在 2000 年,最有效设计会对第一批样本进行第三次测量,进一步增加纵向数据,在更长的时间跨度内研究人格的稳定性和变化。除此之外,研究还可以对 1990 年的新增样本进行第二次测量,获得一个新的纵向序列。最后,研究还将再次补充一个新的年轻人样本,组成第三个横断样本。因此,在最有效设计中加入一个新的独立样本，意义是多方面的：(1) 延长前期的纵向序列；(2) 成为新的横断设计；(3) 构成一个新的纵向序列。

上述研究设计的优势是可以有效区分年龄、世代、测量时间的效应。具体地说，研究者一般有三种分析策略：世代序列分析(cohort-sequential analysis)、横断序列分析(cross-sequential analysis)和时间序列分析(time-sequential analysis)。上述三种分析策略关注的时间参数不同，因此适用于不同的研究问题(见表2-1)。接下来，我们将详细介绍这三种分析策略的特点、基本要求、异同和关注的重点。

表2-1 序列设计的分析策略(Schaie & Caskie, 2005)

	最低要求			有效效应	无效效应
	年龄	世代	测量时间点		
世代序列分析	2	2	3	年龄 * 世代	时间
横断序列分析	3	2	2	世代 * 时间	年龄
时间序列分析	2	4	2	年龄 * 时间	世代

世代序列分析是为发展心理学研究者所广泛使用的分析策略，主要考察相同的几个代群随年龄发生的个体内变化。与简单的纵向设计(单世代纵向设计)相比，世代序列分析可以考察人格在几个世代中随年龄的变化趋势，提高了纵向设计的外部效度。世代序列分析的前提假设包括：(1) 人格随年龄的变化是不可逆转的；(2) 某个年龄之前呈线性变化趋势(Schaie, 1977)。在世代序列分析中，研究至少包括两个世代、两个年龄水平和三个测量时间点。例如，如果我们想要比较1920年和1930年出生的世代60岁到70岁的人格变化，那么我们需要在1980年的时候收集1920年出生的世代60岁的数据，1990年收集他们70岁的数据；在1990年收集1930年出生的世代60岁的数据，2000年收集他们70岁的数据。因此，测量必须包括1980年、1990年、2000年三个时间点。世代序列分析假设测量时间效应是不存在的，因此可以区分年龄效应和世代效应。但是，有一些研究者指出，上述假设并不是对所有的研究变量都成立：对于那些有很强生物基础的变量，测量时间(如历史事

件)的作用可能的确不存在;但是对于那些比较容易受情境影响的变量(如焦虑),假设测量时间的效应为0是不合理的。因此,世代序列分析比较适用于分析那些不太受时代背景影响的变量如基因等,可以帮助研究者明确观察到的年龄变化是否可以推广到不同的世代。

横断序列分析则主要考察两个世代在至少两个测量时间点上的差异。此分析适用于那些不受年龄影响而受世代影响的变量(如价值观);基本假设是该变量不受年龄影响或者不同的世代随着年龄以相似的速度变化,故而该变量的变异主要由世代和测量时间引起。例如,20世纪80年代,中国受到西方文化的影响,一部分人开始表现出个人主义的倾向。如果研究者希望了解20世纪40年代和50年代出生的群体是否受到个人主义的影响,以及这些人的价值观如何随着时间而变化,那么可以考虑使用横断序列分析。具体地说,研究者可以分别在1980年和1990年请1940年和1950年出生的两个世代样本完成价值观测量(如图2-2左下角所示)。此时,世代是1940年和1950年两个水平,测量时间是1980年和1990年两个水平;从纵轴可以看到,该分析在两个测量时间点一共涉及30岁、40岁和50岁三个年龄层次。虽然该分析策略主要考察时代或者历史的效应,但是也有研究者指出,如果有充分的理论依据证明测量时间(如时代、历史)的效应不存在,那么该分析策略也可以考察年龄效应,因为在两个测量时间点,被试的年龄都有10年的增长(Tonry, Ohlin, & Farrington, 1991)。

值得一提的是,横断序列分析在测量时间点比较少而世代数目比较多的情况下也非常有用。例如,一个研究可能在1980年和1990年两个测量时间点对1920年到1960年五个世代进行重复测量(如图2-2右侧所示)。该设计只有两个测量时间点,不满足世代序列分析的基本要求,但可以使用横断序列分析明确测量时间和世代效应,进一步推断可能的年龄效应。具体地说,研究者可以利用五个世代测量时间点的方差分析,如果发现世代和时间有显著的交互作用,则说明年龄的改变在不同的世代可能是不同的。进一步分析每一个世代的人格在两个测量时间点如何变化,可以了解从某一年龄到另一年龄可能的人格发展(Schaie,

1996)。这种分析虽然不能准确估计年龄效应,但仍然有助于理解人格发展的规律,在人格发展研究中有一定的应用价值。

时间序列分析主要考察不同测量时间点的年龄效应。用三个时间参数来理解该设计,它区分的主要是测量时间和年龄效应,无法考察世代效应。时间序列分析主要探讨年龄补偿效应问题,适用于那些容易同时受到生物因素和环境因素影响的变量(如记忆、价值观)(Schaie & Caskie, 2005)。时间序列分析需要至少两个年龄水平,两个测量时间点,四个世代。如图 2-2 所示,研究者可能在 1980 年和 2000 年分别抽取两个年龄样本:30 岁样本和 40 岁样本。与前面两种分析不同,时间序列分析不采用纵向样本,只是在不同的测量时间点抽取了两次独立的年龄样本。在 1980 年,30 岁和 40 岁的样本分别来自 1950 年和 1940 年的世代;在 2000 年,相同年龄的样本分别来自 1970 年和 1960 年的世代。因此,在这个例子中,时间序列分析包括 30 岁和 40 岁两个年龄水平,1940 年到 1970 年四个世代。时间序列分析可以考察年龄差异随年代变化的情况。例如,有研究者关注 30 岁和 40 岁的人在价值观上是否存在代沟,以及随着时代的发展代沟是否会有变化。研究者可能会发现,随着时代的发展,价值观的年龄差异在逐渐缩小,这说明价值观的代沟有变小的趋势。

值得一提的是,使用纵向设计研究生活事件与人格发展的关系,还有一系列值得注意的问题(Luhmann et al., 2014)。

首先,把第一次测量当作基线或者控制组虽然能够排除测量开始时的个体差异,但是依然无法区分年龄和生活事件的效应;因此,加入一个控制组不仅可以区分年龄和生活事件的效应,而且可以提高结论的效度。例如,研究为人父母对人格的影响,选取一组即将成为父母的年轻夫妇作为被试进行追踪调查,这种研究方法在当前的确仍被多数研究者认可。但是,如果再包含一组没有孩子的、其他条件与年轻父母相匹配的被试作为控制组,则更为严谨,有助于研究区分年龄和成为父母这一事件的效应,提高研究结论的效度。上述方法已经在已有研究中得到应用,具体细节请参见原论文(Yap, Anusic, & Lucas, 2012)。在此类研究设计中，寻找一个合适的控制组是非常重要的。研究者（Luhmann et al.，2014）指出，在寻找配对样本时，可以将与研究问题有关的协变量量化并计算出一个合成分数，根据协变量的合成分数将研究组和控制组快速配对。

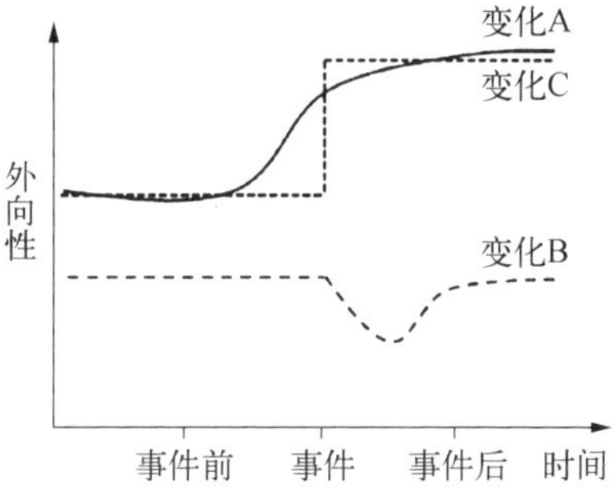

图 2－3　生活事件对人格发展的可能影响（Luhmann et al.，2014）

其次，理想的纵向设计最好有多个间隔合适的时间点。例如，研究者可能关注某时间点对人格的影响（如图 2－3 所示）。事件既有可能造成人格的线性变化，也有可能造成人格稳定的、突然的折线变化（变化 C），还可能造成人格缓慢的、逐步的、持久的曲线变化（变化 A），甚至可能造成人格暂时突变之后又恢复到正常水平（变化 B）（Luhmann et al.，2014）。

考虑到上述情况，在此类研究中使用纵向设计还需注意以下三点。第一，测量的时间点必须足够多，足够密集，保证多次测量可以模拟各种非线性变化趋势的可能性。模拟曲线变化至少需要三个测量时间点，但模拟图 2－3 中复杂的曲线变化则需要更多测量时间点（Singer & Willett，2003）。第二，要仔细选择测量时间点以及时间间隔。如图 2－3 所示，如果只是事前和事后测量两次，那么研究者无法准确发现上述三种可能的人格变化，甚至可能得出错误的结论。因此，如果条件允许，密集测量人格的变化是一种有效的解决方法；此外，研究者也可以根据研究经验和实践经验在具体研究中选择潜在合适的时间点（Luhmann et al.，2014）。第三，研究者指出，为了更全面地理解生活事件对人格的长期影响，有必要在事件发生之前对人格进行测量，这样可以更好地建立人格基线水平。

2.2.4　实验研究设计

心理学的目标是描述、解释和改变心理现象。几乎所有领域的心理学研究都在描述和解释这两个方面做了大量工作，发展心理学家也是如此。但是，与其他领域的心理学家相比，发展心理学家不仅关注自然状态下心理的发展和变化，而且重视如何通过一些专业的方法改善心理发展和变化的方向。因此，一部分发展心理学研究尝试用实验或者准实验的方法来评价个体发展及其影响因素。下面介绍人格发展研究中几种常见的实验设计：年龄比较实验(age-comparative experiments)、单组前后测设计(single age group pre-test post-test design)、随机分组临床实验(randomized control clinical trial)。

年龄比较实验。年龄比较实验需要至少两个不同年龄的配对样本，施加干预或者操纵后，测量这两个年龄样本在行为表现上的差异(夏埃，威里斯，2003)。一个典型的年龄比较实验会包括青年组和老年组两个样本，然后对两个样本施加相似的实验操纵或干预，并在实验操纵或干预前后对因变量进行测量。例如，研究者可能关注个体的焦虑，发现正念可以改善焦虑。使用年龄比较实验，研究者会对青年组和老年组进行正念操纵或者干预，然后在实验操纵或者干预前后对焦虑进行测量。在年龄比较实验中，研究者关注的重点不是年龄或者实验干预的主效应，而是实验干预在不同年龄组的不同作用。如图 2－4 所示，下半部分为

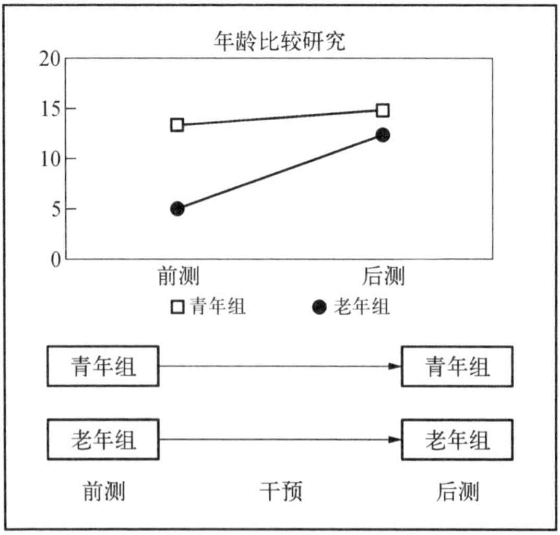

图 2－4　年龄比较实验设计和假设结果(夏埃，威里斯，2003)

年龄比较实验设计的过程图示，上半部分为可能的研究结果。如果前测显示出显著的年龄差异，经过干预后，后测显示年龄差异显著减小，那么说明实验干预可以有效补偿老龄化带来的衰退，干预变量是因变量变化的原因变量之一。

单组前后测设计。单组前后测设计只针对一个年龄组，研究者对该组被试实施干预，比较干预前后被试在目标变量上的变化（夏埃，威里斯，2003）。此类研究通常关注某种干预在特定年龄群体中是否有效，而不是干预的效应在不同年龄群体中的差异。例如，研究者可能会考察一项认知训练干预课程对老年人的影响，但是该课程对于青年群体是没有意义的，因而不需要进行年龄比较。使用单组前后测设计，研究者首先会在老年群体（研究的目标群体）中抽取一个样本；然后对该样本施加干预，在干预之前获取基线数据，在干预之后的某个时间点获取一次或者多次后测数据；最后通过比较基线数据和后测数据的差异来评价干预的效应。此种设计还可以通过选择后测的时间来区分干预的短期和长期效应，时间间隔的选择在很大程度上取决于研究的变量。例如，在人格发展研究中，人格的改变是非常困难的，评价长期效应的时间间隔应该比较长，例如 1 年、5 年和 10 年；具体情绪的改变则相对容易，评价长期效应的时间间隔可以偏短，例如 6 个月。单组前后测设计本身是有局限的。例如，该设计缺乏控制组，无法区分自然成熟和干预的效果，从而无法对干预的效果作出准确评价。正是由于评价干预效果的能力有限，因此单组前后测设计常常用于初步研究，最后的结论还需要更复杂的实验设计来验证。

随机分组临床实验。为了克服单组前后测设计的不足，研究者更多使用随机分组临床实验来评价干预的效果。在随机分组临床实验中，研究者会在目标群体（如老年人）中选取一个样本，被试被随机分配到两种条件下：实验组和控制组。两组被试接受相应的干预，最后通过比较两组被试在结果变量上的前后测变化来评价干预的效果（夏埃，威里斯，2003）。其中，应该尤其注意控制组的实验安排，通常有两种情况。第一种情况是不接受任何干预，仅接受前后测。例如，在社会支持干预中，实验组接受教育和社会支持干预,控制组为下轮候选人,在此轮研究中不接受任何干预,仅接受测量,在下轮研究中接受干预。第二种情况是关联控制组(contact control group),接受一些无关的程序,并接受前后测。例如,在社会支持干预的例子中,控制组可以自学相似的学习材料,从而比较自学和干预的差异。值得注意的一点是,结果变量的选择不仅要包括目标结果变量,而且要包括干预可能影响的其他行为。通过评价干预在不同测量指标上的效应,研究者可以明确干预的有效范围(对哪些结果变量有效)和特异性(是否只对某些结果变量有效)。

2.3 人格发展中的测量方法

人格本身是一个相对抽象的概念,但是研究者认为,个体的人格可以通过一些具体的行为或者想法反映出来,并且可以通过各种方法观察被试在测量中的反应或者具体情境中的行为。成人人格研究多采用自我报告法,但是由于涉及发展,不同年龄群体存在多样化和特殊性,因此自我报告法在一些年龄群体(如儿童、老人)中并不完全适用,因而研究者不得不采用其他方法测量人格,包括自然观察法、他人评定法等。下面简要介绍各种方法在人格发展研究中的应用、注意问题及其本身的优点和不足。

2.3.1 自我报告法

在人格研究历史上,自我报告法的形式比较多样,包括人格问卷、投射测验、笔迹分析、非言语编码等。在当前的人格研究中,自我报告法仍然占据主导地位。对《人格研究杂志》2003 年发表的所有论文进行分析,结果表明,在 45 项测量人格的研究中,98%的研究使用了自我报告法,70%的研究只使用了自我报告法这一种研究方法(Vazire, 2006)。有研究者(Paulhus & Vazire, 2007)认为,从严格意义上讲,自我报告时,被试应该清楚知道自己在报告人格。基于这样一个严格的标准,自我报告法主要分为三类：直接自我评定（direct self-rating）、间接自我报告（indirect self-report）和开放式自我报告（open-ended self-report）。

直接自我评定。这是自我报告法中最简单、最常用的形式，即要求被试直接报告自己的人格（Paulhus & Vazire, 2007）。在这种测量中，研究者常常会直接要求被试回答一些具有表面效度的问题以评价自己的人格（Paulhus & Vazire, 2007）。值得一提的是，研究者有时会使用单个项目测量某些人格结构，而且效果良好。通常，研究者会使用若干内容接近的项目测量同一个概念。但近年来，有研究者开始使用单个项目测量人格。多项目测量在人格研究中最为常用，例如广为人知的大五人格问卷、艾森克人格问卷。单项目人格测量的典型例子是单项目自尊问卷（Robins, Trzesniewski, & Hendin, 2001）和五项目人格问卷（Gosling, Rentfrow, & Swann Jr, 2003）。多项目自我报告测量和单项目自我报告测量各有利弊。单项目自我报告测量的表面效度很高，被试能够准确了解研究者想要测量的概念；多项目自我报告测量包括多个题目，题目测量的内在结构不够明显，从而可以控制反应偏差（极端效应、默认反应偏差）。在早期研究中，横断问卷调查是人格研究的典型形式。研究者指出，自我报告法很多时候测量的并不是被试实际的人格和行为，而是他们的理想自我或者应该自我（Pomerantz & Ruble, 1998）。为了更客观、准确地测量个体的人格和行为，当前直接自我评定的方法呈现出多样化的趋势。例如，目前的日记研究（diary study）和经验抽样方法（experience sampling method）也多采用直接自我评定，但是与问卷调查不同，研究者会要求被试每天（甚至在更短的时间内）简单报告自己的行为和感受，以便更为客观地使用自我报告法测量个体的思想、感受和行为趋势。

间接自我报告。与直接自我评定相同，间接自我报告也会要求被试回答一些有关人格的问题；不同的是间接自我报告会有意掩蔽测量的目的（Paulhus & Vazire, 2007）。在人格研究中，间接自我报告主要有两种形式。一些间接自我报告会通过一些与内容无关的项目测量目标概念。例如，自恋人格问卷（Raskin & Hall, 1981）的项目表面上与能力、领导力、讲故事的能力以及生理吸引力有关,但是实际是通过被试的夸大反应来考察其自恋程度。另一些间接自我报告则会通过一些隐晦的项目来测量特定的行为。例如,一些测量酒精成瘾的问卷中会包含一些隐晦的项目,例如"人最难战胜的是自己"。这些项目并不直接与酒精成瘾有关,但可以很好地预测酒精成瘾。这些隐晦的项目虽然可以很好地回避社会称许性,但是研究者发现,这些项目没有直接测量的项目有效(Osberg, 1999)。值得一提的是,直接自我评定和间接自我报告并不是严格的分类,而是一个连续体。很多人格问卷都是直接自我评定和间接自我报告的结合。

开放式自我报告。自我报告的第三种形式是开放式自我报告,它来自被试对自己人格的自由描述和分析(Paulhus & Vazire, 2007)。开放式自我报告的优点在于,被试的反应可以不受任何理论框架的限制。例如,研究者可能会要求被试"描述自己的性格",也可能要求被试描述"在家人面前自己的性格特点"。开放式自我报告的典型例子是二十句陈述,即要求被试完成二十个以"我是"开头的句子(Kuhn & McPartland, 1954)。在获取了被试的反应后,开放式自我报告另一项重要的工作是对被试的自我描述进行编码。相比于直接自我评定,开放式自我报告有很强的主观性,但是通常有比较高的信度,在人格研究中经常被使用(Paulhus & Vazire, 2007)。重要的是,开放式自我报告可用于儿童、青少年的人格和自我研究。例如,有研究者(Wang, 2004)使用开放式自我报告比较不同文化中儿童的自我,发现西方文化中儿童更强调自我,自我更积极;东方文化中儿童更强调关系,自我更消极。

访谈法是一种更复杂的、更常用的开放式自我报告法。访谈法常通过固定的访谈提纲以及谈话来收集信息,是质性研究方法的重要组成部分(Paulhus & Vazire, 2007)。访谈法包括不同的形式,例如非结构式访谈、半结构式访谈、结构式访谈、基于问卷的访谈和焦点小组等。在非结构式访谈中,研究者没有固定的问题和访谈提纲,完全根据对被试的观察围绕研究问题进行提问;在半结构式访谈中,研究者有固定的访谈提纲,但是可以根据谈话的情况改变问题的顺序或者增加一些问题;在结构式访谈中，研究者需要按照固定的顺序向被试提出所有的问题。相比于其他形式的自我报告法，访谈法的优势在于在访谈过程中，研究者可以追问问题以获取足够丰富、深入的信息，可以确保被试理解题目的意思并且回答所有的问题，可以根据谈话的情形调整问题的顺序，甚至可以收集到有关自我报告效度的问题。

自我报告法有其自身的优势(Paulhus & Vazire, 2007)。首先，自我报告的结果容易解释。自我报告法使用的是研究者和被试通用的语言，最终的评定结果很容易理解。其次，自我报告法可以提供丰富的信息。被试可以报告一些非常私人的、难以观察的信息，这些信息的广度和深度是其他方法所不能及的。再次，自我报告法关注被试本人，可以促进被试进行自我反思，自我坦露，因而可以在最大限度上激发被试的研究兴趣和动机。最后也最重要的是，自我报告法非常高效，而且成本较低。使用自我报告法，研究者常常可以在测量大量被试的同时不需要支付很高的报酬。

但是，自我报告法也有其自身的局限。除了面临一些共性的问题如首因和近因效应、时间压力、一致性动机之外，自我报告法还面临其独有的问题，即各种反应偏差或者反应风格，包括默认反应偏差、极端反应偏差和社会称许性反应偏差(Paulhus & Vazire, 2007)。**默认反应**(acquiescent responding)是指个体不考虑题目的内容而倾向于同意或不同意问卷中的问题。默认反应风格不仅是个体在问卷调查中的反应模式，而且是其他生活情境中典型反应模式的体现，是一种个体差异变量，与顺从和冲动两个人格维度有关(Couch & Kenniston, 1960)。例如，在日常生活中，无论谈论什么话题，哪怕是相反的两个观点，有些人也倾向于否定别人的意见，这类人在自我报告的问卷调查中可能有选择“非常不同意”或者“错误”的反应倾向。还有一些人在谈话中则是无论对方的观点是什么，都倾向于给予肯定的反馈，这类人在问卷调查中可能有选择“非常同意”或者“正确”的倾向。这点在文化研究中非常明显，中国人有中庸的特点，因此中国人比外国人更倾向于选择中间的、模棱两可的选项。这种反应偏差会和研究者想要测量的概念相混淆，导致结果出现问题。例如，如果被试在临床心理诊断中倾向于回答“是”，那么最后得到的诊断结果有可能会比实际情况严重很多，导致误诊误治。为了控制默认反应偏差，研究者常常通过题目反向计分的方法来平衡，这也是心理学量表中常常出现反向计分项目的原因(Paulhus & Vazire, 2007)。

极端反应(extreme responding)是指被试在评定量表上对项目作出极端选择(如 7 点量表选择 1 分或者 7 分)的倾向(Paulhus & Vazire, 2007)。研究者认为，极端反应倾向也是个体差异变量，随着时间和情境有高度的一致性，但目前还不清楚极端反应和人格维度之间的关系(Schwartz & Sudman, 1996)。极端反应对研究的结果也有混淆效应。例如，自尊测量大部分是正向项目，如果被试在问卷中评定高分居多，研究者就难以区分高自尊和极端反应。极端反应偏差可以通过以下三种方式矫正(Paulhus & Vazire, 2007)。第一，可以使用反向计分，这样极端反应就在正反两个方向都存在，可以得到平衡。第二，可以将项目由连续多点计分转变为两点计分。第三，可以采用 Q 分类技术，要求被试按比例作出反应。例如，在 5 点计分量表上，要求被试所有的评定分数有 5%为 1 分，10%为 2 分，70%为 3 分，10%为 4 分，5%为 5 分。

社会称许性反应(social desirable responding)是指被试作出过度积极的自我描述的倾向。社会称许性既可以是情境性的(如面试时的积极自我陈述)，也可以是特质性的；特质社会称许性反应与印象管理、自我提升、自我欺骗式拒绝等概念有关(Paulhus, 1991)。社会称许性反应存在显著的个体差异，在人格研究中也是想要测量的人格概念的混淆变量。研究者指出，社会称许性也有以下三种矫正方法(Paulhus & Vazire, 2007)。第一，可以选择社会称许性弱的选项答案(如自恋测量中的迫选法)。第二，可以通过强调研究的匿名性、保密性和诚实作答的重要性，来减弱被试的防御心理。第三，如果包含社会称许性测量则可将其当作协变量加以控制。但是，这会在控制社会称许性的同时，排除有效变异，降低目标测量概念的有效性，因此这种方法不应该是控制社会称许性的首选方法(Ones, Viswesvaran, & Reiss, 1996)。

2.3.2 他人评定法

与自我报告法相反，他人评定法则是从他人（如配偶、朋友、陌生的观察者）那里收集有关研究对象的人格数据。他人评定法是研究者考察人格的另一个重要角度，是自我报告法的重要补充，在工作组织心理学领域得到相对较多的应用（Hogan，1998）。具体来说，他人评定法主要有三种用途。第一，可以重复自我报告法的结果。如果他人评定法和自我报告法的结果类似，那么可以为自我报告法提供佐证，提升自我报告法的有效性。如果他人评定法包含自我报告法无法涵盖的信息，那么他人评定法可以丰富人格特质的理论内涵（Connelly & Ones，2010）。第二，可以研究不同来源的人格评定的一致程度。如果两个观察者在不同场合观察到的同一对象的人格是相似的，则说明：（1）这个对象在不同场合以相似的方式行事；（2）观察者对对象行为作出了相似的解释。有研究者认为，自我报告法为研究者认识人格提供了内在的视角（如身份感），他人评定法则为研究者认识人格提供了外在的视角（如名声）（Hogan，1998）。第三，他人评定法还被用来研究刻板印象、自我以及他人知觉等主题。

无论研究目的如何，他人评定法有其自身的优势。它可以从多个来源收集对研究对象的评定，考察他人报告结果中具有跨来源一致性的成分，形成对人格的稳定测量（Hofstee，1994）。此外，他人评定法可能会提高某些人格发展研究的可行性。例如，儿童被试认知能力发展不成熟，并不能准确了解自己的人格；中年被试通常工作繁忙，闲暇时间有限；老年被试（如老年痴呆症患者）健康状况和认知功能可能受损，获取这些群体的自我报告是非常困难的，使用他人评定法有助于研究者了解这些群体的人格或者心理状态。例如，在儿童研究中，研究者常常通过两种形式来测量父母的教养方式和孩子的行为。一种形式是，提供各种描述，请父母评定他们在多大程度上同意这些描述；另一种形式是，提供一系列场景，请父母评定他们自己和孩子的反应（John，Robins，& Pervin，2008）。

尽管有诸多优势，但是他人评定法在人格研究中并没有得到广泛应用。研究者(Vazire, 2006)总结,他人评定法的不足主要体现在以下四个方面:第一,使用他人评定法收集数据可能会花费大量的时间;第二,他人评定法的成本偏高;第三,他人评定法需要与研究对象相关的他人参与研究,更不容易合作;第四,他人评定法通常可以由与研究对象相关的他人在实验室外(如家庭)完成,缺乏控制,可能会存在数据质量差、伪造数据的情况。近年来,互联网在家庭和研究中都得到了极大程度的普及,他人评定法的不足在很大程度上得到了弥补。研究者可以通过特定的软件(如 HTML)或者问卷调查网站(如 survey monkey、问卷星)生成网页版的问卷,研究者和与研究对象相关的他人只需要通过电子邮件就可以发送和填写网页版的问卷,甚至可以通过特有的编码将同一个研究对象的问卷联系起来(Fraley, 2004)。

相比于传统的问卷法,研究者不需要花大量的时间和精力去邮寄问卷,邀请被试来实验室完成问卷,以及录入问卷,更加省力,也不需要花费大量金钱。有研究者指出,即使没有报酬,研究者仍然可以获得比较高的反应率,而且降低了被试以获取报酬为目的参与研究的可能性(Vazire, 2006)。此外,研究者指出,他人评定法通常可以有76%~95%的高反应率,他人是乐于参与研究的。这主要是因为:(1)他人会觉得评价别人是有趣的;(2)参与研究的他人会认为自己可以为研究者提供独特的、有用的信息;(3)问卷通常比较简短(如100个题目以内),不会给他人带来负担。最后,研究者认为,数据质量差和伪造数据的问题可以通过以下方法避免:(1)确保问卷不存在可以确认身份的信息,有清晰的指导语以使他人相信研究是保密的、匿名的,诚实作答不会影响他和研究对象的关系;(2)确保研究对象的报酬与他人的作答无关,避免因为他人的作答而给予研究对象报酬;(3)可以修改问卷的题目,避免自我相关比较高的表达。例如,"您怎么看待X"可以改为"人们通常如何看待X"(Vazire, 2006)。

此外,他人评定法的准确性和预测性也常常受到质疑。有研究者(Funder, 1995)指出,在使用他人评定法判断个体的人格时,重要的因素主要包括特质的相关性和可得性、觉察和使用四个方面。前两个方面是指，个体的特质在多大程度上被清楚传达给了评定者；后两个方面是指，评定者的知觉在多大程度上与特质的表达一致。其他研究者(Connelly & Ones, 2010)进一步分析了他人评定的准确性，结果发现，评定者和被评定者的互动频次会影响评定的准确性，他们之间亲密度的增加尤其有利于评定准确性的提高，可以帮助评定者准确判断那些较少有外显行为表现的人格特质(如情绪稳定性)。此外，他人评定的结果可以很好地预测行为，甚至比自我报告的结果更能预测行为。

他人评定法中相对比较特殊的一种研究方法是观察法。观察法包括自然观察、人为情境观察、即时观察和回溯观察等，其中自然观察和人为情境观察在人格研究和发展心理学中使用较多。自然观察是在没有干预或者打搅的日常生活情境中的观察；人为情境观察则是在实验室创设类似于现实生活场景的情境，通过研究者规定的任务(如一起完成一个游戏、自由活动)观察个体(如亲子、夫妻)的行为。相比于他人报告的其他形式，观察法有其自身的优点和不足(John et al., 2008)。就优点而言，观察法可以更客观地观察个体真实的行为，避免自我和他人报告中的社会称许性；结构性的情境有利于控制个体的行为，避免活动差异和个体人格之间的混淆。但是，观察法也有不足。例如，在某个情境下观察到的行为不一定真的代表了个体的人格。在特殊的陌生情境下，个体(如害羞的个体)的表现可能完全不同于在日常生活中的表现。

2.3.3 客观的数据资料

除了上述常用的自我报告法和他人评定法，随着研究理论的发展，尤其是社会认知流派和叙事心理学的发展，人格研究也开始越来越多地使用实验室方法，并获得客观行为资料(如反应时记录、生理反应资料)或者生活史资料(如犯罪记录、医疗记录)来分析个体的人格或者行为。下面简单介绍上述两类更为客观的研究资料。

行为资料。如上所述，人格研究中行为资料的一个重要来源就是社会认知实验或者生理研究的结果。社会认知实验的研究范式丰富多样，其中最典型的一类研究就是内隐研究。例如，研究者(Johnson, Kim, &

Risse，1985)给病人被试呈现一些乐曲或者图片，有一些乐曲或者图片会呈现若干次，另一些则只呈现一次。在测量阶段，研究者将呈现过的乐曲或者图片和一些新的乐曲或者图片混合在一起呈现给被试，要求被试评定对乐曲或者图片的喜爱程度，结果被试倾向于对熟悉的乐曲或者图片作出更高的评定。在内隐联想测验中，研究者会测量被试将自我与积极或者消极词汇自动联结起来的时间，然后借此推断被试对自我的内隐判断(Greenwald & Farnham，2000)。在此类研究中，被试只需要作出“喜欢”或者“不喜欢”的按键反应，研究者分析的资料是上述反应的频次或者作出反应需要的时间间隔，实验材料没有任何主观的成分，但可以对被试的自我或者偏好作出有意义的判断。

其他研究者关注个体情绪、行为和人格背后的生理反应。在最典型的一类生理研究中，研究者会要求特定人格(如抑郁、反社会人格)的被试观看一段视频(如悲伤的视频、残忍的视频)或者完成其他任务(如回忆某些生活事件)，然后记录被试观看视频时的生理反应(如呼吸情况、心血管反应、血流情况、荷尔蒙参数、汗腺分泌、眼球活动情况)或者大脑神经活动(如前额叶的活动水平)(Friedman & Schustack，2005)。通过分析不同人格的被试在各种任务中生理反应或者大脑神经活动的差异来判断人格特质背后的生理作用机制。值得一提的是，随着科技的进步，研究者还发展了各种便携式的生理仪器，例如便携式眼动仪、血压计和前额叶活动记录仪器，以便在日常情境下测量个体的身体反应，了解更多日常行为背后的生理机制。

生活史资料。生活史资料是个体一生中在社会上公开的事件、活动或者结果等信息，例如，个体的年龄、受教育水平、职业、婚姻状况等可以从户籍中获取的信息，个人过去的犯罪史、罚单、工作奖励等可以从档案中获取的信息，患病记录等可以从医疗本中获取的信息。在人格研究中，开展数年甚至数十年的追踪调查是非常困难的。有研究者通过将自我报告和他人评定资料与生活史资料相结合的方法，来研究人格的长期效应。例如，有一项研究(Caspi，1987)在儿童期收集了个体的自我报告和他人评定资料，即父母评定和孩子自我报告的易怒品质，在中年期，研究者获取了这些个体的生活史资料如教育、工作、婚姻，以及孩子养育状况等资料，分析了儿童期的易怒品质对个体以后人生发展结果的影响。

由此可以看到，客观资料有以下两个优点。第一，行为资料和生活史资料是个体很难扭曲或者改变的资料，可以剔除主观因素的干扰。第二，行为资料和生活史资料通常是自我报告或者他人评定难以呈现的资料，但又与上述资料有密切的联系，不仅是自我报告和他人评定资料的重要补充，而且能提高彼此的效度。但是，客观资料也有其自身的局限。例如，生活史资料的获取并不容易，而且很可能是虚假的、不完整的，缺乏人格研究者最关注的重要资料；行为资料的获取也相对困难，而且解释不够直观。这可能是上述方法在人格研究中未能得到广泛应用的原因。

2.4 小结与展望

如前所述，人格发展研究中对研究方法和手段的探讨可以说是人格研究和发展研究的综述。人格发展研究非常依赖发展心理学的纵向或者序列研究设计，测量的手段或者使用的资料又非常依赖人格研究中测量工具和研究方法的发展。值得一提的是，人格研究者也开始就人格研究中一些特殊的主题（如生活事件与人格发展研究）提出一些有针对性的建议，非常值得借鉴。尽管如此，人格发展研究仍然有其自身独特的问题，值得研究者进一步探索可能的解决方案。

人格发展研究不能简单依赖大学生样本，还需要社区健康人群样本，甚至某些特殊的样本（如低社会经济地位人群、少数族裔人群、老年人群体）以探讨相关问题（如移民、经济困难对人格的影响）。在此类研究中，样本的获取是最关键也是最困难的一步。特殊人群可能因为生活压力的影响更难以坚持完成研究，也可能因为教育水平有限缺乏能力而不能正确填写问卷，更可能因为缺乏生活经验，不信任研究者而拒绝参与研究。面对上述困难，研究者需要通过创造性的方法克服上述人群参与研究的障碍。例如,有研究者(Kagawa-Singer, 2000)提出社区参与的方式,即研究者与社区工作人员(如街道办事处工作人员)积极联系取得配合,通过被试信任的第三方与被试联系甚至指导被试完成研究,可以解决上述取样的难题。

人格发展研究还可以从其他领域借鉴研究方法,以便更有效地探讨相关研究主题。例如,在人格发展研究中,人格与各种人际关系之间的相互关系是研究的重要内容,当前人格发展领域的研究多采用自我报告法,但是人际关系研究领域已经发展出各种研究手段如夫妻互动的实验室观察、成对数据的统计技术等,值得借鉴。健康研究领域也有非常成熟的研究设计以考察心理干预对各种心理结果的影响,人格干预研究也可以从中吸取经验。总之,跨学科的视角是当代研究的发展趋势,有利于弥补某个领域理论和方法的缺憾,未来的人格发展研究应该充分借鉴其他领域的研究进展。

3 人格发展的阶段

在日常生活中，我们每个人都曾困惑过：我是怎么一步步变成今天之我的？我到了成年、中年、老年会是什么样子？人们常说，什么年龄做什么事情。那么，在人生的每个年龄段，我们到底应该做什么事情，做到什么程度才算真正做好了自己？在以后的生活中，我们将面临什么样的问题？该如何解决这些问题？这些疑问和困惑也是心理学家关心的主题。临床心理学家和心理治疗师在实际工作中也在思考什么才是正常的人格发展，什么导致来访者的病态人格。人格心理学家和发展心理学家就这些问题进行了深入思考，从不同角度提出了一系列人格阶段理论，尝试宏观描述人格发展的轨迹。尽管角度和时间跨度不同，但是这些人格阶段理论有一些共同的特点：(1) 可以根据阶段或者时期看待个体的人格发展，每个阶段或者时期都有独特的人格特征和人格发展质的区别；(2) 虽然每个阶段出现的时间存在个体差异，但是会有一个范围；(3) 不同阶段出现的顺序是固定的，都以上一个阶段为基础，并为下一个阶段作铺垫(Pervin，2003)。人格阶段理论的典型代表有弗洛伊德的心理性欲阶段模型、埃里克森的心理社会发展阶段理论和莱文森的人生季节理论。本章简要回顾人格心理学发展史上与人格发展阶段有关的理论。

3.1 早期的人格发展阶段理论

在心理学历史的最早期，关注人格发展的最著名的阶段理论是弗洛伊德的心理性欲阶段模型和埃里克森的心理社会发展阶段理论。弗洛伊德的理论关注性驱力，强调早期经验对人格发展的影响；埃里克森的理论关注人际关系，强调人格的毕生发展过程，认为早期经验的影响并非不可逆转。这两个理论在心理学史上具有举足轻重的地位，对以后的心理治疗临床实践和人格心理学基础理论研究有重大的启发意义。本小节将简要回顾这两个理论与人格发展有关的论断。

3.1.1 弗洛伊德的心理性欲阶段模型

弗洛伊德的人格理论非常全面、宏大，心理性欲阶段理论（theory of psychosexual stages）只是其中的一部分，本章将重点介绍此部分。在弗洛伊德的人格理论中，本能（instincts）、驱力（drives）和心理动力（psychodynamics）是人格和人格发展的内在力量。心理动力是指心灵或者内心的紧张和冲突；本能和驱力（如性驱力）是指先天的、普遍的、稳定的和持续的需要，与生存和繁衍等基本生命功能有重要的关系（Simanowitz & Pearce, 1998）。根据弗洛伊德的观点，人生的本质就是对内在心理冲突的管理，人生的目标就是避苦趋乐，即以最小的代价（如惩罚、愧疚感）在最大限度上满足本能需要，保持生命早期的本能状态。就人格发展而言，弗洛伊德有两个重要的观点：(1) 早期经验（生命最初五年的经历）对成人人格的发展有决定性作用；(2) 人格发展的主要动力是由早期性驱力引起的心理冲突。由于性驱力在生命早期已经形成，并随着环境表现出很强的可塑性，因此性驱力的形式和表达方式非常多样，也非常容易发生变化，这会导致人格发展和成年期人格表现出巨大的个体差异（Simanowitz & Pearce, 1998）。

基于驱力和心理动力等特点在不同人生阶段的差异，弗洛伊德提出心理性欲阶段模型。该模型认为，心理性欲发展可以分为前生殖器期和生殖器期两个阶段。前生殖器期主要有三个相对独立的子阶段，每个子阶段对应不同的性感区，即口腔期、肛门期和性器期；生殖器期包括潜伏期和生殖期。在前生殖器期，不同的本能相对独立，以追求快乐为目的；在性器期之后，各种本能相互协调，以性器的满足为目标。心理性欲的发展通常以缓和的、不明显的方式展开，如果某个阶段的性驱力得不到满足或者过分满足，则会出现固着现象，进而导致个体在以后的人生阶段表现出特定的人格特质以及防御机制。

口腔期(0～1岁)。与口腔期对应的性感区是口腔，该阶段的潜在冲突在于接受和获得。接受主要由婴儿被哺育的经验决定，获得则由婴儿通过主动吮吸或者咀嚼等口腔活动以满足需要的程度决定(Simanowitz & Pearce, 1998)。在此阶段，婴儿对他人的依赖程度非常高。如果婴儿得到很好的哺育，基本的需要得到满足，则会对世界和他人形成积极的认识，以积极的方式理解和应对生存；如果婴儿主动获得需求满足的行为频繁受挫，则会导致人格发展固着在此阶段。此发展阶段的固着在成年期表现为喜欢咀嚼口香糖、爱吃、大量吸烟和喜欢接吻等口腔活动，更宽泛地表现为口腔人格(oral personality)，以苛求、无耐心、贪婪、忌妒、易怒、不信任、悲观等为特征(见表3-1)。由于自我界限尚不清晰，个体发展出否认(拒绝承认事实的存在)和投射(将自己的想法强加给别人)等心理防御机制，以否定、抹杀和扭曲某些不愿意接受的事实。这些防御机制在婴儿期属于人格正常发展的范畴，在成年期则是人格不健全的表现(Simanowitz & Pearce, 1998)。

表3-1 弗洛伊德的人格类型以及人格特征(Pervin, 2003)

人格类型	人　格　特　征
口腔人格	苛求、无耐心、羡慕、贪婪、忌妒、狂怒、压抑、不信任、悲观
肛门人格	刻板严厉、追求权力和控制、关注责任和义务、对占有的快感、对浪费和失控的焦虑、屈服或背叛
性器期人格	男性：好表现、好竞争、追求成功、追求男性气质 女性：纯真、诱惑人、好表现、调情

在当代人格研究中，与口腔期发展有关的人格类型是自恋人格，该人格的典型特征是只关注自我，对他人的兴趣也以满足自我需要为目的(Raskin & Hall, 1981)。有研究显示，拥有口腔人格的个体在受到社会孤立时有更多的厌恶反应，单独完成任务时(相比于在他人面前完成任务)有更高的焦虑水平(Masling, O'Neill, & Katkin, 1982)，更倾向于

依赖口唇活动(如吃、喝、抽烟)以应对焦虑,倾向于过度肥胖,更可能有饮食障碍、过度吸烟、酗酒等问题。与此同时,他们也更倾向于将别人看作友好的、可得的、可接近的,在人际交往中更敏感,更愿意寻求支持,也更倾向于寻求权威人物的认可(Bornstein, 1992)。

肛门期(1~3岁)。1岁之后,婴儿可以从排便中获得快感,因此性感区由口腔转移到肛门。此阶段的内在心理冲突在于给予(肛门的排泄)和保留(便溺的延迟),即孩子主动通过肌肉控制便溺活动的快感和父母对孩子延迟便溺这一要求之间的冲突。在此阶段,如果孩子学会按照父母的要求完成便溺活动,就会体验到自豪的情绪;如果孩子在如厕训练中表现不佳,经历大量挫折,就会体验到愧疚等负面情绪,最终发展成肛门人格,以对权力和控制的渴望、对占有的快感、对浪费和失控的焦虑、屈服或背叛等为特点。在此阶段,个体发展出隔离(将某些事实隔离在意识之外)和反向形成(以与欲望相反的方式行动)等防御机制。与弗洛伊德的理论一致,有实证研究证据显示,肛门人格的个体更为刻板僵化、固执己见,对时间更为吝啬,更节俭细心,更抵制他人的影响(Pollak, 1979)。

性器期(3~6岁)。在性器期,性感区在生殖器,内在心理冲突表现为恋父或者恋母情结。在此阶段,儿童会对异性父母产生乱伦欲望,并且发展出对同性父母的敌对心理。这就是说,男性会在对母亲产生爱的同时与父亲对立,即俄狄浦斯情结或者恋母情结,进一步会有阉割恐惧。女性也会因对父亲的爱而对母亲产生敌对心理,即恋父情结。同时,女性会认识到自己没有阴茎从而产生自卑心理,使得女性在和男性的首次竞争中感受到失望。弗洛伊德认为,解决恋父或者恋母情结是心理性欲发展的关键(Simanowitz & Pearce, 1998)。由于两性的生理差异和不同的发展任务,男性和女性在此阶段开始表现出不同的人格发展轨迹:男性会发展出爱竞争、强调男性力量等人格特征;女性则发展出爱出风头、诱惑人、纯真等人格特征。如果此阶段的冲突得以解决,那么儿童会压抑恋父或者恋母倾向,转而认同同性父母的角色,促进超我的发展。因此,此阶段的主要防御机制是压抑,即主动将威胁性信息排除在意识之外。

潜伏期(6岁至青少年期)。潜伏期是性驱力的"沉寂期",因此内在心理冲突相对较少。在此发展阶段,个体的注意力主要在外界和社会,因此性驱力被转化为友情,由性驱力带来的心理冲突对个体的影响被大大削弱了(Simanowitz & Pearce, 1998)。虽然风平浪静,但是弗洛伊德认为,此阶段是文明发展的关键期,受文化和教育的影响最为深远。

生殖期(青少年期)。到了青少年期,性驱力再次出现,导致个体对性欲和爱欲的表达增加。在此阶段,心理性欲的发展已经完全结束,个体的性欲不再指向自身或者异性父母,而是指向同龄异性对象,目标是寻找异性伴侣,开始实质性的性活动(Simanowitz & Pearce, 1998)。由于此阶段性本能的表达受到社会规范的制约,因此个体发展出更高级的防御机制——升华,即性驱力以更为社会所接受的方式(如艺术创造)被释放出来。

关于弗洛伊德理论的防御机制概念,当代毕生发展研究也积累了大量证据。研究证据表明,从青少年期到成年早期,个体的确倾向于放弃不成熟的防御机制,使用更成熟的防御机制(Vaillant & McCullough, 1998)。但是,各种防御机制在各年龄阶段的人群中应用广泛。例如,老年人常常使用否认来应对老龄化、死亡、丧偶给自己生活带来的焦虑感和不确定感(Bulter, Lewis, & Sunderland, 1991)。有研究者(Schaie & Willis, 2002)指出,70～79岁的老人中大约有10%会使用退行的防御机制,扮演被动、依赖的角色,让成年子女满足自己的生理和情感需要。

弗洛伊德的心理性欲理论诚然有它的优势。正如里克曼(Ryckman, 2012)所评述的那样,毫无疑问,弗洛伊德理论直到今天依然是综合性最强的理论,对不同年龄阶段个体复杂多变的行为(如友谊、口误、死亡、婚姻、精神疾病)作出了很吸引人的描述和解释。弗洛伊德的理论有非常大的启发意义和应用价值。例如,弗洛伊德理论中曾经饱受争议的概念(如防御机制、潜意识)引发大量的理论探讨,并得到实证研究的支持。弗洛伊德的理论也指出同一人格特征(如口腔人格)在不同人生阶段表现形式的差异,被当代人格研究者操作定义为异质人格连续性或者基因型—表现型人格(Pervin, 2003)。弗洛伊德首次强调了早期经验的重要性,被后来的理论家、研究者和实践工作者广为接受,在当代心理治疗中仍有广泛的应用。但是,弗洛伊德的理论也受到很多批评。其理论的精准性和可验证性值得怀疑。譬如,弗洛伊德的理论过度强调性驱力等生理因素的作用,对女性人格发展轨迹的描述不符合现实,并且概念模式缺乏准确的定义,在实证研究中无法得到检验,也少有实证研究可以对其理论作出系统检验(Pervin, 2003; Ryckman, 2012)。尽管如此,弗洛伊德人格发展理论的很多观点迄今还有值得借鉴的价值,是当代人格研究者理解人格和人格发展的重要思路之一。

3.1.2 奥尔波特的人格发展理论

与弗洛伊德类似,奥尔波特也认为,人格发展主要体现在自我发展上。不同的是,奥尔波特使用“统我”的概念指称个体所有独特的方面,即人格中建构内在统一性的所有方面(Allport, 1955)。根据奥尔波特的观点,统我的发展从出生就开始了,整个人生周期都在发展和变化,一直到成年期才发展出成熟的人格。具体地说,奥尔波特的统我发展主要包括如下阶段。

躯体我(bodily self)。根据奥尔波特的观点,躯体我是自我发展的第一个阶段,从一出生就开始了,即通过内部器官(如肠胃)、肌肉和皮肤等传递来的感觉信息认识自己和自己的身体。随着对自己躯体的感受不断丰富,个体能够认识到自己身体的存在和局限,为自我知觉提供参照点(Allport, 1955)。一个典型的例子就是,在青春期,由于身体变化很大,个体可以明显感受到躯体的成长,感受到自己和他人的不同之处,形成自我核心。

自我同一性(self-identity)。奥尔波特认为,在 18 个月左右,个体开始进入统我发展的第二个阶段,即开始认识到自我在时间上的连续性,发展出自我同一性(Allport, 1961)。这就是说,个体清楚地知道,自己的躯体、想法和经验是不同的,但自己仍然是一个人。尽管根据定义,似乎人人可以拥有自我同一性,但是正如后面所论述的,在面对各种不同的价值观和复杂情境时，很多青少年乃至成人依然无法找到真正的自己，终其一生也不能建立一套清晰的自我认识和价值体系。

自尊(self-esteem)。2～3 岁时，个体进入统我发展的第三个阶段，即自尊。在此阶段，个体可以独立完成一些事情，根据结果个体会体验到自豪感或者羞耻感。个体开始有明确的自我意识，典型表现就是反抗父母的权威，抗拒来自父母的任何建议。这一点在青春期会重新出现，并且以更极端的方式表现出来。

自我扩展(self-extension)。4～6 岁时，个体开始清楚地意识到周围的人和事与自我的联系，非常关注自我和自我的占有物(如我的妈妈、我的小狗)，典型表现就是自我中心，认为所有人的想法都与自己的想法相似，所有人和物都应该为自己服务。随着年龄的增长，个体的自我范围会不断扩展，对自我的关注点将逐渐延伸到家庭、社交网络、宗教、国家甚至世界等更大的范围。个体开始换位思考，能够基于道德准则表现出一些利他行为。

自我意象(self-image)。根据奥尔波特的观点，自我意象包括两个方面，即对扮演角色的预期和对未来设定的目标(Allport, 1955)。在此阶段，个体开始学习按照社会规范(如角色的预期)行事，开始为未来作打算，考虑自己的职业选择和价值观。

理性应对的自我(self-as-rational-copper)。6～12 岁这一时期，个体开始感受到理性的力量，并尝试理性地思考问题，寻找问题解决策略，检验自己的智力技能(Allport, 1955)。虽然个体尝试践行理性，但是并非所有的个体都能理性行事，甚至有可能会歪曲事实，进行自我防御。

统我追求(propriate striving)。13 岁以后，个体开始追求自我所有方面的发展，即统我追求(Allport, 1955)。奥尔波特指出，在此阶段，个体会发展出统我动机(propriate motives)，驱使个体努力实现长期目标，并在此过程中使人格各个方面获得统一。统我追求的出现还会影响道德感的发展。在儿童期，个体主要服从父母等外在的权威，行为主要表现在追求奖励和回避惩罚方面，因此个体认为必须遵守所有规则；到了统我追求阶段，个体开始形成内在的标准，形成“应该”的意识。

知者自我(self-as-knower)。在成年期,个体开始将统我的所有状态整合起来,对统我和世界有了更深刻的认识,形成成熟的人格。根据奥尔波特的观点,成熟的个体有更强的统我动机,更少依赖外在动机(如生理动机)。具体地说,成熟的个体有六大特点(Allport, 1961):(1) 成熟的个体要有自我扩展的能力,即不仅关心自己的幸福,而且关心他人的幸福,也就是生活中常说的“超越小我,追求大我”。(2) 成熟的个体要有和他人热情交往的能力,即个体不仅能够与家人或者朋友保持亲密的关系,而且尊重个体差异的存在,能够同情别人的遭遇和不幸。(3) 成熟的个体要有自我接纳的能力,即对自己有充分的认识,能够承担起自己的责任(不将自己的过错归咎于他人),不过分执着于自己能力以外的事情。(4) 成熟的个体有实际的现实知觉,即能够客观地看待现实,而不是歪曲现实,有解决问题的良好心态,而不是坚持自我中心。(5) 成熟的个体能够自我客体化,即能够克服自我中心,站在更客观的角度看待自己的优势和不足。(6) 成熟的个体有统一的人生哲学,即会发展出一套对生活的清晰的领悟。个体不仅对生活有明确的目标,而且学会了向现实妥协,在追求和妥协中不断明确自己的自我意象和行为准则。

在人格心理学史中,奥尔波特虽然提出人格发展理论,但是在他的诸多理论观点中,这部分论述在人格发展研究中的影响力相对有限。客观上说,奥尔波特的人格发展理论描述了统我发展的全过程,全面概括了自我现象的发生、维持和发展,甚至清晰地指出人格成熟的方向。但是不得不承认,奥尔波特的人格发展理论有其自身的局限(Ryckman, 2012)。首先,该理论重点关注健康人格的发展。这虽然是一个亮点,但忽略了病态人格的形成,忽略了人格发展的重要内容。其次,该理论中很多概念不够清晰,缺乏明确的操作定义。例如,统我和知者自我等概念,从常识讲的确抓住了生活中的重要现象,但是很难在理论中找出这些概念的操作定义。最后,该理论不够有说服力。例如,人格的发展是非常复杂的过程,仅用八个方面穷尽人格发展过程,非常值得怀疑。

3.1.3 埃里克森的心理社会发展八阶段理论

如前所述，弗洛伊德的心理性欲阶段模型主要强调儿童期和青少年期的人格发展过程，忽略了成年期的人格发展轨迹。同时，认为人格发展的动力是性驱力或心理动力等内在心理力量，忽视了社会文化的作用。埃里克森的理论则完全相反，不仅强调人际关系和社会文化背景的重要性，而且首次从毕生发展的角度看待人格（Simanowitz & Pearce，1998）。埃里克森将人格发展的全程分为八个阶段，认为每个阶段都面临独立的发展任务和危机，以可预测的方式发展变化。如果发展任务顺利完成，危机得到很好解决，就会发展出不同的美德，产生对应的积极体验，为以后阶段的发展提供良好的基础；如果危机得不到解决，那么会在以后的人生阶段以心理问题的形式持续出现。埃里克森的八个心理社会发展阶段的描述见表 3－2。正如埃里克森所说，人格的发展就是学会在不同的时候运用不同的能力，最终成长为整合的、全新的个体的过程（Erikson，1968）。

表 3－2　埃里克森的心理社会发展八阶段理论（Erikson，1965）

年　龄	心理危机	美德	自我定义	积极结果	消极结果
婴儿期（0～1 岁）	基本信任对不信任	希望	我是被给予的人	感觉良好、信任自己和他人、乐观	感觉不好、不信任自己和他人、悲观
儿童早期（2～3 岁）	自主性对羞怯和疑虑	意志	我是将要成为的人	意志训练、自我控制、策略能力	刻板严厉、过度自责、怀疑、关注自我、空虚
孩童期（4～5 岁）	主动性对罪疚感	目标	我是我能想象的人	成功的快乐、主动性、方向性、目标性	不能达到目标或者无法取得成就的愧疚感
学龄期（6～12 岁）	勤奋对自卑	能力	我是我能学到的人	能够被工作吸引、完成工作的自豪感	无能感和自卑感、无法完成工作的挫败感
青少年期（12～19 岁）	同一性对角色混乱	忠诚	我是自己定义要成为的人	对内在一致性和连续性的信心、人生的憧憬	角色混乱、缺乏原则、虚伪
成年早期（20～25 岁）	亲密对孤独	爱	我是我们所爱的人	情感的共鸣、分享想法、情感和工作	回避亲密、关系冷漠

续 表

年 龄	心理危机	美德	自我定义	积 极 结 果	消 极 结 果
成年期（26～64 岁）	繁殖对停滞	照顾	我是我创造的人	投入工作、建立亲密关系	对工作失去兴趣、人际关系的匮乏
老年期（65 岁～）	自我整合对失望	智慧	我是使我继续活着的人	秩序感和意义感、对自己和成就的满足感	对死亡的恐惧、对已有生活的痛苦和失望

基本信任对不信任。根据埃里克森的理论，第一个人生阶段是出生的第一年，主要危机是信任感的建立，最终发展出希望感。这一点似乎与弗洛伊德的观点一致，但不同的是，埃里克森认为，信任感不是口腔快感的产物，而是婴儿和养育者在互动中形成的人际体验，是健康人格的基石。在他看来，信任感是婴儿的一种存在感，是对养育者一如既往的悉心照顾的回应，反映着婴儿对自己以及自己处理欲望能力的信心(Erikson, 1965)。具体地说，在出生的最初几个月，婴儿处于完全接受的状态，基本上处于与养育者完全结合的状态；但六个月后，婴儿有了主动性，需要和养育者协调，如果与养育者的结合被破坏，婴儿体验到养育者是不可靠的、冷淡的、拒绝的，就会体验到失落、被抛弃的感受，发展出不信任感，对以后的人格发展有非常负面的影响。相反，如果婴儿体验到养育者会喂养并照顾他，就会认为他人是值得信赖的，自己也会表现出让人信赖的行为(Erikson, 1965)。

这个观点在后续很多理论如客体关系理论、依恋理论中都得到回应。当代心理学研究中比较著名的是鲍尔比和安斯沃思的依恋理论。根据依恋理论，个体与重要他人（尤其是早年的照料者）形成依恋关系（亲密的情感联结）是健康人格功能的首要决定因素(Bowlby, 1980)。依恋关系主要由依恋对象（如母亲）在个体生命早期(0～3 岁)照料行为的敏感性、可及性等特征决定。如果依恋对象可以给个体提供及时、敏感、积极、值得信赖的照料，在最大限度上满足个体的需要，个体就会把依恋对象当作自己的安全基地，同时形成稳定的安全感，认为自己和他人都是好的；如果依恋对象不能稳定地给个体提供积极的回应，个体就会发展出不安全的依恋风格，认为自己和他人都是不好的、没有价值的。

依恋风格对个体人格有巨大影响。例如，一项研究显示，安全型依恋的个体更少要求他人关注，更容易获得心理满足，情绪更为稳定；焦虑型依恋的个体则对威胁线索尤其敏感，更情绪化，更为冲动，负面情绪性（神经质）更高，罹患边缘性人格障碍的风险更大（Scott, Levy, & Pincus, 2009）。

自主性对羞怯和疑虑。埃里克森认为，人生发展第二个阶段的主要任务是自主性的形成，主要是指婴儿主动控制肌肉（不仅仅是括约肌）、坚持自己主张的能力，最终发展出意志（Erikson, 1965）。在此阶段，婴儿自主性的发展很大程度上依赖于父母坚定的支持和无条件的包容。如果父母本身在工作、家庭和社会中非常挫败，无法为孩子提供自主性发展的平台，就会导致孩子出现羞怯、疑虑、低自尊和不确定等性格特征（Erikson, 1968）。埃里克森认为，如果父母耐心、持续地指导儿童，儿童就会发展出自主性和自我控制感，认为自己有能力完成各项任务，最终发展出意志品质；如果父母对儿童过于放纵或者严苛，儿童就会体验到挫败感，对自己作出有效决定和控制生活的能力产生疑虑（Erikson, 1965）。其中，意志是指进行自由选择和自我约束的持续决心（Erikson, 1964）。获得自主性和意志品质的个体在以后的人生中会支持社会的法律制度、公平和正义，认为法律和正义是所有人保持自由、独立，以及受到尊重的基础（Erikson, 1965）。

主动性对罪疚感。埃里克森人格发展第三个阶段的主要任务是主动性的发展，最终发展出的美德是目标。由于运动、语言和想象力的发展，儿童开始表现出主动性，自我意识增强，对父母、同伴和周围的一切有强烈的好奇心，侵略性和攻击行为增加，开始通过角色扮演学习成人角色（Simanowitz & Pearce, 1998）。此外，儿童开始尤其关注与性有关的事物，幻想占有异性父母，并和同性父母竞争，并通过此幻想探索和发现战胜无力感的方法（Hoyer & Roodin, 2003）。在此阶段，如果父母是强大的、有能力的或者漂亮的，理解和支持儿童的各种行为（如角色扮演、冒进行为），引导他们将动机和愿望以社会认可的形式表达出来，那么儿童会将父母当作学习的榜样，解决与性别有关的困惑，建立主要的生活目标；如果父母无法达到儿童的要求或者对他们进行严厉的惩罚，那么儿童会觉得自己是不好的，为自己无法战胜原始欲望而愧疚，进而通过压抑、退行（如哭闹）和怨恨等行为证明自己的价值（Simanowitz & Pearce，1998）。因此，父母应该陪伴儿童完成各种活动以帮助他们建立价值感和责任感，最终使主动性和目标得到充分的发展。

勤奋对自卑。埃里克森指出，人格发展第四个阶段的主要任务是勤奋感的建立，最终发展出能力的品质。在此阶段，儿童开始接触学校生活，热衷于独自或者与他人一起活动（如游戏、学习）以获取赞扬，通过思考、试验、计划和参与获得与他人相处的技巧以及各种创造、工作的技巧（Simanowitz & Pearce，1998）。如果父母鼓励儿童信任教师，并且积极地认同教师，那么儿童的无能感和自卑感会大大降低，进而发展出能力感和勤奋的品质，这对未来工作角色的适应有重要意义（Erikson，1968）；如果父母和教师不认可儿童，儿童不能学会新的技能，就会出现自卑感（Simanowitz & Pearce，1998）。此外，埃里克森强调社会文化的作用，他认为父母的阶层和种族会对儿童的社会价值感产生影响，会影响儿童的认同感（Simanowitz & Pearce，1998）。

关于儿童勤奋的直接的实证研究相对较少。有研究编制了量表来测量儿童的勤奋品质，结果发现儿童的勤奋与高成就动机、高学校生活满意度、努力做事呈正相关，与幻想和虚构等应对策略呈负相关，基本支持了埃里克森的理论假设（Kowaz & Marcia，1991）。

同一性对角色混乱。与弗洛伊德强调早期经验不同，埃里克森认为，青少年期及以后的人生阶段也非常重要。青少年期（12～19岁）的主要任务是建立自我同一性，即基于自我随着时间的连续性以及与他人知觉的一致性而建立的自信心（Pervin，2003）。根据埃里克森的观点，自我同一性以早年信任感的发展为基础。如果父母在之前的教养中使个体意识到自己是有价值的，那么他们会将过去对自己的认识和知觉与现在联系起来，意识到自己是独特的、有方向感的（Ryckman，2012）。如果顺利度过这个阶段，个体会发展出忠诚的品质，即面对充满矛盾的价值选择依旧坚持自己（Erikson，1964）。如果青少年困扰于自己的种族、性别、阶层、性格、身体等，就容易走向另一个极端——角色混乱，即不知道自己是谁，不知道自我知觉是否与他人知觉一致，不知道自己如何发展到今天，对未来缺乏方向感(Simanowitz & Pearce, 1998)。此外，埃里克森强调了职业认同感的重要性：如果个体无法建立职业认同感，就会热衷于在工作中建立内团体，排斥外团体成员，以防御角色混乱(Simanowitz & Pearce, 1998)。自我同一性和角色混乱对个体和社会都有深远的影响：角色混乱在个体层面会导致青少年逃学、吸毒、犯罪等问题，在社会层面会导致偏见、种族极权等社会问题(Simanowitz & Pearce, 1998)。

在当代研究中，自我同一性和角色混乱也受到大量关注。例如，有研究者创办了《自我和身份感》杂志专门探讨与自我和身份感有关的研究主题。有研究表明，自我同一性的发展存在性别差异：男性的自我同一性以职业为中心，表现为高效的工作和控制他人的权力；女性自我同一性的中心则相对多元化(如职业、家庭、孩子)，但都表现为社交领域的能力如大方、有魅力、健谈等(Cramer, 2000)。其他研究发现，如果个体在童年期父母冲突严重，无法为其提供发展所需的关心和指导，那么个体在青少年期很难获得强烈的自我同一性(Markland & Nelson, 1994)。自我同一性对心理健康、学业表现、职业发展、人格发展都有重要影响。例如，有研究表明，自我同一性高的个体自我力量更强，对结果的控制感更强，生活目标更明确，对生活目标更少使用防御机制，有更高的自尊水平，对自己的成就有更强的自豪感(Markstrom, Sabino, Turner, & Berman, 1997)；对不同文化及其成员态度更宽容、更开放，认知系统更灵活，有更强的逻辑和推理能力(Slugoski, Marcia, & Koopman, 1984)；对未来的亲密关系、繁殖感和中年生活满意度都有很强的预测力(Stein & Newcomb, 1999)。

其他研究进一步发现自我发展的个体差异。具体地说，有研究者(Marcia, 1966)指出，根据个体经历的危机和解决危机的投入度，青少年期的自我同一性发展包括四种不同的状态：(1) 同一性扩散；(2) 同一性提前终止；(3) 同一性延缓；(4) 同一性获得。同一性扩散的个体，无论是否经历危机，对任何价值观、信念和目标都缺乏投入，不能积极地解决问题，因此缺乏清晰的同一性，表现出各种消极的情绪和生活状态（如悲观、倦怠、气愤、绝望）。例如，生活中某些人从未思考过自我，从未思考过人生与生活中各种事件之间的关系，在生活中只清楚事情不如自己所愿，怨天尤人，消极情绪十足。同一性提前终止的个体没有经历过危机，但是因为外界因素可以对某些价值观、信念作出稳定的投入。例如，生活中有些人由于外界（如父母或者重要他人）的影响，自己没有思考就认可某些价值观或者生活选择，由于只知其然不知其所以然，因此面对问题并未有深刻的认识。同一性延缓的个体在危机阶段能够积极应对，寻求解决方案。例如，生活中某些人因为各种威胁（如灾变、痛苦）而对人生和自我进行思考，但是仍未找到答案。同一性获得的个体经历过危机，并能对某些价值观、信念作出稳定的投入。例如，生活中有些人已经对人生和自我进行了深入思考，并且有所得，形成自己的信念和原则。上述四种状态下自我的成熟程度是不同的，同一性扩散最初级，然后是提前终止，延缓次之，同一性获得最佳。个体的发展顺序并不固定，也不一定会经历所有的阶段。例如，个体有可能直接从同一性提前终止阶段进入同一性获得阶段，也可能从同一性提前终止阶段退回到同一性扩散阶段，还可能一辈子处于同一性扩散或者同一性提前终止阶段。

还有研究探讨了家庭关系的各种特征与自我同一性之间的关系。例如，一项研究（Markland & Nelson，1994）发现，儿童期父母的冲突与青少年自我同一性的获得呈负相关，这主要是因为在冲突的家庭环境中，家庭成员的关注重点在矛盾的关系上，而不在个体的成长上。具体地说，同一性提前终止的个体与父母关系密切，能够认同父母的权威和价值观，有专制的倾向，通常对自己和他人都相对偏执和苛刻（Fulton，1997）；同一性扩散的个体则与父母关系疏离，认为父母冷漠无情；同一性延缓的个体对父母的感情是矛盾的，一方面不信任父母，不依赖父母解决困难，另一方面又希望从父母那里得到温暖（Marcia，1966）。

亲密对孤独。在成年早期（20～25 岁），最重要的发展任务是与他人建立亲密关系，即不惜通过自我妥协来寻找真正的亲密关系，以进一步巩固自我同一性。根据埃里克森的观点，亲密是一种负责任的能力，是不断巩固关系、信守承诺的力量(Erikson, 1965)。真正的亲密关系只能发生在明确建立自我同一性的伴侣之间，如果个体在青少年期未能建立自我同一性，那么会更容易表现出破坏关系的行为，很难建立真正意义上的亲密关系(Erikson, 1964)。埃里克森指出，健康的亲密关系应该符合以下六条标准：(1) 能够给彼此带来热情或激情；(2) 彼此相爱；(3) 性别不同；(4) 彼此信赖；(5) 愿意调整自己的工作、生育和娱乐等活动以适应对方；(6) 保证子女在每个阶段都得到满意的发展(Erikson, 1965)。成熟的爱是伴侣可以分享彼此的自我同一性，在彼此身上找到自己并相互认同(Erikson, 1964)。如果不能在亲密关系中巩固自我同一性，个体就会体验到强烈的孤独感，专注于自己的内心世界，人际关系也会异常淡漠(Erikson, 1968)。事实上，在成年早期，个体一方面有建立并承诺亲密关系的兴趣和需要，另一方面也有对独立和自由的强烈需求，因此准确地说，亲密关系和独立的平衡也是成年期尤其是成年早期的重要生活主题(Hoyer & Roodin, 2003)。

基于埃里克森有关亲密的论述，研究者(Orlofsky, 1976)发现，个体在建立亲密关系的过程中存在明显的个体差异。具体地说，在成年早期，个体的亲密感状态有六类：亲密型、前亲密型、刻板型、假亲密型、孤独型和混合型。**亲密型**个体可以与伴侣保持亲密、温暖、持久和忠贞的关系。亲密型个体更致力于双向关系的发展，在自我袒露方面表现非常好。他们可以和亲密他人探讨深层次的感受以及个人问题，可以毫无困难地向伴侣袒露自我，同时会有选择性地向陌生人袒露个人信息，但不会过度袒露自我。此外，亲密型个体会表现得温和坦率，能够真诚、温暖地对待他人，有满意的性关系，但不会因此牺牲个体的独立性，在平衡独立性和人际关系方面表现得很好。**前亲密型**个体可以和伴侣保持亲密的关系，但是自己也难以确定能否与他人建立持久、忠贞的亲密关系。前亲密型个体与亲密型个体的价值观相似，能够关心和尊重他人，保持开放的心态，有责任心，能够吸引一些异性建立亲密关系，但是因为担心可能的失败而对是否投入亲密关系有很强的内心冲突，对能否建立持久的亲密关系有很强的不确定感。前亲密型个体最后还是有可能建立亲密关系。**刻板型**个体可以建立亲密关系,但是这种亲密关系缺乏亲密感和信任感,有明显的功利色彩。刻板型个体只是把他人当作发泄性欲、满足自己需要的对象,由于自我觉察有限并且带有功利性,因此他们会频繁涉足亲密关系,或许可以维持数月,但是很难建立长期的亲密关系。**假亲密型**个体能够保持长期关系,但是因为自我中心、不关心他人,所以关系比较浅显。**孤独型**个体则很难和他人建立亲密关系。由于缺乏对自己和他人的信任,缺乏社交技能,因此孤独型个体会在亲密关系中表现得焦虑不安,疑心重重或者自高自大,喜欢排斥他人,很少真正涉足亲密关系。**混合型**个体在亲密关系中会彼此依赖,但是由于缺乏信任感和自我袒露,关系的亲密度并不高。混合型个体通常会过度依赖伴侣,甚至会采用一些手段(如奉承、诱惑、压制、欺负、侮辱、嘲笑、威胁)来控制对方,由于缺乏独立性,因此很难把对方当作独立的个体加以尊重,甚至会把和对方吵架当作获取独立感的方式。此外,研究(Orlofsky, 1976)发现,亲密关系的建立与自我同一性关系密切。亲密型个体基本都建立了自我同一性,前亲密型个体处于同一性延缓的状态,刻板型和假亲密型个体处于同一性提前终止的状态,孤独型个体处于同一性扩散状态。

繁殖对停滞。在成年期(26～64 岁),最重要的发展任务是繁殖,即建立有创造性、高效率的事业,关注下一代的幸福和成长(Ryckman, 2012)。繁殖感在很大程度上取决于工作的状态:如果个体的工作是成功的、有发展的,那么个体可以对社会作出持久的贡献(如公益事业),也可以为年轻一代(不仅是自己的子女,而且包括自己的下属、年轻同事或朋友、学生)带来直接的好处,促进年轻一代的正常发展;如果工作是缺乏效率的、倦怠的、单调的,那么个体的发展会处于停滞状态,会感到人生毫无意义(Erikson, 1968)。如果个体的繁殖感大于停滞感,那么个体多半会表现出关怀下一代的品质,会帮助年轻一代朝着积极的方向发展。此阶段的发展任务和危机与职业关系密切。有些职业(如教师、牧师、医生、护士),由于涉及对社会、他人和年轻一代的贡献,因此更容易使个体感到有繁殖感;但是在另一些职业中,个体体验到的繁殖感或者停滞感完全取决于个体在工作中如何自我实现（Hoyer & Roodin，2003）。

在当代毕生发展心理学中，研究者对繁殖感的概念进行了相对丰富的研究。例如，有研究者对青年人（22～27 岁）、中年人（37～42 岁）和老年人（67～72 岁）的繁殖力进行了实证调查。繁殖力主要体现在以下四个维度：繁殖忧虑（对下一代幸福的忧虑）、繁殖努力（为帮助和养育下一代所作的努力或付出）、繁殖叙述（对基本繁殖主题的记忆）和繁殖行为（与养育下一代有关的繁殖行为）。与埃里克森的理论一致，青年人的繁殖力最低；不同的是，中年人和老年人的繁殖力水平相当。值得一提的是，在每一个年龄组内部，繁殖力与生活满意度和幸福感都呈正相关（McAdams，Aubin，& Logan，1993）。其他研究显示，与生活处于停滞状态的个体相比，繁殖力高的个体更相信人类是善良的、有价值的，更倾向于认为即使人类有破坏性的一面，但是人类依然会进步，更愿意帮助他人完成生活目标，更少专注于自我，更少表现出自我中心的行为，从而报告出更高的生活满意度和幸福感（Vanderwater & McAdams，1989）。

一些研究关注男性的繁殖力，认为男性的繁殖力主要通过抚养自己的孩子、帮助或者收养他人的孩子获得。例如，一项研究（Snarey，1993）显示，如果男性积极参与家庭生活，积极关心孩子的智力发展、心理发展和社会化，那么会有更幸福的婚姻，会在事业上取得更大的成功。其他研究（Snarey，Son，Kuehne，Hauser，& Vaillant，1987）发现，如果父母在行为上关爱下一代的成长（如领导年轻人的团体、在教会学校任教），那么男性成年后更有可能收养他人的孩子，更不可能离婚，到中年期会有更高的繁殖力。相反，成年早期由于各种原因未能生育的男性，尤其是缺乏生育能力的男性，则更容易有挫败感和无助感，更容易自我怀疑和自我否定，更难获得繁殖力。如果男性表现出自我中心的替代行为（如过度关注自己的健康、把物品或小动物当作自己的孩子），则更有可能离婚，在中年期更难获得繁殖力（Snarey et al.，1987）。

还有研究区分了繁殖力状态的个体差异，以及不同类型的繁殖力状态。例如，有研究（Bradley & Marcia，1998）发现，繁殖—停滞主要包括参与度和包容度两个维度。参与度是指个体关心自我和他人创造性活动和成长的程度，是个体知识和技能发展的程度，与他人分享知识和技能、坚持创造性劳动的程度；包容度是指个体关心他人的范围和关心内容的广泛程度。根据参与度和包容度的差异，可以把人划分为繁殖型、传统型、主导型、利他型和停滞型。繁殖型个体的繁殖力水平最高，对工作和下一代成长的投入水平都很高，会为了自己、社会和下一代不断发展技能和努力工作，一般会表现出较高的随和性和开放性，能够包容不同的观点、价值观和生活方式。传统型个体的繁殖力处于中等水平，他们虽然会不断发展技能和努力工作，表现得非常有创造性和高产，但是他们不能接受年轻一代与自己不同的观点、价值观和生活方式，只支持那些与自己目标和价值观相似的年轻一代。主导型个体的繁殖力水平较低，他们会努力工作并表现得多产、有创造力而且有益于社会，但是比起年轻一代的成长，他们更关心自己的利益和成长。利他型个体则不关心自己的成长，常常以牺牲个人的技能和关系发展为代价维护年轻一代的成长和利益，表现出更高水平的同情心和关爱。停滞型个体的繁殖力水平最低，既不关心自己的成长，也不关心和帮助年轻一代的成长。

自我整合对失望。在老年期（65 岁以上），最重要的发展任务是自我整合，即回顾自己的一生，认为自己的生活是整合的、独立的、有意义的（Ryckman, 2012）。埃里克森认为，只有当个体关心他人，并且能够全然接受自己的成功和失败时，个体才能产生自我整合的体验（Erikson, 1968）。自我整合的个体能接受自己的生命周期（如死亡），更愿意接纳和帮助周围的人，更能承担生命的责任并找到生命的意义；自我整合失败的个体则会认为生命是短暂的，因为失去了重新生活或者整合的机会而感到绝望，表现出愤世嫉俗、蔑视、厌恶和对死亡的恐惧（Erikson, 1965）。在此阶段，最终可以发展出智慧的品质，面对死亡时仍关心生活（Erikson, 1964），表现为克服自我中心，深入洞察自己和他人的动机和行为，对他人表现出同理心、同情心和怜悯心（Ryckman, 2012）。根据埃里克森的观点，整个人生周期是循环的：在一个系统（如家庭）里，如果老人不惧怕死亡，孩子就不会惧怕生活（Erikson, 1965）。

针对最后一个阶段，研究者发现，自我整合的个体经常通过回忆往事获得对生命的理解，更能够接受过去（包括消极的方面），更少有敌意、怨恨和失望等负面情绪，心理更为健康（Santor & Zuroff, 1994）。后来的研究者（Hoyer & Roodin, 2003）指出，自我整合并没有准确描述老年期的人格特征，很多老人还表现出超脱的特点，表现为对个人生活的关注减少，对自我和他人以及过去、现在和未来的区分更为模糊，对社会交往和物质生活的兴趣减弱。在一项对 912 名 74～100 岁丹麦老人的调查中，研究者发现，有半数左右的老人认同自我超脱（如"我觉得我没有以前那么较真了""我觉得我对点头之交不太在意了"）和宇宙超脱（如"我觉得生和死的界限没有那么明显了""我觉得过去和现在的距离消失了"）的一些说法（Hoyer & Roodin, 2003）。

另一项研究（Whitbourne, Zuschlag, Elliot, & Waterman, 1992）收集了学生的心理社会发展资料，并在 11 年和 22 年后进行追踪调查。结果发现，埃里克森的心理社会发展阶段不仅存在，而且可能不是单向的，高阶段的发展可能有助于早期发展阶段问题的进一步解决，心理社会发展是各个阶段不断重组、改变的过程。其他研究者综合考虑并操作定义了埃里克森自我功能的概念，认为自我功能主要包括两个维度：自我弹性和自我控制。其中，自我弹性是指适应新需要、新环境的能力，与机智灵活、对新环境的适应呈正相关，与过度敏感、情绪不稳定呈负相关；自我控制是驾驭冲动的能力，与顺从、兴趣狭窄、不擅长社交呈正相关，与冲动、即时满足、对新鲜事物和方法的接受呈负相关（Schaie, 1996）。

在人格发展研究史上，埃里克森的理论非常重要。正如里克曼（Ryckman, 2012）所评价的，埃里克森的理论有诸多优势。第一，它是人格发展研究史上最综合、最全面的理论，涉及毕生发展的心理、生物、社会、文化、历史等诸多领域，关注人格的正常和异常发展。第二，它有相对较高的实证效度和启发意义，不仅拓展了精神分析理论的基础，而且为后来毕生发展心理学作出了先驱性的贡献，启发当代人格心理学家就其理论的后四个阶段开展了大量实证研究，并在这些实证研究中得到实证证据的支持。第三，它有比较高的实践价值。直到今天，它在儿童心理学、学校心理学、工业组织心理学、精神病学中都有重要的实践影响，职业咨询、婚姻咨询、社会工作、商业等领域的实践工作者还根据埃里克森的理论提出各种治疗方法或者咨询方案，对生活中人们实现自我的积极发展有重要指导价值。但是，用当代心理学的观点来看，埃里克森的理论也有自身的局限。首先，理论中很多概念的准确度不高。埃里克森理论中的很多概念（如自我整合、自我同一性、繁殖感）和观点（如每个阶段的危机对人格发展的长期影响）比较模糊，很难用实证的方法进行假设检验。幸运的是，后来的研究者对这些概念进行了修正和操作定义，因此这些概念在当代人格心理学中仍非常重要。其次，理论中的某些部分（如自我同一性的论述）不够简洁，过度强调自我同一性的作用，有事后解释的嫌疑。尽管如此，埃里克森的理论仍然是人格发展研究重要的理论基石。

3.2 成年期的人格发展阶段理论

与弗洛伊德和埃里克森的早期理论不同，后来的发展心理学家如莱文森和洛文杰强调成年期的人格发展轨迹，即由自我向亲密关系的转变，由自我成就取向的活动向有繁殖力的人际关系和生活意义的转变（Pervin, 2003）。莱文森的理论强调每个年龄阶段面临的发展任务和危机，例如"中年危机"的说法为后来的研究者所广泛认可。洛文杰则强调自我的发展，认为自我觉察是自我发展的重要内容，这些观点在后来的临床实践和实证研究中受到重视。

3.2.1 莱文森的人生季节理论

与以弗洛伊德为代表的早期理论家关注早期经验完全相反，莱文森更为关注通常被忽视的成年期。在莱文森的理论中，最重要的概念是人生结构（life structure），即在特定的时间段，个体人生的潜在模式，主要体现在个体对工作、婚姻和家庭的选择以及与他人的关系上。在成年期的不同阶段，人生结构会随个体和环境不断发生改变，表现出每个阶段独有的特点（Levinson，1986）。具体地说，莱文森认为，人生包括四个不同的“季节”：虽然不同的“季节”之间有部分重合（过渡期），但每个“季节”有其自身的特征，也有其自身的发展任务（如图 3－1 所示）（Simanowitz & Pearce，1998）。

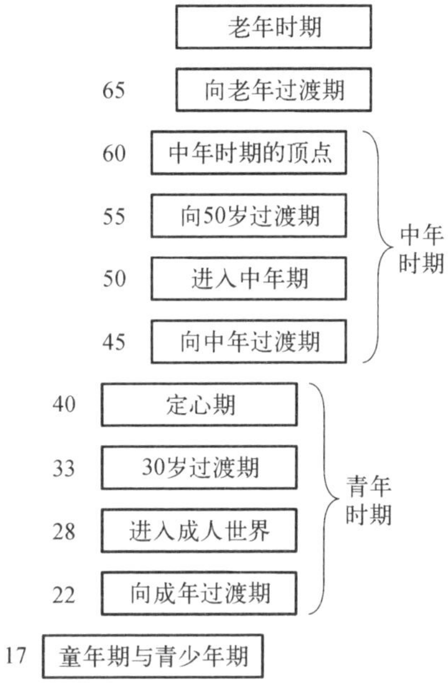

图 3－1 莱文森的人生“季节”和人格变化周期（Hoyer & Roodin，2003）

人生的第一个“季节”是前成人期（0～17 岁）。此阶段的任务是从依赖的状态进入独立、负责的人生阶段。此阶段后存在一个过渡期（17～22 岁），个体的重要任务是探索人生的各种可能，作出人生规划，同时调整自己与家人、朋友以及周围其他人的关系，帮助自己在成人世界中立足（Hoyer & Roodin，2003）。

人生的第二个“季节”是青年期（22～40 岁）。此阶段的任务是形成并追求理想和抱负，组建家庭，在成人世界中获得比较高的地位。此时，个体精力最为充沛，但是冲突和压力也最大，第一次真正意义上建立自己的生活。此“季节”主要包括两个阶段。第一个阶段（22～28 岁）进入成人世界，建构人生结构，开始自己独立的家庭生活和职业生涯。在 30 岁过渡期（28～33 岁），个体会反省自己的人生，对人生作出调整，然后进入第二个阶段成人早期（33～40 岁），在此阶段，个体再次建构自己的人生，并从此稳定下来（Hoyer & Roodin，2003）。

之后进入中年过渡期（40～45 岁），即日常生活中常常提到的“中年危机”。如果未能实现早年设立的目标，个体就会有失落感，迫使自己重新审视目标、调整人生；如果实现了目标，个体就会意识到自己的成就，但很快会发现自己依然充满焦虑和危机感，开始意识到自己和父母的衰老甚至死亡，开始感到人生有限(Hoyer & Roodin, 2003)。这一时期是寻找自我的关键期，能否成功过渡取决于个体能否成功整合和接受人生的两面性：年轻—年老、男性化—女性化、破坏性—建设性，以及依恋—独立性。

人生的第三个“季节”是中年期(45～60岁)，是对职业、家庭和社会影响最大的时期(Hoyer & Roodin, 2003)。在此阶段，与埃里克森繁殖感的观点类似，莱文森认为，此时的个体不再关注自身的成就，转而关注如何帮助年轻一代以及促进他们的成长，并为年轻一代的成就感到骄傲。60～65岁的时候，个体进入老年过渡期，开始意识到自己的身体机能逐渐减退，认识到自己老了(Hoyer & Roodin, 2003)。

人生的最后一个“季节”是老年期(65岁以上)。类似于埃里克森的最后一个阶段，个体关注过去、现在和未来的现实，面对自我整合和绝望失败的危机。

与弗洛伊德和埃里克森的理论观点不同，莱文森的观点最初来自对中年男性的调查，后来在中年女性群体中得到支持，因此理论有一定的实证效度(Simanowitz & Pearce, 1998)。但是，与其他人格发展阶段理论一样，莱文森有关人生阶段的观点很难通过实证的方法验证，可验证性不高(Hoyer & Roodin, 2003)。例如，选取一批被试，很难决定特定的被试是否经历了某些发展阶段，很难用科学的方法获取人格的深度资料。此外，莱文森的调查发生于经济大萧条期，强调个人生活事件(如职业、婚姻)的重要性，但不同时代的生活事件差异巨大，因此研究结论是否可以被推广到其他历史时期的人群中值得怀疑(Hoyer & Roodin, 2003)。最后，莱文森的理论过于强调自我的发展和个体对自我的理解，非常符合西方文化背景，但是在东方文化背景下，个人发展的目标是超越自我，寻找环境与自我的和谐，最终获得内心的平静，故而莱文森的理论是否具有跨文化的普适性值得怀疑(Hoyer & Roodin, 2003)。

3.2.2 洛文杰的自我发展理论

与早期人格发展理论观点不同，洛文杰(Loevinger, 1976)认为，成年期人格发展主要体现在自我的发展和成熟上，更准确地说，体现在自主性和有意识觉察两个方面。这就是说，个体一生都在尝试理解和觉察自己的价值观、目标、对自己和他人的看法，以最终成为真实的自己。在某种程度上，与孔子所说的“从心所欲不逾矩”类似。根据洛文杰的观点，人格发展确切地说是自我的发展，主要来自以下几方面力量：对自己负责的态度或者责任感、自我批评的能力、完善自己和实现自我理想的愿望，以及对他人无私的关心和爱（Loevinger，1976）。根据洛文杰的观点，自我发展也有一系列阶段。不是每个人都会经历所有阶段，并且不同阶段并没有本质的优劣之分。自我发展是在社会互动中实现的，常常是给个体带来挑战的，需要个体深入思考自我和他人关系的社会互动的结果。经历过情感和思想的深刻矛盾，个体会发展到更高级的阶段，并且很难退行到之前的阶段（Loevinger，1976）。具体地说，洛文杰的自我发展六阶段理论如表 3-3 所示。

表 3-3 成年期自我发展的六个阶段（Loevinger，1976）

阶 段	自 我 的 特 征
遵从者	遵守外在的社会规则，关注外表、身份感和表面现象
自觉的遵从者	对自我的觉察提高，更加认识到自己的行为对他人的影响
自觉者	对自我标准有深刻的、全面的认识，能够自我批评
个人主义者	认识到个人努力和行动比结果更为重要
自治者	尊重他人的人格，接受不确定性，能持续地应对内心冲突，可以欣赏他人的行为方式
完整者	解决了内部冲突，放弃自己不可能得到的东西，欣赏他人的人格

3.3 小结与展望

本章回顾了人格发展的经典理论，包括弗洛伊德的心理性欲发展阶段理论、奥尔波特的统我发展理论、埃里克森的心理社会发展阶段理论、莱文森的人生季节理论和洛文杰的自我发展理论。其中，弗洛伊德和奥尔波特的人格理论重点关注成年之前的人格发展，莱文森和洛文杰的理论重点关注成年期的人格发展，埃里克森的理论则重点关注整个人生周期的人格发展。虽然关注重点不同，但都属于阶段论，即强调阶段的固定顺序，认为每个阶段都有其独特的特点，有明确的时间界限，承认关键期的存在(Pervin, 2003)。尽管上述理论都属于经典理论，有一些理论观点也得到当代实证研究的证实，但仍有很多理论问题值得研究者继续探讨。

首先，人格阶段理论都假设关键期的存在，但当代人格研究对此问题探讨较少，值得进一步研究。关键期的概念假定，个体的某些易感性只在某一个特定阶段鲜明地存在，该阶段前后易感性均不存在，即如果某个阶段缺乏合适的环境刺激，个体的发展将受到严重的阻碍(Bateson & Hinde, 1987)。在当代实证研究中，关键期的概念越来越多地被敏感期的概念所取代，即某个年龄阶段的易感性更强，但是此阶段前后仍有一定的易感性，促使个体发展保持较大的灵活性和可塑性(Bornstein, 1987)。未来的研究可以使用易感性的思路来验证上述人格发展阶段理论中的诸多假设，以加深对人格发展的科学理解。

其次，人格发展阶段理论都强调人格发展的共同规律，忽视了人格发展轨迹、速度和时间的个体差异。毕生发展心理学强调，个体发展的重要特点之一是多向性，即发展速度和轨迹在人格的不同领域或者方面有明显的不同(Baltes et al., 2006)。以智力为例，不同类型的智力随年龄发展变化的方向完全不同：晶体智力随着年龄呈上升趋势，但是流体智力随着年龄逐渐下降。未来的人格发展轨迹研究不仅应该关注整体的发展趋势，而且应该关注同一人格结构的不同方面在发展趋势和发展速度上的差异。此外，虽然埃里克森提出自我同一性是青少年期自我发展的重要任务，但是不同个体发展的最终结果有明显的不同。因此，未来的人格发展研究在关注整体发展趋势的同时，也应该关注发展趋势的个体差异，不仅包括量上的个体差异(如获得同一性时间上的差异)，而且包括质上的个体差异(如同一性状态的本质区别)。

最后，不仅要重视人格发展的可能性，而且要重视人格发展的结果。

如前所述，在人生的不同阶段，某些人格特质的发展可能存在易感性，但是在易感期获得的人格特征能否长期保持则是另一个问题。以往的人格研究假设，人格特征一旦获得，就很难改变。但是，有研究者（Carey，2002）提出了基因置位点理论，认为人格特征即使受到环境的影响发生暂时的变化，最终仍会回归到基因决定的基线水平。如果该理论适用于大多数人格特征，那么未来的人格研究要尤其关注人格发展和变化的长期和短期情况，以明确人格发展是暂时的还是长久的。

4　人格发展的轨迹

正如第二章所论，人格发展研究者经常使用横断研究和纵向研究来推断人格随年龄的发展趋势及其背后的发生机制。其中，横断研究简单易行，更可能获得有代表性的大样本，对初步了解人格的发展特点有重要的指导意义；纵向研究不仅可以使研究者了解同一个群体的人格随年龄发展的过程，而且可以追踪人格发展的群体内个体差异，能根据测量时间的先后顺序推测变量之间的因果关系。在过去的几十年间，人格发展研究者采取横断研究、纵向研究、序列研究等不同方法开展了大量实证研究，以调查不同层面的人格特征（人格特质、自我概念等）在不同年龄阶段的差异或者随年龄发展的趋势。在人格研究史上，特质理论有举足轻重的地位。就人格特质而言，目前已经有很多大样本横断研究证据，多为全国性样本调查的横断分析，其中大五人格的相关研究较多；纵向研究证据则主要来自儿童心理学和毕生发展心理学领域，主要关注儿童期到成年期，以及整个人生周期的人格发展。接下来，我们将重点回顾与人格特质发展有关的大样本横断研究证据，一些经典的纵向研究证据，以及近年来出现的一些元分析结果，然后综述人格其他方面（自我概念、目标、自我叙事）的发展轨迹。

4.1　生命早期人格特质的发展轨迹

婴儿气质上的个体差异从一出生就非常明显，儿童心理学家、人格心理学家和临床心理学家共同面临的一个研究课题是，我们到底该如何描述气质，这些气质特征到底是暂时的年龄特征，还是会决定成年期的人格。反过来说就是，成年期的人格最早在何时可以露出端倪。从本质上说，这些问题涉及人格的起源，也就是人格的“起点”从何时算起，有什么特点，和人格有什么关系。生命早期人格研究的证据主要集中在儿童气质、儿童社会性发展等领域。研究者通过访谈、问卷评定等方法探索了各个人生阶段个体的气质特征，进一步通过横断研究和纵向研究明确了这些气质特征与成年期人格的关系。本小节将回顾其中比较经典或者有影响力的研究主题。

4.1.1 横断研究证据

关于生命早期的人格发展，儿童心理学家对早年气质结构及其与成年期人格的关系进行了大量探讨。正如研究者所指出的，气质是人格发展的生物模板(Goldsmith et al.，1987)。研究者探讨了不同人生阶段(婴儿期、儿童期、青少年期、成年期)的气质结构，发现不同的气质结构和成年期人格结构是既存在区别又相互联系的低阶和高阶特质结构，具有明显的异质连续性，同时保持了一定程度的等级一致性和平均水平一致性。

生命早期的气质研究始于托马斯和切斯的工作。20 世纪 60 年代，托马斯及其同事(Thomas & Chess，1977；Thomas，Chess，& Birch，1968)访谈了一大批婴儿的父母，对两个月到六个月大的婴儿的行为进行了结构化测量，对测量资料进行因素分析后发现了九个维度：活动水平、规律性、主动—退缩、适应性、反应阈限、反应强度、情绪状态、分心程度、注意的广度和持久度。根据这九个维度，又可以将婴儿分为容易型、困难型、温暾型三种类型。尽管上述研究对婴儿的气质进行了结构化测量，并从生物学的角度加以解释，但是后来的研究发现，上述结构有其自身的局限，某些维度难以得到验证(Martin，Wisenbaker，& Huttunen，1994)。有研究者(Rothbart & Ahali，1994)进一步分析了上述气质资料，发现有六个维度：积极情绪性(表达积极情绪的倾向)、活动水平(各种日常活动中身体活动的数量)、抑制(面对压力或陌生情境时退缩、表达恐惧的倾向)、易怒性(无法忍耐紧张、愤怒、挫折、限制的倾向)、注意定向(对感官刺激、无关刺激和威胁信息的注意分配)、主动控制(有意识地控制思维和情感、解决矛盾信息、纠正错误、计划新任务)。可以把这些气质维度看作大五人格的具体行为表现(Caspi & Shiner, 2006):社会抑制与外向性和神经质相关;易怒性与神经质和随和性相关;积极情绪性和活动水平与外向性相关;注意定向和主动控制与尽责性相关。有研究显示,教师评定的8~10岁儿童的活动水平和抑制水平与18岁时的大五人格特质有中度程度的相关,与中年期有关的人格维度大约只有0.20的相关(Deal, Halverson, Havill, & Martin, 2005)。研究者指出,不同的气质特征与成年期人格的相关在很大程度上取决于社会对该人格特质的强调:人格特质(如主动控制)越为个体和社会文化所重视,就越可能保持较高的异质连续性(Roberts et al., 2008)。

有研究者(Rothbart & Bates, 2007)对不同的气质问卷进行因素分析,发现了更为宽泛的三个维度:积极情绪性(控制环境的意愿、趋近、声音反应、寻求愉快刺激、微笑、活动水平、感知敏感性)、消极情绪性(对环境的负面反应、对负面情绪的知觉和体验)和主动控制(坚持性、低强度愉快、抑制控制、知觉敏感性等)。上述三个维度在学前期、儿童中期、青少年期都得到验证(Ahali, Rothbart, & Ye, 1993; Kochanska, Devet, & Goldman, 1994)。大量横断研究证据还表明,上述三个维度有相当大程度的平均水平一致性。例如,有研究证据(Helson & Klohnen, 1998)显示,消极情绪性和主动控制的平均数水平随着年龄的增长有下降的趋势。有研究者(Caspi & Shiner, 2006)指出,上述三个维度,即"大三"气质结构,可以被看作超级因素模型,与诸多成年期人格结构相联系。该气质结构与艾森克的人格结构(外向性、神经质、精神质)、特勒根的人格模型(消极情绪性、积极情绪性、强迫)、加州心理测量的三个维度(自我实现、内在性、规范遵守)非常类似(Pervin & John, 1999)。

其他一些研究者关注大五人格最早出现的时间,发现大五人格特质最早可以追溯到学前期。通过对调查的大样本(N=1,267,218)进行分析，结果发现从10岁到青少年期，人格特质发展和人格成熟的方向相反，并且年龄之间的差异非常明显，说明大五人格特质在儿童晚期是清晰存在的(Soto, John, Gosling, & Potter, 2011)。相似地，有研究者(Shiner & Caspi, 2003)回顾了大五人格问卷的父母和教师评定结果，发现在学前期，外向性、神经质、尽责性和随和性是存在的。虽然开放性在学前期并没有被一致发现，但最近的研究发现，开放性在儿童中期是存在的(Herzhoff & Tackett, 2012)。另外一些研究发现，大五人格特质与婴儿期和儿童期的气质特征相关。具体地说，积极情绪性和消极情绪性与大五人格中的外向性和神经质相关；主动控制与成年期的自我控制相关，可预测成年期的自我调节能力、社交能力、顺从性和道德水平(Rothbart & Bates, 2007)。一项气质研究发现，主动控制可以分为无忧虑取向(carefree orientation)和反社会行为(antisocial behaviors)两个维度，分别与尽责性和随和性对应(Watson & Clark, 1993)。

4.1.2 纵向研究证据

除了上述对儿童期、青少年期气质的横断研究，一些研究者也针对这一时期的人格或者气质特征开展一系列的追踪研究，其中布洛克和卡斯皮从儿童期到成年期的纵向研究较为典型。以下简要介绍这些纵向研究的具体情况，为前面的横断证据作补充，并通过纵向数据来说明人格特质的起源时间。

布洛克人格纵向研究。布洛克的人格纵向研究(Block, 1971)是人格特质发展研究的典型代表，主要以加州大学人类发展研究所的资料为基础，对被试从初中、高中到30岁的人格发展进行追踪研究。虽然已有资料存在难以量化、资料不全、测量程序和方法不固定、概念的操作定义不确定等问题，难以进行纵向比较，但是布洛克最为引人注目的工作是提出Q分类技术，使得研究者可以比较同一个被试在不同阶段的异质人格测量(Pervin & John, 1999; Ryder, 1967)。Q分类技术可用于计算自比一致性，是研究人格连续性个体差异的重要方法。在具体的研究工作中，布洛克访谈了大量的成人被试，通过这些成人访谈确定了Q

集，即一套可以编码不同时期不同人格资料的解释术语系统。在进一步的工作中，评定者使用Q集里面不同的人格陈述，将每个被试不同时期的人格资料按照正态分布整理出来，分布的一端是最符合个体的人格描述，分布的另一端是最不符合个体的人格陈述。最后，研究者可以通过计算相关系数来判断不同时期评定的一致性。

通过Q分类技术，研究者发现：(1) 初中、高中和成年早期的人格评定在统计上显著相关，但相关系数相对较低；初中与高中阶段人格的连续性高于高中与成年早期的连续性。例如，心理适应性在初中与高中阶段的相关系数为0.56，在高中与成年阶段为0.28，在初中与成年阶段为0.22。(2) 人格发展在某些阶段存在性别差异，在高中和成年阶段，男性的兴趣和幽默敏感性水平远低于女性；在高中阶段男性的心理适应水平相对呈劣势，但是此劣势到成年期会消失。(3) 人格特质的自比一致性存在巨大的个体差异。例如，男性在初中和高中阶段平均自比相关系数为0.77，但个体的自比相关系数在0.01～1.00之间；女性在初中和高中阶段平均自比相关系数为0.75，但个体的自比相关系数在−0.02～1.00之间。儿童期和青少年阶段的平均自比相关系数在各个人格特征上的范围大约为0.43～0.71，但是个体在这两个阶段的自比相关系数大约在−0.44～0.92之间。最近的一项从青少年晚期到成年早期的纵向研究发现，大五人格特质的平均自比一致性大约为0.80，到大学阶段会稍微降低。值得一提的是，相比于那些人格发生改变的个体，从青春期到成年期人格保持稳定的个体在智力、情绪和社会性方面都发展得更好，表现出更好的适应性(Donnellan, Conger, & Burzette, 2007)。其他纵向研究发现，10岁时表现出成熟人格(低神经质、高尽责性、高随和性、高开放性)的儿童在20岁和30岁的时候更容易表现出更高的心理韧性和适应性水平(Shiner & Masten, 2012)。

卡斯皮的纵向研究。卡斯皮的纵向研究(Caspi et al., 2003; Caspi & Silva, 1995)主要针对未成年期人格特质的发展。研究测量了1,000名新西兰儿童3岁时的行为风格和18岁时的人格特质自评结果，并考察了二者之间的关系。在3岁的时候，研究者通过一系列认知和操作任务，观察和记录了儿童的行为反应，然后对这些行为反应进行编码；在18岁的时候，被试通过多维人格量表对人格特质进行自我评定。研究结果显示，儿童期的行为风格分为低控制型、抑制型、自信型、保守型、适应良好型。其中，低控制型儿童在3岁时表现出情绪冲动、焦躁不安、容易分心、倔强执拗、不安分等特点，在18岁时表现出拘束性差，消极情绪多，尽责性低，自制力差，伤害回避水平低，攻击性强，容易产生被不公正对待、欺骗、出卖、排斥的感觉等特点。抑制型儿童在3岁时表现出害羞胆小、沉默寡言等特点，在18岁时表现出拘束性高、积极情绪少、尽责性高、攻击性低、社会支配性低、易服从、不喜欢也不擅长操纵他人、权力动机低等特点。自信型儿童在3岁时主动性高、乐于探索，并且能够很快适应环境。保守型儿童则相对谨慎但也能集中注意完成任务。适应良好型儿童能较好地自我控制，也能够适应环境。后三类儿童的行为风格在18岁时保持了一定的稳定性，自信型儿童在18岁时自我控制水平相对较低，而保守型儿童在18岁时更为顺从，社会支配性更低，效应大约在0.20～0.40之间，虽然不大却不容忽视。这项研究在人格发展研究中具有重要地位，该研究表明，成年期的人格特征至少可以追溯到3岁时的气质特征。

个体发展与适应研究。个体发展与适应研究开始于1965年，持续30年之久，旨在探讨个体从童年期到成年期的发展过程以及个体和环境因素在此过程中的复杂作用（Magnusson, 1992; Magnusson & Torestad, 1993）。在最初阶段，研究被试包含瑞典中部一个社区学校三年级（10岁）、六年级（13岁）和八年级（15岁）的所有学生，内容涉及来自个体、父母、教师、同伴和公共记录等不同方面的压力荷尔蒙反应、脑电图、家庭和学校表现、社会性发展及其问题等。结果发现，生理早熟对女生的社会性发展有很大影响：在青春期阶段，相比于生理晚熟的同伴，生理早熟的女生对社会关系更为关注，更喜欢与年长的人交往，与成人有更多冲突，对学校和未来职业的兴趣更弱，更倾向于早婚早育和提前离开学校走上工作岗位；但是这些差异在青少年晚期明显减小，到成年期完全消失。一些生理因素对男生的行为倾向也有重要影响：肾上腺素水平偏低的男生对压力和威胁的敏感性差，会表现得过度活跃、攻击性强、同伴关系不良，更容易出现酗酒、犯罪等行为问题。研究者还根据男性被试的犯罪记录将其分为无犯罪组、青少年犯罪组（仅在18岁前有犯罪记录）、持续犯罪组（青少年期和成年期都有犯罪记录）。结果发现，就过度活跃（不停活动、注意困难）这一特征而言，无犯罪组得分最低，持续犯罪组得分最高，青少年犯罪组得分在二者之间；就肾上腺素分泌而言，只有持续犯罪组分泌水平偏低。这就是说，持续犯罪的男性在青少年期会过度活跃，肾上腺素分泌水平偏低，青少年犯罪组只在某种程度上会过度活跃，无犯罪组不会过度活跃，生理反应性偏高。

关于人格起源的时间，有研究者指出，2岁可能是一个关键期，因为儿童在2岁时开始掌握客体永存的概念，自我意识开始发展，这有助于儿童形成对自我、他人和世界的心理表征，进一步发展成更为宽泛的信念、预期或者人格（Kagan, 1984）。但是，目前研究者就此问题尚未达成共识。一项研究测量了被试从10岁到20岁的行为抑制特质，结果发现，在10年的时间跨度内，等级一致性系数达到0.57，说明气质很可能在儿童期就有相当大程度的稳定性。一项对152批纵向数据的元分析表明，大三气质结构在6～7年的时间跨度内，等级一致性在儿童期和青少年期有线性上升的趋势，但儿童期和青少年期的等级一致性系数（约在0.30～0.50之间）低于成年期的等级一致性系数（约在0.50～0.70之间），这可能反映了未成年期气质特征比较容易改变的发展效应（Roberts & DelVecchio, 2000）。一项持续19年的纵向研究发现，4～6岁时被父母评定为高抑制型的儿童在成年早期更可能有更高的抑制水平，更多内化问题，更倾向于推迟成年期的人生任务，如开始工作和建立亲密关系等（Asendorpf, Denissen, & Van Aken, 2008）。其他研究显示，在陌生环境中大多数4个月大的婴儿的抑制特质（即害羞）到8岁时依然存在（Kagan & Snidman, 1991）。另有研究显示，2岁时抑制水平高的婴儿中有1/3在3岁6个月时抑制水平明显降低，这与母亲的不过分保护以及合理要求有关（Kagan, Arcus, & Snidman, 1993）。也有研究者认为，气质特征就是婴儿期的人格，是成年期人格的来源，婴儿期的气质特征能否持续到成年期完全取决于这些气质特征与社会环境的匹配程度(Mroczek & Little，2006；Wachs，1994)。

4.2 成年期人格特质的发展轨迹

与未成年期人格发展研究相反，成年期人格发展研究关注人格何时稳定以及成熟，探讨的是人格发展的“终点”。就此问题，人格理论家的观点各不相同。例如，早期精神分析学派理论认为，人格形成于2～3岁时父母对孩子的训练，到5岁左右俄狄浦斯情结得到解决后就可以稳定下来(Sapir，1934)。随后，有理论家指出，人格发展结果取决于自我控制和需要表达的平衡，个体在童年期和青少年期已经完成大部分自我控制的发展任务，但会根据新的人生经验继续发展直到成年期(Sanford，1962)。特质理论家更加明确地提出，到30岁左右生理成熟时人格就得以完全发展(McCrae & Costa，1990)。其他一些理论家认为，人格到成年期会更加稳定，但是在生命后期仍然会有小幅度的变化(Glenn，1980)。毕生发展理论家则强烈主张人格发展不会在某个具体的年龄段停止下来，在人生的所有阶段，连续性和阶段性的变化都在发生：个体在未成年期的主要任务是成长，在成年期主要关注维持，在老年期则指向对各种损耗的控制和处理(Baltes，1987，1997)。

4.2.1 横断研究证据

关于成年期人格特质发展的早期研究证据多来自横断研究。由于无法区分年龄、时代和世代的效应，横断研究无法准确地推断人格特质随年龄的发展趋势，但现有横断研究证据对于我们理解人格发展仍然有重要意义。首先，早期开创性的横断研究是后来纵向追踪研究的基础，为随后的研究指明了方向；其次，由于横断研究便利、容易实施的优势，目前已有很多全国代表性样本，为推断人格发展轨迹提供了强有力的证据。接下来，我们将重点回顾这些开创性研究和全国代表性样本研究。

早期的研究者就人格特质或者气质结构的稳定性开展了一些横断研究,并得到一些有关人格或者气质发展趋势的初步证据。早期的横断研究数据表明,在10,000名年龄在35～84岁的全国性样本中,年龄与神经质、外向性、开放性呈负相关,但是相关的程度很低,大约在－0.19到－0.12之间(Costa et al., 1986)。另一项研究发现,在21～96岁的男性和女性样本中,年龄与活动性、积极情绪性、开放性等有轻度的正相关,这些年龄效应在不同年龄组和性别组相似,可以归因于生理的成熟(Costa & McCrae, 1988)。后续有研究对不同文化环境中被试(N=7,363)的人格进行横断分析,结果发现,年龄与神经质、外向性和开放性呈负相关,与随和性和尽责性呈正相关(McCrae et al., 1999)。

值得一提的是,近年来研究者使用大样本,尤其是国家代表性样本,为人格特质的年龄差异,尤其是大五人格的年龄差异,提供了相对有力的证据。例如,一项研究(Donnellan & Lucas, 2008)对英国的家庭研究数据(N=14,039)和德国的社会经济研究数据(N=20,852)进行分析,结果发现,在两个样本中(被试年龄跨度为16～85岁),无论性别和教育水平如何,年龄与随和性呈正相关,与外向性和开放性呈负相关,尽责性随年龄呈倒U形趋势(中年期最高,青年期和老年期偏低)。但是,年龄与神经质的关系在两个文化样本中有所不同:二者在英国样本中呈微弱的负相关,在德国样本中呈微弱的正相关。另一项研究对荷兰的有代表性大样本(N=2,494)进行横断调查,结果显示,在16～91岁的人群中,大五人格维度具有良好的结构连续性,也表现出一定的平均数水平变化:年龄与随和性、尽责性呈正相关,与外向性呈微弱的负相关(Allemand, Zimprich, & Hendriks, 2008)。有研究者对澳大利亚的一个有代表性国家样本(N =12,618)进行分析,结果发现,在15～84岁的年龄范围内,年龄与外向性、神经质和开放性呈负相关,与随和性和尽责性呈正相关,最年轻和最年老群体的人格特质平均数差异有中度到很大的效应量(Lucas & Donnellan, 2009)。对瑞士和美国的有代表性国家样本进行分析,结果发现,年龄与随和性、尽责性呈正相关,与外向性呈负相关,年龄与开放性的关系呈U形曲线,即青年群体的开放性最高,

30～34岁群体的开放性最低，老年群体的开放性在二者之间。但是，年龄与神经质的关系没有跨文化一致的模式出现（Anusic，Lucas，& Brent Donnellan，2012）。研究者对神经质在晚年期的变化趋势并没有一致的结论，一项对2,117名中老年人进行的研究发现，神经质在70岁之前与年龄呈轻微的负相关，随后与年龄呈显著的正相关，并且上述相关关系不受生理健康状况的影响（Steunenberg，Twisk，Beekman，Deeg，& Kerkhof，2005）。

此外，大量成年期人格研究还讨论了老年期人格的发展和改变，研究发现晚年期的人格会持续到生命的终点，并且变化的幅度甚至大于其他年龄阶段。有研究发现，人格的年龄差异在包含高龄人群的横断研究中更显著，说明晚年期和其他年龄阶段有明显不同（Allemand et al.，2008）。研究者进一步探讨每个年龄群体的人格发展轨迹，结果发现外向性和开放性的年龄变化在老年人群体（70岁以上）中比在年轻人群体（16～30岁）中更明显。值得一提的是，尽责性在老年人群体和年轻人群体中都有显著变化，但是方向相反：在年轻人群体中有上升的趋势，在老年人群体中有下降的趋势（Specht，Egloff，& Schmukle，2011）。相似地，其他研究也发现，晚年组被试（81～87岁）比老年组被试（69～72岁）在外向性、随和性和尽责性方面下降趋势更明显（Mõttus，Johnson，& Deary，2012）。

4.2.2 纵向研究证据

如前所述，成年期人格发展，尤其是大五人格特质的发展，是毕生发展心理学的重要研究主题，目前已经积累了相当丰富的横断研究证据。但是，由于横断研究无法区分年龄、世代和时代的效应，研究者无法根据这些研究结果就人格的发展轨迹给出明确的结论，因此研究者从一开始就指出，通过纵向研究探讨人格的发展轨迹是非常必要的。在过去的几十年里，研究者开展了大量的纵向研究，有一些纵向研究持续数十年，为人格特质的发展提供了难得的研究证据。下面首先回顾经典的纵向研究证据，然后回顾近年来与人格发展有关的研究结果。

巴尔的摩老龄化研究。巴尔的摩老龄化研究是一项对20～80岁受过良好教育的健康白人男性的纵向追踪研究，最早始于19世纪50年代末到60年代中期，直到现在仍然对个体的思想、情感和行为特点进行横向、纵向和序列研究（Hoyer & Roodin, 2003）。研究者（McCrae & Costa, 1990）分析了横断数据、纵向数据和序列数据，最终得到两个比较一致的结论：(1) 人格包括神经质、外向性、开放性、随和性和尽责性五个维度，为特质流派的人格结构研究提供了证据；(2) 神经质、外向性和开放性在成年期保持了相对的稳定性。由于自我报告法存在主观性，因此研究者(Costa, Herbst, McCrae, & Siegler, 2000)使用他人评定法对人格进行测量，结果发现配偶报告的被试人格从成年早期到中年期保持了高度的稳定性，比自我报告法得到的结果更稳定。进一步研究(Costa et al., 2000)发现，生活事件(如婚姻、工作)虽然会引起人格的变化，但对人格发展影响不大。

西雅图纵向研究。西雅图纵向研究(Schaie & Willis, 1991)在1956年、1963年、1970年和1984年分别对3,442名出生于1896年到1956年的十个年龄相近的世代进行追踪调查，考察他们在行为刻板性、态度变通性和社会责任感等方面的变化。横断研究的结果显示，相比于年轻人群体，老年人群体行为刻板性和态度变通性会更高；纵向研究和序列研究的结果显示，这些人格特质到60岁基本保持稳定，随后会有小幅度的下降。与此同时，结果显示出明显的世代效应，即随着时代的发展，不同世代的态度变通性、社会责任感有升高的趋势，有助于个体更加适应社会的迅速发展。

伯克利老人研究。伯克利老人研究(Field & Millsap, 1991)是对加州大学伯克利分校420名被试的追踪研究。调查开始于1928—1929年，对被试青年期、中年期和老年期的人格进行55年的追踪研究。研究者在1969年和1983年对中老年组(平均年龄为65岁，47人)和老年组(平均年龄为75岁，21人)的智力、外向性、顺从性、满意度和精力充沛度等方面开展深入的开放式访谈。研究结果表明，在14年间，尽管身体和人际关系有明显的变化，但所有中老年被试的满意度和顺从性保持稳定，并且满意度是最稳定的特质，智力、精力充沛度和外向性有适度的下降。进一步分析表明，老年人过渡到晚年期时智力和精力的平均水平有显著下降，但是这种下降趋势在中老年人过渡到老年期时并未发生；中老年人过渡到老年期时顺从性有显著提升，但是老年人过渡到晚年期时并未发生这一变化。

柏林老龄化研究。柏林老龄化研究(Baltes，Mayer，Helmchen，& Steinhagen-Thiessen，1993；Baltes & Smith，1997)系统调查了老龄化对人格、社会关系和智力等多方面功能的影响。研究对 10,000 名 70～103 岁被试的身体健康、外表、心理健康、人格和幸福感、认知和感觉功能、社会和家庭角色、经济状况、工作经历和居住状况进行了主观和客观的全面测量，不仅包括 95～103 岁的高龄老人，而且包括不同年龄组(70～74 岁、75～79 岁、80～84 岁、85～89 岁、90～94 岁、95～103 岁)相同数量的男性和女性被试。研究结果表明，人格和自我的不同侧面在老年期具有相对的稳定性，其中高龄老人以及多数女性在健康、社会和家庭功能等多个方面都处于劣势地位(Smith & Baltes，1997)。

除了上述经典的纵向研究之外，当代人格研究者也积累了大量有关成年期人格特质不同类型一致性的纵向研究证据。就结构一致性而言，研究显示，大五人格结构在青少年晚期、成年期和成年晚期结构效度都很好，而且有跨年龄的可比性(Allemand，Zimprich，& Hertzog，2007)。但是，在儿童群体中由于特质尚未分化，不同维度之间相关较高(Block，1971)，在老年期由于生理功能和认知能力的衰退，不同人格维度的区分度也可能因此而有所下降(Baltes et al.，2006)。

平均水平一致性。就平均水平一致性而言，纵向研究及其元分析发现，在整体趋势上，个体的社会支配性(外向性的子维度，即独立性和自信)从成年早期到 40 岁有上升的趋势，随后保持稳定；社会活跃度(外向性的另一个子维度，即社交性和积极情绪)在青少年期最高，在成年早期有轻微的下降，到中年期保持稳定，到晚年期再次下降；随和性在 50 岁之前有逐渐上升的趋势，但是仍未达到显著水平；尽责性从成年期到老年期有上升的趋势，但是到晚年期有下降的趋势；情绪稳定性在成年早期和晚年期(70 岁以后)会有显著的上升,但是在其他阶段会有下降的趋势;开放性在成年期有轻微的上升,但是在老年期会下降(Lucas & Donnellan, 2011; Mroczek & Spiro, 2003; Roberts, Walton, & Viechtbauer, 2006; Specht et al., 2011; Wortman, Lucas, & Donnellan, 2012)。一项大样本的网络调查(N=1,267,218)发现,与青少年期的人格发展趋势完全相反,大五人格特质在成年期非常明显地朝着成熟和适应的方向发展,随和性、尽责性和情绪稳定性随年龄有上升的趋势(Soto et al., 2011)。

其他有关人格特质的纵向研究发现了一定程度的平均水平变化。有研究发现,21～75 岁,男性的规范遵从性(考虑他人、不冲动)随年龄有上升的趋势,社会活跃度则随年龄有下降的趋势,支配性和独立性在中年期达到顶峰而后下降;21～52 岁,女性的规范遵从性、支配性和男性化程度有上升的趋势;43～52 岁,女性的责任感、自我控制和男性化程度随年龄有上升的趋势(Helson et al., 2002)。其他有关大三气质结构的研究显示,从 20 岁左右初次测量到 30 岁再次测量,消极情绪性和主动控制有显著的下降趋势,积极情绪性没有显著变化(McGue, Bacon, & Lykken, 1993);27～43 岁,消极情绪性和主动控制有显著的下降趋势,积极情绪性有显著的上升趋势;43～52 岁,消极情绪性和主动控制没有显著的下降趋势(Helson & Klohnen, 1998)。

等级一致性。就人格特质的等级一致性而言,有纵向研究发现,大五人格特质在 30 岁时已经非常稳定,并从此固定下来(Costa & McCrae, 1988; Terraciano, Costa, & McCrae, 2006)。但也有多项纵向研究和元分析(Allemand et al., 2007; Ferguson, 2010; Lucas & Donnellan, 2011; Roberts & DelVecchio, 2000; Specht et al., 2011; Wortman et al., 2012)一致表明,大五人格(除了尽责性)的等级一致性会随年龄上升,50 岁时达到高峰,大约为 0.74,之后有下降的趋势,整体呈倒 U 形趋势;等级一致性在所有人生阶段都有中度到较高程度的水平,但在青年早期由于面临重大人生任务(如结婚、生子),因此等级一致性最低,甚至低于青少年期,算是人格发展的关键期(Roberts et al.,

2008)。

与大五人格特质的结果类似,有研究表明,气质结构也有相对较高的一致性。例如,早期的纵向研究证据显示,在持续24年的纵向研究中,早期的人格量表有0.61～0.71的重测信度(Costa & McCrae, 1992)。其他研究发现,在25年的时间跨度(27～52岁)内,大三气质结构有较高的一致性系数,其中消极情绪性为0.65,积极情绪性为0.62,主动控制为0.51(Helson & Klohnen, 1998)。在6～12年的时间跨度内,大三气质结构的等级一致性在0.65～0.80之间;即使在成年早期,6年内等级一致性也在0.48～0.60之间(Viken, Rose, Kaprio, & Koskenvuo, 1994)。

人格一致性的个体差异。已有的纵向研究为人格特质发展的群体差异和个体差异提供了证据。有研究显示,外向性和神经质随年龄变化的斜率存在明显的世代差异:相比于中年男性,老年男性的外向性和神经质随年龄的下降幅度更大;已婚老年男性的神经质随年龄的下降速度更快,丧偶老年男性的神经质随年龄的下降速度更慢(Mroczek & Spiro, 2003)。虽然目前尚未达成共识,但一些研究证据显示,人格特质的发展存在性别差异。通过分析285个家庭的亲子数据,研究发现女孩子从青少年晚期到成年中期,外向性、随和性和尽责性都随年龄有上升的趋势,但是男孩子的外向性和开放性随年龄有下降的趋势;母亲的情绪稳定性和尽责性随年龄有上升的趋势,父亲的外向性、随和性和情绪稳定性随年龄有下降的趋势(Branje, Van Lieshout, & Gerris, 2007)。其他研究发现,虽然发展的趋势和速度不存在性别差异,但是在人生的所有阶段,男性的神经质高于女性,女性的随和性高于男性(Roberts, Walton, & Viechtbauer, 2006)。此外,其他研究还发现,个体初始的人格特质也与人格发展有关。与青少年期的人格研究结果一致,成年期的纵向研究发现,人格特质与等级一致性有关:人格的等级一致性与随和性、尽责性、情绪稳定性等成熟的人格特质呈正相关,人格特质越成熟,人格的等级一致性越高(Donnellan et al., 2007; Roberts et al., 2001)。

4.3 自我的发展轨迹

除了人格特质之外，人格结构中还有一个重要概念——自我，即我们对自我、他人和社会等方面的表征，它不仅包括上述人格特质，而且包括个人（有关特质、价值、能力的图式）、关系（与他人的关系）、社会（社会角色和地位）、集体（所属群体）等不同层次的自我内容。不同流派的研究者一致认为，自我是一个稳定的心理结构，有一定程度的跨时间和跨情境一致性。具体地说，生活历史观的研究者认为，自我是个体生理发展和生活经历作用的结果，会随着生活经历而改变。系统观的研究者认为，自我是一个认知情感系统，包括自我提升、自我验证、自我调节、内隐和外显信念等内在过程，因此自我是不断变化、高度顺应的系统（Markus & Kunda, 1986）。但是，与人格特质的发展研究不同，目前关于自我（包括自尊）发展的研究多集中于儿童期到青少年期的发展，而且主要关注自尊，很少有研究对自我进行毕生发展研究（Pervin & John, 1999）。

自我表征的毕生发展研究。自我表征是指个体对自我的看法，包括各种情境（如关系情境、历史情境、文化情境）下的自我结构和心理过程（Cross & Markus, 1991）。在不同的情境下，个体会表现出不同甚至相反的行为模式，故而早期的理论指出，成年期发展的重要任务之一就是将不同情境下的自我、不同的目标和成就、人生的成功和失败整合成一个成熟的自我表征（Erikson, 1968）。随后的实证研究支持了上述观点。例如，有研究显示，在儿童期和青年期，自我的发展主要是外在取向的，即个体需要学习外在的社会规范和文化标准；成年期的自我发展则是内在取向的，即个体需要自我反省，关注自身的情绪过程（Labouvie-Vief et al., 1994）。认知取向的研究显示，成年期自我和思维的发展与青少年期完全不同：青少年期的思维是相对静止的，非黑即白；成年期的思维是辩证的、动态的、分情况的、有规律的（Baltes & Staudinger, 1993）。

其他研究(Helson & Roberts, 1994; Labouvie-Vief, 1992)发现，儿童期的自我和他人认识都是对具体关系(如亲子关系)中自我和他人的认识，自我和他人的表征都相对具体；随着认知和情感能力的发展，青少年期的自我和他人认识则更加复杂和抽象，包括群体认识、理想自我和他人意图，开始使用特质等抽象词汇描述自我和他人，但是依然不能容忍矛盾、模糊和多样化的特征；直到成年期，对自我、他人和世界的认识才开始包含各种主观体验和客观标准，更加容忍矛盾信息(积极和消极的信息)，开始认识到自我和他人的可变性、相互影响和动态的本质。一项毕生发展研究(Labouvie-Vief, Chiodo, Goguen, & Diehl, 1995)发现，在11～85岁的人群中，自我表征的复杂程度在中年期最高，在前青少年期和老年期最低；自我表征的水平与认知、情绪功能呈正相关。

自尊的发展研究。自尊是指个体对自我的良好感受，包括高度的自我接纳和自我尊重的感受。与自恋不同，高自尊的个体并不会觉得自己比他人优越，并不会歧视或者贬低他人(Rosenberg, 1965)。自尊对个体是非常有意义的，可以预测婚姻和亲密关系的满意度、得到的社会支持、事业的成功、心理健康和身体健康(Orth, Robins, & Widaman, 2012)。自尊的毕生发展研究显示，与大五人格特质类似，自尊的个体差异也相对稳定，可以保持数十年(Trzesniewski, Donnellan, & Robins, 2003)。

从儿童期到青少年期，自尊的发展从整体上看基本呈下降趋势，在小学阶段和青少年阶段有两次明显的下降。有研究发现，自尊在儿童早期比较高，但到了小学阶段有下降的趋势，从本质上说，这是社会比较和外部反馈的结果，有利于自我评价更加真实(Harter, 1998)。从儿童期到青少年期，由于生理的成熟、形式运算的出现和社会环境的变化，自尊再次下降(Hirsh & Rapkin, 1987)。从青少年期到成年早期，大规模的横断研究发现自尊的发展开始出现性别差异：男性的自尊有上升的趋势，等级一致性系数为0.36；女性的自尊则有下降的趋势，等级一致性系数为0.65(Block & Robins, 1993)。

关于成年期的研究一致发现，从成年早期到老年早期，自尊随年龄有上升的趋势，等级一致性17年的相关系数为0.38，20年的相关系数为0.30，30年的相关系数为0.75，但是到成年晚期呈下降的趋势(Roberts & Bengtson, 1996)。相似地，美国的两项纵向研究(Orth et al., 2012; Orth, Trzesniewski, & Robins, 2010)显示，从青少年期到中年期，自尊呈上升的趋势，大约可以提高1/3到1/2个标准差；50～60岁的时候，自尊会达到最高点；在老年期，自尊会随着年龄呈下降的趋势，大约会降低2/3个标准差。一项元分析(Huang, 2010)显示，自尊在成年早期随着年龄呈上升的趋势，30岁之后则保持相对稳定。德国的一项全国性样本纵向研究显示，自尊与年龄呈倒U形曲线关系：在青少年期、成年早期和中年期，自尊呈上升的趋势，到老年期呈下降的趋势；并且上述趋势没有性别、教育程度、文化以及地区的差异(Orth, Maes, & Schmitt, 2015)。

此外，研究表明，自尊的发展有明显的个体差异。有研究发现，乐观主义者一直有较高且稳定的自尊；防御性悲观主义者的自尊有明显的积极变化，因为他们关注并努力改变自己的消极方面(Norem & Cantor, 1986)。其他研究显示，情绪稳定性、尽责性和外向性可以预测更积极的自尊变化趋势(Wagner, Lüdtke, Jonkmann, & Trautwein, 2013)。有一项研究(Orth et al., 2015)发现，工作状态、家庭收入、工作满意度、关系满意度和健康状态都可以预测自尊。还有研究发现，自尊的发展存在种族差异，非洲裔美国人的自尊在青年期会比白人高，但是到老年期会急剧下降。受教育水平高的个体在整个人生阶段都比受教育水平低的个体有更高的自尊(Orth et al., 2010)。

自我功能的发展研究。除了对人格发展轨迹的分析，布洛克还开展了一项对自我的纵向研究。研究开始于1968年，主要对加州伯克利地区两所学校中128名儿童的人格和其他特征进行调查，在儿童3岁、4岁、5岁、7岁、11岁、14岁、18岁和23岁时收集了多个来源的资料：生活史资料、自我报告资料、客观实验数据或者标准测验分数、他人评定资料。研究结果显示，自我功能主要体现在自我控制和自我弹性两个方面，自我的这两个方面都表现出相当程度的连续性。自我控制的个体差异在生命早期就开始出现，而且这些个体差异持续存在，自我控制在两个时间点之间的平均相关系数为 0.48，具体两个时间点之间的相关最低为 0.22，最高为 0.82。自我弹性则存在明显的性别差异：男性的个体差异在 20 年间有连续性，自我弹性在两个时间点之间的平均相关系数为 0.43，具体两个时间点之间的相关最低为 0.22，最高为 0.65；对女性而言，在生命早期以及 14～23 岁之间自我弹性保持了相当高的连续性，但是在青春期（11～14 岁）连续性非常低。此外，男性的自尊在青少年期有所升高，女性的自尊却相对下降（Block, 1993）。

值得一提的是，明尼苏达亲子研究（Sroufe, Carlson, & Shulman, 1993）开始于 1974—1975 年间，招募了 267 名怀孕 9 个月的妇女，然后对婴儿和抚养者的关系进行观察，第一年 7 次，第二年到第四年每年 2 次，之后一年一次直到婴儿长到 13 岁，同时测量了儿童的气质、父母与儿童的互动、同伴关系等方面。研究结果发现，学前期安全型依恋的儿童在教师评定和陌生观察者评定中依赖性得分更低，自我弹性得分更高；到童年中期，依恋风格与自我弹性的相关依然存在。在童年早期和中期，儿童表达需要和恐惧的方式有所变化，但是依恋风格对人格的影响依然存在：早年安全型依恋的儿童有更高水平的自尊和自信，目标设定更高，对目标有更大的坚持性，依赖性更低，更愿意投入同伴活动，更容易建立亲密的友谊。在青春期，安全型依恋的个体情绪更积极，自尊水平更高，自我弹性更好，同伴交往能力更强（Sroufe et al., 1993）。

4.4 人格其他方面的发展轨迹

正如第一章所提到的，大五人格理论（McCrae & Costa, 2008）和人格六焦点模型（Hooker & McAdams, 2003）一致认为，人格包括特征适应和自我叙事等成分。特征适应包括动机、目标、计划、个人奋斗、价值观、美德、图式和其他的人格结构；自我叙事是个人有关自己生活的故事，可以为生活提供意义和目标。已有的实证研究就这两类人格结构的发展轨迹提供了一些研究证据。

4.4.1 目标的发展轨迹

在特征适应的诸多概念中，人格发展研究者对人生目标的研究相对丰富。而在目标发展研究中，更多研究关注成年期的发展轨迹，对儿童和青少年的研究则相对较少。目标研究者认为，目标可以由自我—关系、趋近—回避、具体内容等不同的维度来表征。相应地，目标发展研究发现，目标在上述所有维度上都有显著的年龄差异。

已有研究表明，从生命早期开始，个体的主动性就在不断发展，个体变得更加自主，最终发展出明确的目标结构。从 1 岁开始，婴儿开始能够理解他人的意图；到 4 岁，会形成明确的心理理论，即他人行为是被欲望和信念驱动的心理理解；到学龄早期，儿童已经形成并可以评价自己的目标导向行为；到 7～8 岁，儿童开始认为自己是自主的，有明确的、有组织的目标，可以归因于自主、能力和关系三个方面（Walls & Kollat, 2006）。一项持续 4 年的对 298 名大学生的纵向研究发现，个体对目标的评定有较高的等级一致性，大约为 0.56，这与人格特质有相当程度的可比性，而目标评定的平均水平随年龄有下降的趋势。值得一提的是，目标追求也存在显著的个体差异：外向性与个人目标的数量和种类呈正相关；随和性与社会关系目标呈正相关，与艺术性目标呈负相关；开放性与社交、享乐等目标的重要性呈正相关，与经济、宗教目标的重要性呈负相关（Roberts, O'Donnell, & Robins, 2004）。

早期研究表明，成年早期的目标主要在于拓展自我、获得新信息，而成年晚期的目标更关注现有关系的情感质量（Carstensen, Fung, & Charles, 2003）。另一项研究发现，成年早期的目标更多涉及教育、亲密关系、友谊、职业规划，中年期的目标主要涉及孩子的未来、保持已有的成就、与财产有关的顾虑，老年期的目标则涉及健康、退休、休闲活动、对世界的理解（Freund & Riediger, 2006）。一项持续 10 年的对 81 名受过高等教育的中年妇女的追踪研究发现，从成年早期到中年期再到退休阶段，个体的亲社会倾向更加明显，有更多的社区参与，更热衷于社区活动（Peterson & Duncan, 2007）。以趋避动机为基础，有研究发现，青年人主要报告成长取向的目标（如追求成功），选择那些可以给自己带来奖赏的目标，老年人则报告了更多预防损失的目标(如回避失败)，追求那些可以补偿自己损失的目标(Ebner, Freund, & Baltes, 2006)。有一项研究发现，不同年龄的个体管理目标的策略也存在显著的差异：青年人可以很好地容忍不同人生目标之间的高冲突，老年人则倾向于减少不同目标之间的冲突(Riediger & Freund, 2008)。

4.4.2 自我叙事的发展轨迹

正如第一章所提到的，自我叙事也是人格的重要组成部分。根据研究者(McAdams, 2003)的观点，个体一生都在尝试定义自我，从各种生活体验中发展自我感，会通过选择自传体记忆建构自我叙事、关于自我和他人的人生故事。具体地讲，自我传记是个体根据记忆、事件、经验，以及与他人的关系形成的关于自己的人生故事；自我叙事是个体对自己不同于他人之处的觉察。其中，自传体记忆是对自己生活中各种事件的记忆，是“自下而上”得到的记忆；自我传记或者自我叙事则是“自上而下”的存在主义现象学产物(Birren & Schroots, 2006)。

自传体记忆。目前已有大量研究证明，不同年龄人群的自传体记忆在内容和情感特征等方面存在显著差异。就内容而言，通过对自传体记忆进行内容分析，结果发现，成年女性更关注学校的经历、亲密关系、孩子的出生，成年男性则更关注与工作有关的事件，青年人更关注学校发生的事情、友谊和性，中年人更关注孩子的出生和成长活动，老年人则更关注战争、退休和健康问题(De Vries &Watt, 1996)。对中年人的研究发现，36 岁的男性和女性报告的人生转折主要与家庭生活(如婚姻、离婚、孩子的出生)有关，然后是教育、工作和人际关系的转折。女性更关注家庭的建立和亲人的健康，男性则更关注与工作有关的事情。积极的人生转折包括结婚、生孩子和目标的实现，消极的人生转折包括人际关系问题和目标的失败等(Ronka , Oravala, & Pulkkinen, 2003)。其他研究对不同人生阶段个体的人生故事进行分析，结果发现，从整体上看成年男性更关注工作，成年女性则更关注健康和孩子的出生。具体地说，中年女性很少考虑退休后的生活，更多谈到了健康、成长和死亡；与其他年龄阶段不同，青年男性提到更多关系事件如恋爱，女性则对未来没有太多预期(Schroots & Assink, 2005)。

此外，就自传体记忆的情感基调而言，研究不仅发现了情感基调的积极效应，而且发现了情感基调的年龄差异。有研究(Martin & Smyer, 1990)要求被试自我报告不同年龄阶段的生活事件，结果发现，从整体上看个体报告的积极事件和消极事件的比例为 6∶1。其他研究(Yang & Rehm, 1993)请被试回忆 30 件过去发生的事件，结果发现，所有被试都报告了更多的积极事件，而不是消极事件。还有研究(Robinson & Taylor, 1998)要求女性被试自由回忆自己的生活，结果发现，所有被试都报告了更多的积极事件，而不是消极事件。一项研究(Assink & Schroots, 2002)要求被试描述过去和未来，结果发现，老年被试对过去的描述更为积极，对未来的描述更为消极；青年被试对未来的描述更为积极，对过去的描述更为消极；中老年男性对生活的描述比女性更为积极；中老年被试对 10～40 岁的记忆比其他人生阶段更为积极。

自我叙事或者人生故事。以自传体记忆为基础，个体会发展出自我，最直接的体现就是自我叙事。有研究发现，早在儿童开始学习语言之时，所有文化环境中的父母都会鼓励儿童叙述与自己有关的事情，帮助儿童形成有关自我的陈述性记忆，促进儿童的社会化(Fivush & Nelson, 2004; Wang, 2006)。其他研究(Habermas & De Silveira, 2008)发现，在儿童晚期和青少年期，个体的自我叙事会表现出因果一致性(自我随时间发展的因果联系)和主题一致性(人生不同阶段表现出的一致的自我认识和人生故事)，这在青少年期和成年早期会表现得更为明显。成年期的自我叙事研究进一步发现，中年人的自我叙事比年轻人的自我叙事结构更复杂，内容的一致性更高，自我叙事中的自我推理更成熟、更有技巧、更有说服力；50 岁以上个体的自我叙事更积极，对人生经历的理解更为深刻(Baddeley & Singer, 2007)。还有研究(Pennebaker & Stone, 2003)分析日常语言或者已经出版的自传体小说，结果发现，相比于年轻人，成年人倾向于使用更积极的句子，文字的复杂程度更高，叙事更复杂、更完整、更积极。其他研究者(McAdams, 2006)发现，虽然自我叙事的内容随年龄会有变化，但是自我叙事中有关个人奋斗或者目标的一致性大约在0.35～0.60之间。

4.5 小结与展望

本章回顾了人格的不同组成部分——人格特质、自我、目标、自我叙事在整个人生历程中随年龄发展的轨迹。研究者就人格特质的发展轨迹开展了大量的大样本横断研究、长期纵向追踪调查和元分析，现已基本达成共识：人格特质存在相当程度的稳定性，但是仍会一直发展变化。婴幼儿期的气质会不断发展成儿童期人格特质的雏形，进而发展为更成熟、更稳定的人格特质，表现出相对较高的异质连续性。从青少年期、成年早期到成年晚期，一方面，人格特质表现出较高的等级一致性，即个体的人格特质在群体中的相对位置是稳定的；另一方面，人格特质的绝对水平又随着年龄朝更为成熟的方向发展，而且人格绝对值发展变化的轨迹存在很大的个体差异。此外，研究者也探讨了人格特质的其他方面（目标、自我、自我叙事）。正如前面所回顾的，人格的所有方面在整个人生历程中都存在一定的连续性，但是相比于人格特质，人格的其他方面（如目标和自我叙事）在内容和情感色彩上的变化更为明显。只不过，由于研究证据相对较少，因此仍需进一步探索。除此之外，当前人格发展的实证研究还存在以下三方面的局限。

首先，对人格不同方面的发展研究相对独立和分离。根据第一章的人格理论，人格的不同方面（如特质、目标、自我）是彼此联系的(McAdams & Olson, 2010)，这些方面的发展也是相互影响的。未来的研究应该从多个层面考察人格发展，以探讨人格不同方面发展的相互关系。例如，有可能是因为自我知识的积累和自我觉察的提升，人格特质才能够在各种情境中不断朝着积极的方向发展（Hennecke et al., 2014）。也可能是中老年期后，由于个体的人生目标开始从知识获取向情感目标转移，个体的随和性和尽责性才得以充分发展（Fung & Ng,

2006)。因此,探讨人格不同方面发展之间的关系可以明确人格不同方面发展的内在联系。

其次,当前人格发展研究主要依赖自我报告法。虽然在大五人格结构的探索过程中,研究者使用多种方法(如自我报告法、他人评定法、词汇法),但是人格发展研究较少使用他人评定法。自我报告法在研究个人内在的感受、目标、想法的时候诚然有其优势,但正如第二章所探讨的,自我报告法有其不可避免的缺点,例如自我欺骗、反应偏差等,并且这些偏差在很大程度上是稳定的、由基因决定的(Kandler, Bleidorn, et al., 2010)。因此,未来的研究应该使用自我评定和他人评定相结合的方法来考察人格的发展轨迹。

最后,已有研究主要关注宽泛的、静态的人格维度。如第一章谈到的,大五人格特质不仅包括五个人格维度,人格的三十个具体方面,而且包括更为具体的人格结构如目标,以及状态性的人格表现(如状态焦虑、状态性的负面情绪)。已有研究显示,这些人格的具体方面、人格结构和状态性的人格表现不仅有不同的基因基础,而且有其独特的变化规律,是行为更有效的预测因素(Kandler, Riemann, Spinath, & Angleitner, 2010; Paunonen & Ashton, 2001)。未来的研究应该关注上述更为具体的人格发展和变化,并通过更加成熟的统计技术(如潜在—状态—特质模型)来区分人格的宽泛和具体的成分,探讨不同水平的人格成分如何发展并且相互影响。这不仅有助于我们了解具体层面的人格发展趋势,而且有利于解决特质与情境之争等人格领域的重要争议。

5 人格发展的内在过程

第四章主要介绍了早期的人格理论家根据临床经验或者实证调查对人格发展轨迹的描述。但是,从早年到晚年人格得以发展和变化的原因是什么?在发展心理学研究史上,最核心的两类解释变量是生物遗传(天性)和环境(教养)。在早期,研究者争论的是人格或者心理发展到底是天性还是教养造成的,即著名的天性与教养之争;随后,研究者承认了二者的作用,探讨了这两类因素的相对影响力(Pervin, 2003)。针对二者的相对影响力,不同流派的理论家所持的观点完全不同。不同文化或社会的个体在人格上有诸多相似的特征,特质论者和进化论者认为,人格发展在更大程度上取决于生物、遗传或者进化等因素的影响,致力于解释生物因素对人格相似性的决定作用。与此同时,同一文化或者社会的个体在人格上又有诸多不同的特征,环境论者侧重于探讨环境因素对人格差异性的决定作用。当代研究者(如行为遗传学者)倾向于认为,生物因素和环境因素对人格具有交互影响。此外,其他取向的研究者指出,在人格发展的过程中,个体也有充分的主动性,强调认知、动机等内在因素对人格发展的推动作用。本章将逐一回顾相关的理论观点以及研究证据。

5.1 人格发展的实体论

在发展心理学历史上,天性与教养之争以不同的形式持续了很多年，当代发展心理学家多半持相对温和的折中观。但在当前的人格发展研究中，研究者似乎仍然持比较坚定的实体论或者环境论，同时各自积累了大量的支持证据。在实体论中，比较典型的是大五人格理论和进化论。我们将回顾其理论观点以及支持证据。

5.1.1 特质理论

早期的特质论者一致认为，人格特质是有生物基础的思想、情感和行为倾向，有基因预设的发展轨迹（Allport, 1937; Eysenck, 1967; McCrae et al., 2000）。艾森克生物类型理论首次详细指出了人格的三个维度——外向性、神经质和精神质背后的神经生理基础和遗传基础。大五人格理论根据已有研究证据明确提出大五人格特质的生物本质。这些理论假设得到行为遗传学和生理学证据的支持。接下来，我们将重点回顾上述两个理论的基本观点以及相关的实证证据。

艾森克生物类型理论。在特质理论中，艾森克对人格的生物学基础作出了明确的论述。艾森克指出，外向性的个体差异主要由大脑皮层中枢神经系统，尤其是上行网状激活系统的活动引起（Eysenck, 1967）。具体地说，外向者大脑皮层抑制过程比较强但兴奋过程比较弱，对刺激有更强的耐受力，因此对刺激的反应比较弱，渴望强烈的感觉刺激（如大声的音乐、明亮的颜色、酒精、性活动等），更积极地追求社会关系，更容易在任务中感到倦怠；内向者大脑皮层唤醒水平高，会将刺激输入夸大化，对刺激的反应迅速并且强烈，因此只能忍受微弱的刺激（Eysenck & Eysenck, 1985）。更形象地说，艾森克认为，对于所有的个体，刺激强度和情绪体验呈倒U形的关系：对内向者而言，很小的刺激强度就可以给个体带来最大程度的积极情绪体验；但是对外向者而言，需要很大的刺激强度才可以带来最大程度的积极情绪体验（见图 5－1）（Eysenck & Eysenck, 1985）。神经质的个体差异在很大程度上取决于边缘系统，高神经质个体的边缘系统激活阈限较低，交感神经系统敏感性较强，对微弱的刺激也会有过度的反应，在压力状态下会有强烈的焦虑反应。精神质与精神分裂症高度相关，并且在一定程度上可能与雄性激素有关

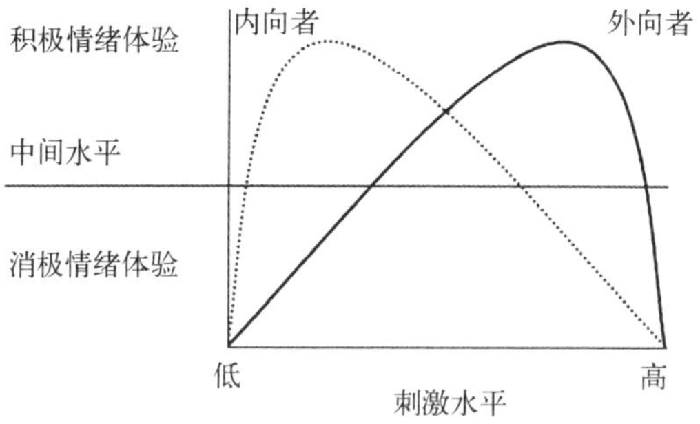

图 5-1 外向性、刺激水平与情绪体验的关系(Eysenck & Eysenck, 1985)

(Eysenck & Eysenck, 1985)。

后续研究支持了艾森克有关外向性的理论假设。有研究者发现,在安静的环境下内向者和外向者的阅读成绩并无显著差异,但是如果在阅读过程中播放音乐或者观看电视剧,内向者的阅读成绩远差于外向者,相似的结果在回忆图片任务中也得到重复(Furnham & Bradley, 1997; Furnham, Gunter, & Peterson, 1994)。其他研究者发现,内向者更喜欢刺激偏少的学习环境,坚持性会更好;外向者更喜欢刺激丰富的学习环境,以获取更丰富的听觉、视觉刺激,有更多社交的机会,但是需要更多的学习间歇或休息停顿,在警觉任务中更容易犯错(Campbell & Hawley, 1982)。要求不同性格的个体根据某假想人物的业务信息判断此人应聘公司总裁成功的可能性,如果要求被试在 30 秒内作出判断(高压力条件),那么内向者作判断时利用的信息较少,因为过量的信息会让内向者思维混乱;如果要求被试在需要的时间范围内作出判断(低压力条件),那么两类被试都最大限度利用了已有信息。行为遗传学证据也显示,艾森克人格问卷中,同卵双生子外向性的相关系数为 0.42~0.61,异卵双生子的相关系数只有 0.17;同卵双生子神经质的相关系数为 0.38~0.53,异卵双生子的相关系数只有 0.11(Eysenck, 1967)。有研究分析了若干不同年龄的双生子样本,结果发现外向性、神经质和精神质的个体差异在很大程度上受到基因的影响,而且基因的效应在成年期保持稳定(Loehlin & Martin, 2001)。另一项研究发现,外向性、神经质和精神质的遗传率大约为 0.40～0.50,而遗传率的大部分变异可以由基因解释(Bratko & Butković, 2007)。

大五人格理论。大五人格理论者(McCrae et al., 2000)指出,大五人格特质是内源性的基本倾向,完全不受环境因素的影响。但近年来,由于环境效应相关证据的积累,大五人格理论研究者对这一理论作出了修改,认为大五人格特质虽然是内源性的基本倾向,但是如果基础的外在过程、生活事件和人为干预影响人格特质的生理基础,那么大五人格特质也会发生改变。这就是说,人格在生理成熟后会保持稳定,环境因素只能通过影响人格的生物基础对人格产生较小的间接影响(McCrae & Costa, 2008)。因此,大五人格理论也算是生理成熟论,认为大五人格特质由于生理的自然成熟过程在成年早期之前会表现出较大的变化,是先天气质随年龄变化的外在体现,但在成年期后则不会有太大的变化,成年期的改变只是短期环境、系统和随机误差作用的结果(McCrae et al., 2000)。

关于大五人格发展的生物基础,目前已经得到行为遗传学研究者的支持。行为遗传学证据强调,基因是人格一致性的重要决定因素(Griffin, Mroczek, & Wesbecher, 2015)。早期的行为遗传学研究主要包括双生子研究、收养研究等。例如,一项双生子研究对同卵和异卵双生子的人格进行了 10 年的纵向追踪,结果发现外向性和神经质的一致性系数大约在 0.40～0.70 之间(McGue et al., 1993)。对人格遗传率的横断研究发现,不同年龄组的人格遗传率没有显著差异。对 15 项基因研究的元分析和纵向研究(Kandler, 2012; Kandler, Bleidorn, et al., 2010)发现,外向性和神经质的遗传率会随年龄变化(见图 5-2):外向性的遗传率在 40 岁之前不断升高,随后则不断降低;神经质的遗传率随着年龄有不断下降的趋势。一项研究(Bleidorn, Kandler, Riemann, Angleitner, & Spinath, 2009)发现,控制测量误差之后,基因在很大程度上解释了个体在中年期 10 年中神经质、随和性和尽责性的稳定性和改变。使用多种方法(如自我报告法、他人评定法)的纵向行为研究发现，在控制了误差和方法变异后，大五人格特质及其子维度有更高的遗传率，揭示了基因对大五人格特质的发展有很大的决定作用（Kandler, Riemann, et al., 2010; Riemann, Angleitner, & Strelau, 1997）。

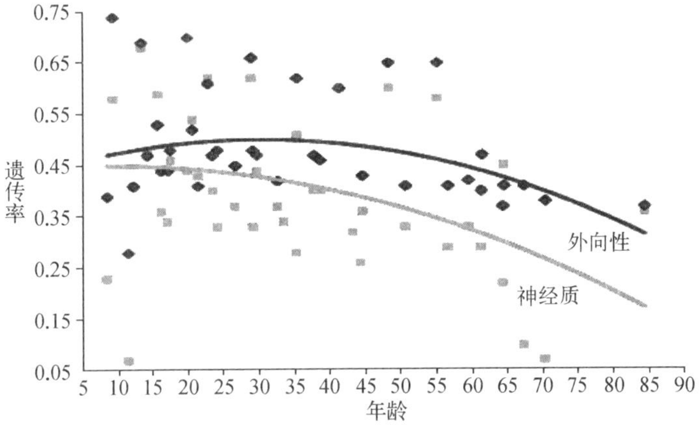

图 5-2　人格特质的遗传率与年龄的关系（Kandler, 2012）

近年来，有研究者指出，遗传率并不完全是基因作用的结果，也不是预测人格改变或者人格一致性的重要指标，在刺激匮乏的环境中尤其如此。有研究（Turkheimer, Haley, Waldron, D'Onofrio, & Gottesman, 2003）表明，智商遗传率中 60%的变异来自共同的环境，基因的作用基本为 0，但是在富裕的家庭，智商遗传率中 80%的变异来自基因。因此，后续的行为遗传学研究开始转而研究基因与环境的一致性。有研究发现，从儿童期到青少年期会不断有新基因出现，基因的一致性远小于 1，基因会有较大程度的变化性，并导致儿童期和青少年期气质结构或者人格特质的等级一致性相对较低以及平均水平变化较大（Spengler, Gottschling, & Spinath, 2012）。其他证据表明，在青少年晚期和成年早期，基因的稳定性会增强，到成年中期和老年期有相当大程度的稳定性，这可以解释成年期人格特质的稳定性水平不断上升（Hopwood et al., 2011; Read, Vogler, Pedersen, & Johansson, 2006）。如图 5-3 所示，神经质的基因稳定性有随年龄上升的趋势，外向性的基因稳定性在儿童期和青少年期有上升的趋势，随后在成年期保持稳定，到老年期会有轻微的下降,到晚年期又有上升的趋势。这在很大程度上解释了神经质和外向性随年龄不断升高的等级一致性(Kandler, 2012)。

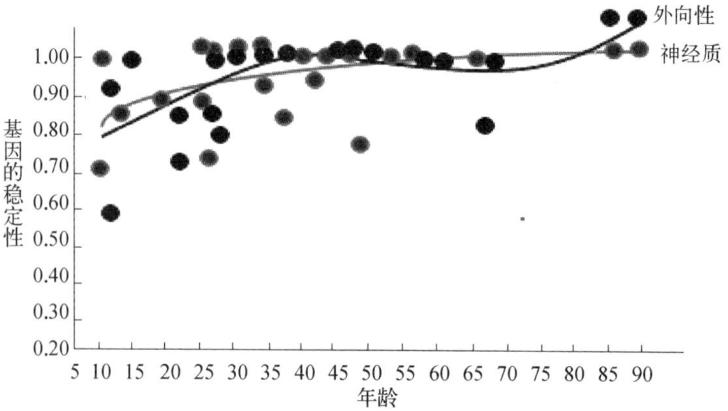

图 5-3 人格特质的基因稳定性(Kandler, 2012)

5.1.2 基因置位点理论

与大五人格理论的观点不同,有研究者提出基因置位点理论(Carey, 2002)。根据该理论,人格是一个动态平衡系统:基因决定人格特质的置位点(基线水平);而环境因素会导致人格特质的短期(几天、几周、几个月)波动,但从长期来看,人格的变化是可逆的,个体仍会回归到置位点(基线水平)。由于环境波动的效应随着年龄不断下降,因此人格的稳定性在一生之中不断上升,人格特质的水平也会越来越接近基因置位点(基线水平)。根据该理论,在较长的时间范围内,人格应该是更加稳定的。

基因置位点理论得到一些研究证据的支持。有研究表明,养育环境对成年期人格的很多子维度没有长期的影响(Kandler, Riemann, et al., 2010)。主观幸福感研究表明,个体的主观幸福感水平、积极和消极情绪水平相对稳定并由遗传因素决定。但是,积极和消极情绪会由于生活事件(如压力事件)而在短时间内偏离基线水平,生活事件结束后又会回到基线水平(Lucas, 2007; Suh, Diener, & Fujita, 1996)。其他研究显示,生活事件对神经质的效应是可逆的、短期的;时间较久远(6 个月至5年)的生活事件对神经质的影响远小于近期的生活事件(Riese et al., 2014)。但是,也有研究未能验证上述观点。有研究发现,随着测量时间间隔的增长,人格特质的稳定性在下降,而不是上升(Fraley & Roberts, 2005)。

5.2 环境论

与基因对人格一致性的作用相比,环境对人格一致性的影响是复杂多样的。例如,组织—适应取向的研究者(Sroufe et al., 1993)认为,个体在发展过程中面临一系列不同的发展任务,个体的人格特质在不同的人生阶段会以适应发展任务的方式表现出来,即人格的异质连续性。社会学取向的研究者(Caspi, 1987; Neugarten & Datan, 1973)提出,个体在人生的不同阶段会扮演由社会文化因素决定的角色,这些角色的相似性会导致个体的人格在一定程度上保持一致性,角色的新要求会导致人格随着年龄发生变化。进化取向的研究者(Bouchard, 1995)认为,生命历程本身是一种进化适应过程,人格变化与个体在毕生发展过程中需要处理的适应问题(择偶、生育、获取地位)关系密切。由上述理论假设可知,环境在人格发展中的效应是两方面的:一方面,环境特征有其稳定、连续的一面,会提高人格的稳定性;另一方面,环境常常会对个体提出新的要求,导致人格的变化(Hopwood et al., 2011; Kandler, 2012; Roberts, Walton, & Viechtbauer, 2006)。接下来,我们将分别回顾相关的理论和研究证据,探讨环境因素与人格一致性以及人格变化之间的关系。

5.2.1 环境与人格一致性的研究

在人格发展研究中,环境对人格一致性的影响是客观存在但又常常被忽略的效应之一。在日常生活中,如果亲子关系、师生关系、同伴关系能够长期保持稳定,那么不同环境所共有的特征如积极性和稳定性诚然会促进人格的稳定性。研究者也指出,由于父母的要求、教师的期望、同伴关系在个体一生中相对稳定,因此这些稳定的环境特征会促进人格的稳定性(Cairns & Hood, 1983)。这些常识和理论观点在行为遗传学研究和纵向发展研究中都得到了证实。

大量纵向研究显示,特定环境的心理特征(如家庭的教养方式)有很大程度的一致性,并且能够解释人格的一致性。有研究表明,个体在社会环境中面临的心理压力和父母报告的教养方式表现出很高的连续性;更重要的是,环境特征和人格特质的连续性在幅度上相似,说明人格特质的稳定性有可能是环境因素保持高度一致性的结果(Pervin & John, 1999)。后续的行为遗传学研究进一步发现,在青少年期(12～16 岁),与外向性和神经质相关的环境特征相对更不稳定:对男性而言,与外向性和神经质相关的环境特征的稳定性分别为 0.18 和 0.12;对女性而言,外向性和神经质的环境稳定性分别为 0.17 和 0.36(Gillespie, Evans, Wright, & Martin, 2004)。其他研究发现,在成年早期(17～24 岁),与人格特质相关的环境特征相对不稳定,稳定性大约为 0.36;而在 24～29 岁,与人格特质相关的环境特征的稳定性大约在 0.56～0.60 之间(Hopwood et al., 2011)。到中年期,与人格特质相关的环境特征则会更加稳定,稳定性高达 0.70(Johnson, Vernon, & Feiler, 2008);但是在晚年期,与人格特质相关的环境特征会再次变得不稳定(Read et al., 2006),这在很大程度上和不同年龄阶段人格特质的一致性变化趋势相似(如图 5-4 所示)。

5.2.2 环境与人格变化的研究

在人格发展研究中,有关环境与人格变化的研究尤为丰富。行为遗传学研究(Kandler, 2012)考察了共享环境和非共享环境对人格变化的影响。其他取向的研究者(Roberts & Jackson, 2008)则深入研究了与年龄有关的常态任务、社会预期,尤其是新的社会角色和重大生活事件,在人格改变中的重要作用。接下来,我们将首先回顾与环境和人格发展有关的理论,然后逐一回顾上述领域的实证研究成果。

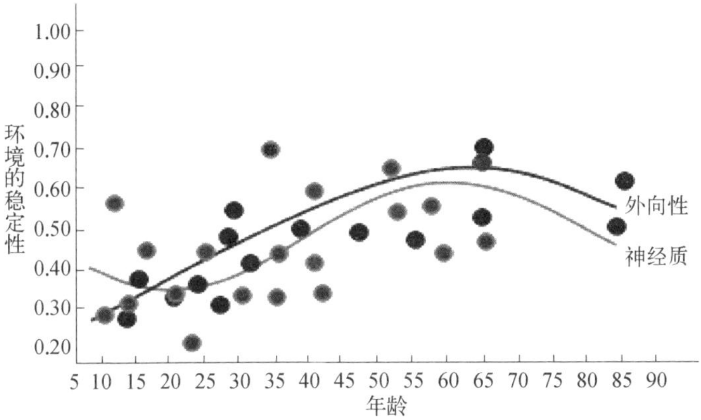

图 5-4 年龄与环境稳定性的关系(Kandler, 2012)

行为遗传学研究。人们通常认为,家庭成员的人格特征及其发展的相似性主要是共享家庭环境的产物。但是,有双生子研究和收养研究发现,家庭成员之间人格特征及其发展的相似性主要是基因的产物,人格特征及其发展的个体差异则是非共享环境的产物(Plomin & Daniel, 1987)。一项研究发现,同卵双生子在自陈人格问卷上的相关只有 0.50,其中 40%的人格特征的变异可以归因于基因,剩下的 60%的变异可以归因于非共享环境和测量误差(Plomin, Chipuer, & Neiderhiser, 1994)。

行为遗传学研究探讨了非共享环境与青少年人格以及发展的关系。例如,一项研究对 720 个多子女家庭进行调查,结果发现,同一家庭中的子女对家庭环境的报告只有中等程度的相关,这一结果在观察中也得到了证实,说明同一家庭中有明显的非共享环境(Reiss, Neiderhiser, Hertherington, & Plomin, 2000)。其他研究(Vernon, Jang, Harris, & McCarthy, 1997)发现,在 143 对成年同卵和异卵双生子以及非双生兄弟姐妹中,自主性的差异与环境中的他人反应以及兄弟姐妹的不同经验有关。在非双生兄弟姐妹中,自主性的差异与对环境的反应(如隐私需要、刺激寻求等)、兄弟姐妹的不同经验(如兄弟姐妹的照顾、亲密度),以及家庭环境(如冲突、凝聚力、情感表达等)有关。神经质的个体差异与家庭环境因素有关,尽责性与知觉到的父母的情绪和控制有关。

生活事件研究。就生活事件对人格变化的影响,研究者从不同的取向研究了各种生活事件与人格改变的关系。其中,比较典型的是生命过程理论(life-course theory),该理论尝试从生命过程的观点揭示人生阶段、生活事件与心理变化之间关系的内在机制(如图 5-5 所示)。根据生命过程理论,生活事件包括四个成分:先前的生活事件压力源、调节因素、社会心理适应、适应的结果。具体地说,在面临压力事件时,压力事件对于个体的心理意义会受到先前生活事件压力源和调节因素(如个人资源、外部资源)等的影响,然后个体会根据客观事件的心理意义对事件进行评估和应对以适应此生活事件,最终促使人格或者其他心理功能的积极或者消极改变(Hultsch & Plemons, 1979)。这一心理过程不仅受到人生阶段的影响,而且受到社会历史背景的影响。正如其他研究者(Neugarten & Datan, 1973)所说的,人格发展从本质上取决于生活事件发生时个体对社会历史和个人环境的分析;随着时代的发展,成人角色和自然年龄之间的关系变得越来越不同。因此,结婚、丧偶和工作在人生的不同阶段以及不同社会文化背景下意义完全不同。例如,20 世纪早期,20 岁结婚可能属于晚婚的范畴,是非常态事件;但在 20 世纪晚期则是社会的常态事件;在当前则可能属于早婚的范畴,又重新成为非常态事件。丧偶在晚年期是常态生活事件,但是在成年早期则是非常态生活事件。

以生命过程理论框架为基础,大量研究探讨了不同类型的生活事件与人格变化之间的关系。早期的研究者认为,重大生活事件(如丧偶、离婚)会给个体带来巨大的压力,迫使个体改变人格。例如,有研究发现,离婚会导致女性尽责性的上升和支配性的下降(Roberts & Bogg, 2004);会导致男性攻击行为的增加、冲动性的上升,以及自控力和受欢迎程度的下降(Block, 1993; Block, Block, & Gjerde, 1986)。相似地,丧偶会导致个体的神经质水平急剧上升随后下降;同时会导致女性尽责性下降和男性尽责性上升(Mroczek & Spiro, 2003; Specht et al., 2011)。

后续的大量研究开始关注常态生活事件或者生活任务(如结婚、生子)和社会角色对人格正常发展的促进作用。有研究表明,在青少年期,发展第一段恋爱关系与情绪稳定性的升高以及尽责性的降低有关,友谊

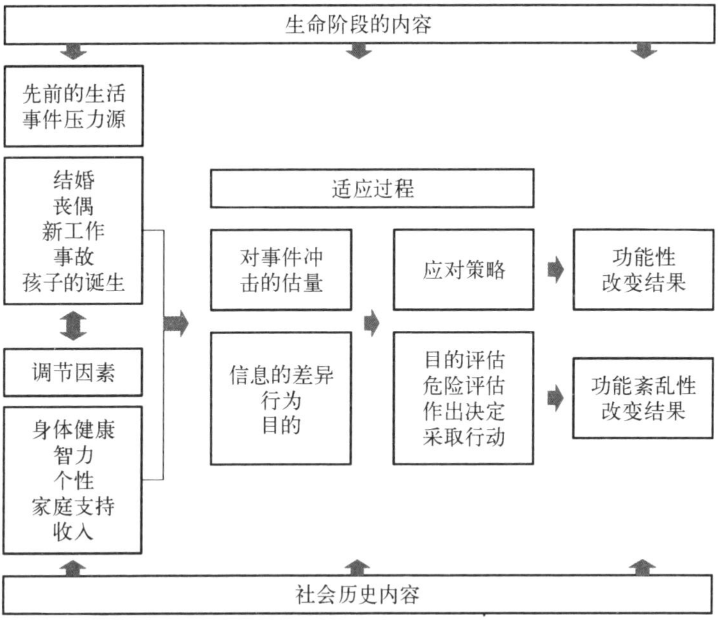

图 5-5 生命过程理论(Hultsch & Plemons, 1979)

关系的质量与情绪稳定性、随和性和外向性呈正相关,来自家庭的支持与随和性的升高有关(Branje et al., 2007; Neyer & Lehnart, 2007)。在成年期,保持稳定和满意的人际关系、获得积极的工作体验与情绪稳定性以及尽责性的升高有关(Roberts et al., 2001);在工作中获得高社会地位与男性化水平的升高和女性化水平的降低有关(Kasen, Chen, Sneed, Crawford, & Cohen, 2006)。

也有一些研究关注在非常态环境(如移民、留学)或者非常态时间(如非常态年龄)下发生的生活事件对人格的影响。例如,有研究(Liu & Huang, 2015)发现,在留学生人群中,最初的外向性和外向性的改变速度可以很好地预测跨文化适应、学校满意度和退缩想法。外向性负向预测留学背景下外向性的变化速度:高外向性的个体在留学期间外向性的变化速度较慢,低外向性的个体在留学期间外向性的变化速度则较快。其他研究(Luhmann, Hofmann, Eid, & Lucas, 2012)表明,事件发生在非常态时间(如更年轻或者更老的时候)会比发生在常态时间对主观幸福感产生更大的影响。某些常态事件的不发生也会对人格产生重要影响。其他研究显示,成年期保持单身与自尊的下降呈正相关(Lehnart, Neyer, & Eccles, 2010)。但是,关于常态事件不发生的研究相对较少,值得研究者进一步探讨(Roberts et al., 2008)。

有研究者(Roberts et al., 2005)强调社会角色在诸多环境影响因素中的核心地位:社会角色对人格的改变不仅在于接受新的社会角色,而且在于如何处理这些新的角色及其相关挑战;二者对人格都有塑造作用。具体地说,社会角色主要通过以下四种机制来影响人格:(1) 角色塑造,角色会为行为提供奖惩的依据;(2) 观察他人,个体会通过模仿他人的角色或者行为改变自己的人格;(3) 聆听他人,他人会为个体提供人格改变的反馈;(4) 角色预期和要求,角色本身会规定个体如何行动(Roberts et al., 2008)。当开始第一份工作时,人们会通过观察他人(如父母、指导者、朋友)或者他人对自己角色行为的反馈学习到一系列有关工作角色的预期和要求,进而指导个体表现出或者承诺某些工作行为,最终促进个体的人格朝着职业角色要求的方向发展。研究者发现,人们普遍认为,管理者应该勤勉、认真、坚定、公平、灵活、理智。如果冲动的个体承担管理者角色,那么人们可能会期望其改变冲动的人格(Pervin & John, 1999)。

5.3 基因、环境和人格发展

正如第一章和本章开头所谈到的,早期的发展心理学研究者比较关注基因和环境的纯效应,但现在越来越多的研究者开始意识到,基因和环境的效应并不是彼此独立的,简单将二者相加并不能解释人格发展的全部。正如班杜拉所说,我们每个人既是环境的创造者,也是环境的产物(Bandura, 2001)。有研究者(Kandler, 2012)提出,基因和环境对人格发展的复杂作用至少包括两类:一是基因与环境相关;二是基因与环境交互作用。研究者就基因与环境的相关已经积累很多实证研究证据。

5.3.1 基因环境相关与人格一致性

基因与环境的关系很复杂。有研究者指出，人格的稳定性有随年龄而升高的趋势，这在很大程度上反映了基因与环境的相关，也叫个人—环境相互作用(person-environment transaction)，即基因与环境的相互促进过程，基因会促进个体主动选择或者塑造特定的环境以更好地表达自己的基因风格，环境也会选择具有特定基因风格的个体以强化该基因的表达。这个过程更像是“同化”过程，个体通过选择或者改变环境来保持自己已有的人格和自我。研究者(Buss，1987；Plomin，DeFries，& Leohlin，1977)指出，基因与环境的相关主要有三种：反应型相互作用(reactive transaction)、诱发型相互作用(evocative transaction)和主动型相互作用(active transaction)。接下来，我们将逐一回顾上述三种基因与环境的相关。

反应型相互作用。它是指个体根据所经历的客观环境来建构主观的心理环境(如自我图式、工作模型)，促进个体选择性注意、解释和记忆与主观心理环境一致的信息，过滤与其不一致的信息，最终强化个体初始的人格(Pervin，2003)。这个过程又被称作“自我实现的预言”，即如果认为其为真，那它就会成为现实，这在很多经典人格理论如现实自我理论(Epstein，1991)、自我脚本理论(Tomkins，1979)、依恋理论(Bowlby，1980)中都有涉及。根据上述理论，后续的研究者(Crick & Dodge，1994)指出，个体的自我图式或者心理建构一旦形成，就会以与自我图式一致的方式进行社会认知加工，包括编码事件信息、解释环境线索的心理意义和重要性、寻找与情境有关的应对反应、评价反应带来的可能后果、执行选择的反应，导致个体更加保守，更加抗拒环境带来的变化，以维持人格特征带来的个体差异。

研究者(De Castro，2000)指出，有反社会倾向的个体会有较强的敌意归因，倾向于将中性情境解释为不尊重的情境，倾向于对他人作出攻击反应。此外，上述社会信息加工过程可能是无意识的。其他研究表明，无意识启动情绪，个体虽然对情绪的变化并无察觉，但是会表现出与情绪一致的行为。如果个体被无意识启动愧疚情绪，那么会表现出更少的沉溺行为(Zemack-Rugar, Bettman, & Fitzsimons, 2007)。个体与重要他人关系的人际体验(如情绪体验、依恋风格)会迁移到成年期的婚恋关系或者其他人际关系之中(Andersen & Baum, 1994; Brennan & Shaver, 1995)。依恋研究(Brennan & Shaver, 1995)表明,早年安全型依恋的个体更容易发展出幸福、友爱、信任的成人婚恋关系,回避型依恋的个体与情绪化、忌妒、害怕亲密有关,焦虑依恋的个体与成人婚恋关系中的占有欲、渴望亲密、极端的性吸引力、情绪化有关。移情研究(Andersen & Baum, 1994)表明,如果一个陌生人与个体的重要他人有相似之处,那么个体会将对重要他人的情绪和认知转移到陌生人身上。

诱发型相互作用。它是指个体不同的人格特征会有意或者无意造成他人特定的反应,进一步强化自己的人格倾向(Pervin, 2003)。诱发型相互作用的典型例子是人际交往中的互补原则。具体地说,在人际交往中,个体在支配—服从维度上的行为倾向于引起或者激发交往对象表现出相反的行为,个体在亲和维度上的行为则倾向于引起或者激发交往对象表现出相似的行为;对方的行为都将进一步强化个体原本的行为或者性格特征(Sadler, Ethier, & Woody, 2011)。也就是说,个体的支配行为会带来交往对象的服从行为,而个体的服从行为会带来交往对象的支配行为,面对对方的支配行为,个体不得不服从或者退让,正如日常生活中所谓的“敌进我退,敌退我进”的说法。个体的友好行为会带来交往对象的友好行为,对方的友好又会进一步强化个体的友好品质;个体的敌意行为会带来交往对象的敌意行为,对方的敌意又会激怒个体,导致个体进一步表达敌意,正如日常生活中所谓的“将心比心”“冤冤相报”的说法。

研究证据证实了诱发型互动在人格一致性中的作用。有研究表明,攻击行为会引发互动对象的敌意行为,支配行为则会引发互动对象的顺从行为(Dodge & Tomlin, 1987)。这两类行为更可能会导致婚姻关系的破裂(Roberts, Kuncel, Shiner, Caspi, & Goldberg, 2007)或者充满敌意和不满的人际关系,最终进一步强化个体的攻击行为和支配行为(Watson et al., 2004)。在家庭中,儿童自身的攻击性人格会导致父母的惩罚和消极反馈，进而导致儿童表现出更多攻击行为，通过这种双向作用，高攻击性的儿童最终会发展出行为障碍(Lytton, 1990)。其他研究发现，面部表情可以向他人传递个体当前的感受以及可能的行为倾向，在人际关系中可以诱发他人作出与自己人格一致的反应，进一步强化个体的人格发展(Keltner, 1996)。例如，高外向性的个体会有更多积极的情绪和愉快的表情，在社交场合会表现出更多积极的情绪，在诱发他人积极情绪的同时也会促使他人作出积极的行为反馈，进而强化个体的积极情绪。通过观察者评定、教师评定和儿童互评等不同的方法，研究者发现，在学前儿童中，安全型依恋的儿童比其他儿童更积极加入同伴团体，与同伴的互动也更为积极。安全型依恋的儿童引发了教师的关爱行为，抗拒型依恋的儿童引发了教师的过度关怀和照顾行为，回避型依恋的儿童引发了教师的控制行为和偶尔的愤怒行为(Sroufe et al., 1993)。易怒、自制力差的个体在青年期被雇主解雇的风险更大，也更容易长期失业，更缺乏其他就业机会(Kokko & Pulkkenen, 2000)。在实验室研究中，研究者通过挑衅行为激发被试的攻击行为，这也是诱发型相互作用的范例(Anderson, Buckley, & Carnagey, 2008)。研究者提出了分析这种相互作用数据的统计方法(如社会关系模型分析)，以了解家庭或者人际关系中不同成员如何相互影响促进彼此人格的连续性(Cook, Kenny, & Goldstein, 1991; Kenny, Kashy, & Cook, 2006)。

主动型相互作用。它是指个体主动选择或者创造环境，以更好地保持自己最初的人格(Pervin, 2003)，主要包括吸引(attraction)、选择(selection)和操纵(manipulation)三种形式。**吸引**是指个体会被与自己人格一致的环境吸引(Roberts et al., 2008)。从本质上说，吸引很像生活中所说的"择巢效应"，也是"良禽择木而栖"的意思。例如，外向的个体喜欢社交场合，喜欢参加集体活动，喜欢那些与人打交道的工作(如社会工作、销售)。在恋爱和择偶的时候，外向的个体也倾向于选择那些喜欢他们性格的异性(Botwin, Buss, & Shackelford, 1997)。

选择是指个体会因为自身的人格而被匹配的环境选择(Roberts et

al.，2008)。选择和日常生活中的“选聘效应”类似。例如，在申请工作的时候，外向的、尽责的、情绪稳定的申请者更容易被用人单位选中(Cook，Vance，& Spector，2000)。在日常生活中，随和的、情绪稳定的、开放的个体更容易被选为朋友(Watson et al.，2004)。其他研究(Caspi & Herbener，1990；Ennett & Bauman，1994)发现，朋友以及夫妻在身体特征、价值观、态度和行为等方面彼此相似，不是彼此影响导致相似，而是一开始就选择与自己相似的个体，创造强化已有人格或者行为倾向的环境，形成稳定的行为规范和社会关系，进一步巩固已有的行为模式，促进彼此人格和社会关系的稳定性。

操纵是指个体主动改变或者塑造周围的环境，以使环境与自己的人格更为匹配。关于操纵最典型的例子就是，如果个体认为当前的工作或者恋爱对象与自己的性格和偏好不匹配，那么会直接更换工作或者结束恋爱关系，也可以通过改变环境或者对方以保持自己的人格。例如，有研究(Buss，1987)发现，个体在亲密关系中通常通过改变或影响对方以最大程度维持自己已有的人格。个体可以通过说理、表扬、退行、沉默等策略来操纵或者改变亲密关系，以保持自己人格的稳定。外向的个体更倾向于通过表扬和说理操纵他人，神经质的个体更倾向于通过退行和沉默操纵他人。在工作场所，成功的、支配性高的个体更可能通过雇用、解雇、提高员工福利来影响环境。

此外，个体还会主动按照自己的性格塑造虚拟环境(如Facebook/脸书)或物理环境(如卧室、办公室)来显示和保持自己的人格。具体来说，研究者指出，个体对环境的操纵行为包括两类：一是身份象征，个体会以希望被关注的形式装饰自己的虚拟环境和物理环境，以给他人留下预期的印象，强调自我的独特性；二是行为残留，个体会有意或者无意地留下一些行为痕迹，以改变自己周围的环境(Gosling，2008)。例如，研究者发现，根据个人空间(如办公室、卧室)和个人主页判断人格的准确性介于短期交往和长期交往中他人报告的准确性之间，提供了与长期交往一样丰富的人格信息，但不能提供短期交往中了解到的人格信息(Gosling，Ko，Mannarelli，& Morris，2002；Vazire & Gosling，2004)。对

Facebook 的判断研究显示，与自我报告相比，根据 Facebook 个人主页判断大五人格（除神经质以外）也有较高的准确性和一致性（Back et al.，2010）。一项研究（Marshall，Lefringhausen，& Ferenczi，2015）发现，外向的个体更常更新社会活动信息；开放性与更新知识性话题有关，自尊与更新婚恋关系话题有关；自恋的个体更可能更新与自己的成就、饮食和运动有关的信息。

5.3.2 基因环境交互作用与人格改变

前面谈及很多环境因素（如生活事件、社会角色），从整体上看它们会塑造个体的人格，但是环境对人格发展的塑造作用会因为个体本身与基因有关的气质或人格而存在很大的个体差异，这就是说，个体与环境因素会发生交互作用，共同决定个体的行为和人格发展轨迹。这一点在儿童发展心理学研究中得到普遍认可。基因对人格的影响在特定的环境中会被激活或者抑制，不同个体对相似环境的敏感性有明显的个体差异，而敏感性在很大程度上由基因决定（Rutter et al.，2006）。我们将在下面的内容中简单回顾相关的实证研究成果。

早期关于行为抑制的研究（Kagan，1994）是基因与环境交互作用的典型代表。根据该研究的结果，行为抑制主要表现为在陌生情境中表现出较多的情绪困扰，与成年期的内向性、害羞、情绪稳定性密切相关。此外，父母的教养方式会导致个体成年后害羞等品质的个体差异。如果父母有意识地让抑制型儿童接触新环境，并提出严格、一致的要求，不过分保护，那么抑制型儿童会改变最初的行为抑制；当抑制型儿童对陌生环境感到困扰时，如果父母帮助其回避陌生环境，那么抑制型儿童的行为抑制会有增强的趋势。基因与环境交互作用在其他人格变量中也存在。例如，有研究（Krueger et al.，2008）表明，基因对积极情绪性和消极情绪性有很强的决定作用，但是如果个体很少受到父母的关注，那么上述基因效应会大大减弱。

5.4 自我功能与人格发展

除了基因、环境以及二者之间的复杂关系，其他人格研究者还指出，个体在人格发展中是主动的，个体的认知和自我调节等因素也是决定人格发展的重要力量（Hennecke et al.，2014；Whitbourne，1986）。其中，比较典型的是人格发展的毕生建构模型（life-span construct model）和人格发展的自我调节三成分框架（three-part framework for self-regulated personality development），前者与人格的一致性关系密切，后者与人格的改变关系密切。接下来，我们将回顾这两个模型以及相关的实证研究。

5.4.1 毕生建构模型与人格一致性

根据毕生建构模型的观点（Whitbourne，1986），每个人都有明确的毕生建构，即对自己和毕生的生活应该如何发展的认识，包括特定情境（对未来特定情境的期望）和生活故事（对人生整体的叙事）。由于毕生建构是个体根据所在文化的年龄规范以及社会期望发展出来的，因此受到社会文化的巨大影响。具体地说，该模型区分了两种不同的自我同一性：核心同一性和表面同一性。与其他理论（如埃里克森的自我理论）相似，个体的核心同一性在青少年期已经形成并逐渐稳定下来，是个体特征和早期客体关系共同作用的结果。在整个人生过程中，核心同一性的重要作用在于，个体在任何时候都会以核心同一性为基础，根据社会文化的年龄规范以及社会预期，不断发展和调整自己的毕生建构。

与其他理论不同，毕生建构模型认为，除了核心同一性之外，个体还拥有表面同一性，即个体在特定的年龄或者人生阶段对自我的认同感。表面同一性是核心同一性通过毕生建构转化而来的更加表面、更加外显的自我认识。在整个人生过程中，个体会在表面同一性的指导下对每个年龄阶段经历的客观生活事件或者环境影响进行相应的加工和理解，从而影响个体的发展和适应结果，包括人格发展（如图 5－6 所示）。研究发现，随着年龄的增长，人们对自己的人格特质、兴趣、能力以及生活故事的认识和理解更加清晰(Helson, Stewart, & Ostrove, 1995)，这与心理幸福感、自尊水平和人格一致性都有正相关(Donnellan et al., 2007)。

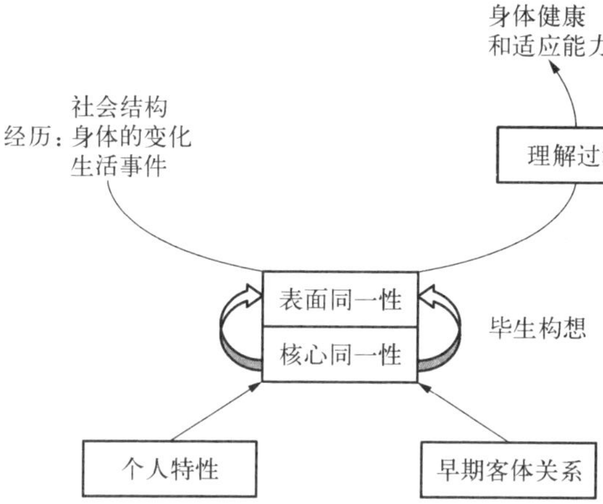

图 5-6 毕生建构模型(Whitbourne, 1986)

其他研究者也提出同一性发展原则(identity development principle)，即随着年龄增长，个体会发展、承诺并保持同一性。也就是说，对自己人格的元认知会促进更高的人格一致性(Roberts et al., 2008)。也正是因为拥有清晰的自我同一性，所以个体会倾向于选择与自己的性格、价值观、能力相匹配的角色，或者塑造不一致的角色以更好地适应自我认知，最终促进人格一致性随年龄而提高(Roberts & DelVecchio, 2000)。换句话说，与个体的自我同一性对应或者一致的生活经验常被个体看作对自我的验证或者奖励，会促使个体进一步细化原有的人格特质，这也叫作对应原则(corresponsive principle)(Roberts et al., 2004)。此外，个体承诺与人格特质一致的目标或者角色，而不是其他目标或者角色，这可能是因为个体倾向于认为与人格特质一致的目标或者角色更理想、更可行(Roberts et al., 2008)。

有研究者(Roberts et al., 2008)指出，在自我同一性的作用下，人格一致性可以通过以下四种机制维持下来。(1) 自我证实、自我奖励等促进人格一致性的机制强于促进人格改变的机制。例如，个体会有意识地寻求周围人的认同(如寻找志同道合的人肯定自己的行为)或者选择性地加工与自我认同相关的信息(如只注意与自我认同一致的信息,忽略与自我认同不一致的信息),以抗拒自我的改变。(2) 自我同一性的复杂性会促使个体被动地等待人格改变压力的消失。例如,行政工作需要个体有服务精神、友善礼貌;但个体会努力寻找其他的可能性(如可能期待更换领导改变工作氛围),以避免自身的改变。(3) 自我同一性可能会影响个体的生活经历,导致个体更难有改变的机会或者更难做出改变的行为。例如,害羞的个体可能会有动机寻求改变,学习接近他人,但同时会害怕被拒绝或者担心自己缺乏社交技巧,这些矛盾的性格特点会导致个体无法对社交环境对个体提出的要求作出任何调整或者反应(Arkowitz, 2002)。(4) 自我同一性会促使个体通过一些社会认知因素改变对环境的重要性、相关性和心理意义的知觉,以保持人格的一致性。具体地说,个体会通过顺应(改变自我评价标准以适应环境)、最优化(强调目标和活动与自我的优势关系)、选择(选择与自我一致的环境)、防御(拒绝或者否认那些与自我不一致的证据)、免疫(远离那些与自我不一致的证据)等认知机制维持相对一致的自我观以及人格(Baltes & Smith, 1997)。例如,自恋的个体得到他人的负面反馈,会倾向于认为对方是敌意的、刻薄的,或者贬低关系的重要性,质疑对方提供有效反馈的能力,拒绝承担责任,拒绝通过改变自我来改善现状(Locke, 2009)。有研究证据显示,当个体知觉到的新信息与自我知觉矛盾时,无论新信息是积极的还是消极的,个体都会比较焦虑。为了避免过度焦虑,个体会无意识地过滤掉那些自己不能接受的想法或者愿望,以及威胁自尊和自我整合的信息,以促进更好的社会适应和自我功能(Davidson, Macgregor, Johnson, Woody, & Chaplin, 2004; Swann, Pelham, & Krull, 1989)。

5.4.2 自我调节三成分框架与人格改变

自我调节三成分框架(Hennecke et al., 2014)指出,成年期常态的人格改变至少部分是人们主动追求人格改变的产物,在很大程度上受到目标状态、理想特质、动机和自我调节过程的影响。自发的人格改变有三个前提条件：(1) 个体有意愿改变自己的人格；(2) 个体自认为有能力改变自己的人格；(3) 将行为改变转化成稳定的行为习惯(如图 5－7 所示)。通常来说，个体最初的人格改变多半是为了达成特定的目标而在特定的生活领域内发生。当一个领域内的行为或者人格改变成为现实，改变会迁移到生活的其他方面(Roberts & Jackson, 2008)。

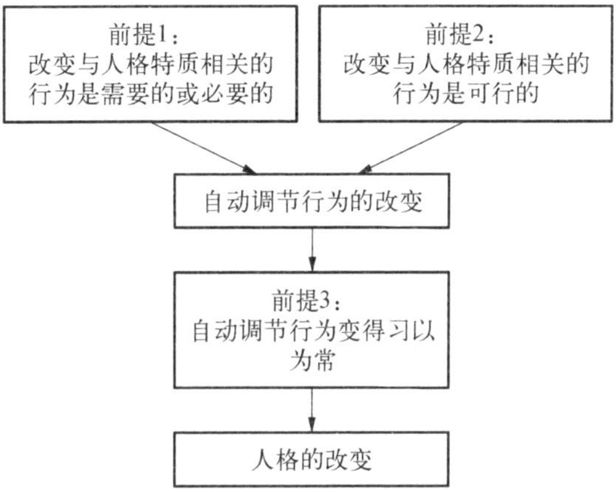

图 5－7　自我调节与人格改变(Hennecke et al., 2014)

个体拥有改变人格的意愿，也就是说，需要改变的某个人格特征以及相关的行为对个体来说必须是渴望或者想要改变的，只有这样，个体的人格发展才会有意图的成分，并且按照个体理想的方向发展。这些意图或者方向可以是趋近目标，也可以是回避目标；可以是比较宽泛的目标(如任何时候都保持情绪稳定)，也可以是比较具体的目标(如与领导和谐相处)。例如，一些人可能为了避免拖延或者回避失败，才认为尽责性是自己在工作中必须具备的品质；另一些人可能为了追求成功或者精益求精，才会在工作中努力变得更加尽责。个体可能为了与同事和谐相处或者营造高产的工作环境，才认为在工作中要保持随和友善的品质，也可能为了回避冲突带来的麻烦或者避免被投诉而尽量对同事保持友善(McCabe & Fleeson, 2012)。这就是说，无论背后的原因是什么，无论目标是宽泛的还是具体的，个体需要改变或者需要发展的特质及其相关行为，必须是他们认为有价值的目标。

这一点在理想特质研究或者理想自我研究中得到了很好的体现。例如，有研究表明，理想人格是生物因素、社会规范、环境要求等诸多因素共同作用的结果，因此随着年龄一直都在变化（Eagly & Chaiken, 1993）。相比于年轻人，老年人更可能将随和性和尽责性看作高社会称许性的人格特质，这一年龄差异解释了随和性和尽责性的年龄差异（Wortman & Wood, 2013）。其他研究也发现，人们期待老年人应该比年轻人更随和、更尽责、情绪更稳定，否则就会给人以异常感（Wood, Gosling, & Potter, 2007）。亲和特征在成年期择偶过程中的吸引力也在不断增强，这可能是因为社会文化假定亲和特征的社会称许性会随年龄增强（Brumbaugh & Wood, 2013）。

其他研究揭示了人格改变与人生目标之间的关系。有研究显示，与大五人格有关的人生目标也随年龄而不断变化，并且与大五人格本身的变化轨迹相似，说明大五人格的发展变化可能也是由相关人生目标驱使的（Lehmann, Denissen, Allemand, & Penke, 2013）。例如，青少年期和成年早期的人生目标是追求工作成就和建立亲密关系或者家庭，外向性会促进与人际交往有关的工作表现，尽责性和开放性会促进个体在那些需要严格训练的职业中的工作表现。因此，外向性、尽责性和开放性在青少年期和成年早期随着年龄有上升的趋势（Nurmi, Pulliainen, & Salmela-Aro, 1992）。在老年期，个体倾向于追求自我接受、情感亲密、社区贡献和内在奖赏，随着年龄的增长会更自信、更温暖、更有责任感、更冷静（Penningroth & Scott, 2012）。在晚年期，应对健康的衰退是最重要的目标，因此老年人的尽责性和情绪稳定性会随着年龄有上升的趋势（Hill & Roberts, 2011）。通过双生子样本发现，主导与亲和取向人生目标的重要性预测了五年内尽责性、开放性和外向性的变化（Bleidorn et al., 2010）。一项纵向研究发现，随着年龄的增长，个体会更看重与经济和人际关系相关的目标，因此随和性和尽责性也会上升（Roberts et al., 2004）。

从本质上说，知觉到的改变人格的能力是个体战胜习惯反应、建立理想反应的实际能力。根据操作定义,知觉到的改变人格的能力包括三个部分:(1) 正确找到与人格改变目标有关的情境,并且用新反应替代习惯反应的能力;(2) 战胜习惯反应、建立理想反应的意志力或者自我控制能力;(3) 监控目标进度、调整行为反应的能力(Hennecke et al., 2014)。有研究证据支持上述三个因素对改变人格的能力的决定作用。例如,如果个体对环境中的机会比较敏感,并且能够成功利用这些机会,那么在未来个体更可能成功找到实现某个目标所需要的资源(Ardichvili, Cardozo, & Ray, 2003)。自我控制可以预测个体对人生任务的掌控和人生的成功(Moffitt et al., 2011)。如果个体可以清楚地意识到自己的行为与目标之间的匹配程度,那么更可能出现预期的人格改变(Schraw & Dennison, 1994)。

行为的习惯化是指特定的情境反复与目标导向行为相联系,通过反复的条件作用,情境—行为就会建立自动化联结,即一旦出现特定的情境,有意识的目标追求就会变得更稳定、更有组织,最终更加无意识、自动化,个体不需要有意识的努力,就会表现出目标导向的行为(Aarts & Dijksterhuis, 2000)。对于这一点,研究者关注的问题是,为了某个目标而进行的行为改变是不是真正的人格变化。例如,为了寻找伴侣,个体把原来独处的时间用于参加社交活动,一旦目标实现,个体又重新恢复到原来的独处状态,这就不是真正的人格改变。因此,研究者指出,人格发展研究需要在多个情境多个时间点测量人格,只有在不同的情境和相当长的时间跨度内都可以观察到稳定的、一致的行为变化,才可以断定人格有真正的改变(Hennecke et al., 2014)。

该理论框架很好地解释了为什么自我调节带来的人格改变是有限的。具体地说,自我调节带来的人格改变非常有限,主要有五个原因。第一,个体都倾向于认为现有的人格特质是相对理想的,会抗拒人格的过度改变。例如,如果内向者表现出外向行为,虽然客观上享受到的乐趣与外向者一致,但主观上会低估外向行为的乐趣,这就阻止了他们变得更外向(Zelenski et al., 2013)。第二,为了维持积极的自我观,个体倾向于将负面经验或者失败归因于外在原因,导致个体无法看见人格改变的好处。例如，当发生人际矛盾时，自恋的个体倾向于认为这是对方的问题，而不是自己不够随和，导致自己看不到人格改变的必要性和可能的好处(Hennecke et al., 2014)。在充满矛盾的家庭长大的孩子会无法预期和平解决矛盾的可能性或者不知道和平解决问题带来的好处，导致他们无法改变自己的攻击倾向。第三，当行为与特质不一致时，个体需要额外的努力，耗费自我资源，这也会成为人格改变的障碍(Gallagher, Fleeson, & Hoyle, 2011)。有研究表明，即使意识到外向的行为是有好处的，内向者依然觉得外向的行为风格是不舒服的，会有更高的生理唤起，导致他们无法表现得更外向(Denissen & Penke, 2008)。其他研究表明，与特质不一致的行为会让人感到不愉悦，需要进行自我控制，会造成资源的耗竭，进而导致个体认为人格改变不具有客观的可行性，最终退行到原来的特质水平(Baumeister, Vohs, & Tice, 2007; Gallagher et al., 2011)。此外，如果个体缺乏必要的自我调节资源(如能量、注意力、时间、睡眠、积极情绪)，那么个体也很难改变自己的人格(Hennecke et al., 2014)。第四，个体可能无法预期与特质不一致的行为结果或者行为结果超出预期，进而威胁到个体的认知信念系统，使得个体抗拒改变(Hennecke et al., 2014)。第五，个体可以选择他们适应的环境，因此人格改变就是不必要的。例如，有研究显示，如果环境可以为个体提供稳定的资源，那么个体的人格特质会保持稳定，驱使个体更积极地寻求相关的环境(Gallagher et al., 2011)。

5.4.3 目标与人格改变

除了认知和自我调节因素，社会情感选择理论(Carstensen, 2006)还强调了目标在人格发展中的重要作用。根据社会情感选择理论的观点，随着年龄的增长，个体对时间或者生命的知觉会有明显变化，进而影响个体的生活目标以及生活的方方面面。在青年期，个体会觉得自己还有很多时间，自己的生命还很长，更加关注未来取向的目标(如知识寻求、自我拓展)。到了中老年期，个体会觉得自己的生命或者未来的时间是有限的，追求长远的目标开始变得毫无意义，会转而追求那些具有情感和个人意义的目标。虽然老年人追求情感意义具有相似性,但是社会文化背景(如文化程度、社会经济地位)会定义个人意义,决定个体的目标,进一步决定个体的生活轨迹和人格发展轨迹(Carstensen et al., 2003)。

已有研究证据显示,人生目标随着年龄的变化可以解释个体人格的改变。例如,一项跨文化的老龄化研究发现,大五人格特质的年龄差异在所有文化中都是相似的,即老年人比青年人有更高的随和性、尽责性和外向性,有更低的神经质和开放性。这是因为在所有文化中,上述人格特质可以帮助个体获取更多的积极情绪体验和更少的消极情绪体验,维持亲密关系,实现具有情感意义的人生目标。但是,在中国文化中,人情和悲观随年龄呈上升趋势,这是因为它们可以帮助个体更好地在中国文化中实现自己的人生目标(如维持面子)(Fung & Ng, 2006)。

5.5 小结与展望

本章重点回顾了人格发展轨迹背后可能的机制,包括遗传和环境的直接作用、遗传—环境的相关、遗传—环境的交互作用、认知和自我调节的作用等。研究者承认遗传和环境对人格发展的直接作用,当代的人格研究在此问题上也取得了一些令人吃惊的进展。例如,研究者通过纵向双生子研究发现了遗传率或者环境影响的一致性和变化,并尝试找出与人格发展相关的 DNA 片段等生物因素和各种生活事件等环境因素,进一步明确了生物因素和环境因素在人格发展中的直接作用。此外,当代的研究者深入探讨了基因与环境相互作用、相互影响的形式,进一步澄清了人格发展背后基因与环境复杂的作用机制。值得一提的是,研究者开始认识到个体因素(如认知和自我调节)在人格发展中的主动作用,发现了在人格发展过程中个体可以努力的空间。尽管已有的理论和研究针对人格发展的内在机制作出了相对深入的阐述,但是仍存在一些局限。

首先,虽然已有理论谈到了个体因素(如认知和自我调节)在人格发展中的作用,但是仍需要进一步细化。有研究者(McAdams & Olson, 2010)指出,在探讨个体对人格发展的作用时,应该充分考虑个体三种不同的角色:动机主体、自我叙事主体和社会行动者。但是,当前的研究重点关注了个体作为动机主体的作用,个体作为自我叙事主体和社会行动者的作用则少有文献涉及。未来的研究应该进一步探讨个体因素或者主观努力在人格发展中的作用,为后续的人格干预工作提供理论指导。

其次,已有的理论主要关注人格特质的发展和变化,但人格其他方面发展和变化的机制尚未可知。个体的自尊、自我表征、自我叙事、自传体记忆、目标等都会随着年龄而发生变化,但是对这些变化背后内在机制的探讨寥寥无几。因此,目前我们仍然不清楚为什么个体的自我概念、目标、人生故事会发生变化,基因、环境和个体会在这些变化中扮演什么样的角色。如前所述,社会情感选择理论谈及生命知觉在目标变化中的作用,值得进一步探讨的是生命知觉是否会影响其他人格结构的发展和变化,除了生命知觉是否还有其他变量在人格发展中发挥重要作用。未来的研究应该充分借鉴其他心理学分支中的理论进展,进一步探讨人格发展的内在机制。

最后,已有的研究相对比较忽略气质发展为人格的内在机制。正如上一章所提到的,在婴幼儿期,个体主要表现出积极情绪性、消极情绪性和主动控制三个气质维度。但是,上述三个气质维度如何不断细化并发展为成年期的大五人格特质,研究者如何将气质特征与人格的各个方面准确联系起来并操作定义其异质连续性,上述气质特征如何影响人格的其他方面(如目标、自我概念、自尊),哪些生物因素、环境因素或者个人因素会促使个体的气质不断复杂化和精细化进而发展为人格特质,这些都是研究者较少谈及的问题。未来研究可能需要发展心理学家和人格心理学家的通力合作,为上述问题提供详细、深入的答案。

6 人格发展与人际关系

前面回顾了人格发展轨迹的基本概念、方法论、经典理论以及实证研究，同时揭示了人格发展的内在机制。接下来将重点讨论人格发展与人生发展结果之间的关系。在人类进化史上，无论何种文化和种族，无论何种历史时代，人类都有相对稳定的典型发展历程，包括出生、成年、恋爱、生子、死亡。但是，沿着相似的轨迹，人类的发展历程又存在很大的个体差异：有的人英年早逝，有的人老当益壮；有的人交友广阔，有的人门庭冷落；有的人前途无量，有的人郁郁终生。这些人生发展结果的差异不仅是人生道路选择的差异，而且是人格发展的差异。因此，探讨人格发展与人生发展的关系不仅是有趣的理论探讨，而且是与每个人息息相关的实际问题。有研究者提出，人生发展包括身体健康、人际关系、能力、自我发展、创造力五个连续并贯穿一生的发展结果领域。由于自我发展及其与人格发展的相互关系在本书的前面章节已经有所谈及，因此在接下来的三章我们将重点探讨人格发展与人际关系、工作以及身体健康的关系。本章将回顾人格发展与人际关系（亲子、兄弟姐妹、朋友、婚恋关系）以及群体关系（如家庭、学校、班级关系）之间的相互作用。有研究者（Van Lieshout，2006）指出，各种人际关系在整个人生发展历程中都是社会关系的核心部分，不同的人际关系既有相似的关系特征（如安全型依恋、利益交换、社会支持），也有不同的功能和形式。例如，亲子关系的主要功能是提供情感方面的安全感和培养孩子社会化；朋友关系更平等，典型的特征是相互的长期承诺和互惠互利；婚姻关系也相对平等，典型的特征是资源交换、相互支持、培养后代社会化。因此，我们将按照关系的类型，逐一回顾人格发展与不同社会关系之间的相互影响。

6.1 人格与家庭关系

个体一出生就面临的人际关系是家庭关系，尤其是与父母或者主要照顾者（如祖父母）的关系。与其他关系不同，家庭关系有其自身的特点：(1) 大多数家庭关系（如父母关系、兄弟姐妹关系）是存在等级的，而不是平等关系，彼此的影响是不对称的；(2) 由于血缘的存在，关系的开始和结束都是非自愿的，家庭关系不可随意中断并且无可取代；(3) 由于共同的生活经验，家庭关系包含各种类型的社会交换和支持，卷入程度更深，关系深度也不同（Vangelisti & Maguire, 2002）。本小节将重点回顾人格与亲子关系的相互影响。

6.1.1 家庭关系与人格发展

已有的行为遗传学证据显示，在诸多基因和环境因素中，基因以及基因对环境的影响只能解释个体人格的小部分变异，父母的行为对个体人格有相对较大的影响（Rutter, Silberg, O'Connor, & Simonoff, 1999）。在个体人格发展过程中，依恋关系的质量、抚养方式、关系中的资源（如情感资源、物质资源、情绪氛围）构成了个体人格发展中最直接的背景。可以说，这些家庭关系中共享（如物质资源）和非共享（如与父母的互动）的环境因素是人格发展及其个体差异的主要力量。接下来，我们将重点回顾家庭关系对人格发展的影响及其背后的可能机制。

亲子关系与早年人格发展。根据心理资源原则（Pomerantz & Thompson, 2008），个体人格发展的基础是先天的生物倾向（如气质），而父母会努力积累各种形式的资源，通过为儿童提供心理资源来改变基因或者生物因素所预定的心理发展轨迹。具体地说，父母可以提供的心理资源主要有三大类：情感资源（较多的积极情绪、较少的消极情绪、情绪调节能力）、行为资源（延迟满足、社交技巧）和认知资源（对自己、他人和社会的认识)。儿童的心理发展主要包括三个方面:行为控制(遵守成人要求和社会规范)的能力、社交(开始和维持社会关系)的能力和认知(学业和工作成绩)的能力,前两个方面都属于人格的范畴。父母提供的情感、行为和认知资源对上述三种心理能力的发展都有重要的作用。

具体地说,父母提供的情感资源不仅包括父母通过关心、表扬、支持、参与等积极行为流露出的积极情绪体验,而且包括父母通过批评、敌视、责骂等消极行为流露出的消极情绪体验(Denham et al., 2000)。研究者(Pomerantz & Thompson, 2008)指出,从孩子出生开始,父母就通过各种形式的行为将自己的情绪传递给孩子,决定着孩子的情感资源,最终影响孩子各种心理能力的发展。大量研究证据证实了上述理论观点。例如,一项经验抽样研究发现,单亲妈妈消极情绪的表达可以有效预测 2 个小时后孩子类似消极情绪的表达(Larson & Gillman, 1999)。父母消极情绪的表达会导致孩子的神经系统过度唤起,会影响孩子的注意力、认知加工能力,以及行为抑制能力的发展。其他研究发现,如果母亲在陪伴孩子完成作业的过程中表现出较多的积极情绪和较少的消极情绪,那么在学业上表现出习得性无助的孩子在随后的 6 个月里积极情绪呈增加的趋势,消极情绪则呈减少的趋势,孩子的学习动机和情绪调节功能也得以改善。但是,上述效应在没有家庭作业时不存在(Ng, Kenney-Benson, & Pomerantz, 2004; Pomerantz, Wang, & Ng, 2005)。其他研究发现,父母在与孩子互动时表现出积极情绪,这对孩子有多方面的影响:(1) 可以为孩子树立建设性解决问题的榜样,使孩子认识到很多事情虽然让人感到挫败但仍是可以面对的(Pomerantz et al., 2005);(2) 可以提高青少年期孩子的自我控制能力,尤其是情绪控制能力(Eisenberg et al., 2003),可以促使孩子更好地内化父母的要求、指导和价值观,更少表现出行为问题(Eisenberg et al., 2005);(3) 降低孩子的无助感(Pomerantz et al., 2005),使孩子相信环境是安全的,可以自由地追求新的目标,发展新的技巧和能力(Lyubomirsky, King, & Diener, 2005);(4) 可以使孩子认为自己是有价值的,对自己和他人形成积极的看法,进而对他人表现出更多的积极行为

(Thompson，2006)。相反，父母消极、唠叨的教养方式可以预测孩子的消极情绪、男孩的外化行为(如攻击)和行为抑制问题(Belsky，Hsieh，& Crnic，1998)。

行为资源是指儿童在日常生活中用以实现目标的一系列行为调节策略(如应对技巧、互动技巧、延迟满足)，是个体达成目标的建设性行为策略。行为资源的典型例子是儿童为了获得同伴的喜爱，可能会使用分享策略(如分享美食、玩具)；为了获得父母的赞扬，会努力按照父母的要求行事(如表现得乖巧听话)。大量研究证据显示，父母的教养模式(如控制—自主支持、结构—噪声)为个体提供了多样化的行为资源，进而对各种心理能力的发展产生重要的影响。例如，有研究显示，如果父母有较多的自主支持行为，即允许孩子按照自己的意图行事，自行决定自己的行为，充分发挥主动性以解决问题、表达自己，那么孩子会有更多的解决问题的经验，会促进行为资源的积累，进而发展出更多具有建设性的问题解决策略。其他研究显示，父母的自主支持行为可以很好地预测青少年的自制力、掌控感、建设性学习策略(Kochanska & Knaack，2003；Wang，Pomerantz，& Chen，2007)、认知和语言能力的发展(Bornstein & Tamis-Lemonda，1997)、对学校生活的适应(Grolnick & Ryan，1989)，以及同伴接纳和友谊质量(Parke et al.，1997)。相反，如果父母有较多的控制行为，那么个体更容易有不良的社交技巧和攻击行为(Pettit，Bates，& Dodge，1997)，更缺乏问题解决策略，更认为他人是不好的，更赞同对他人施加控制(Weiss，Dodge，Bates，& Pettit，1992)。父母的控制行为会导致小学阶段的儿童表现出更多的内化问题(如抑郁症)(Morris et al.，2002)。

此外，根据心理资源原则，父母可以通过为个体提供环境的结构或者噪声来影响个体的认知资源，为个体心理能力的发展提供明确的方向。具体地讲，结构是指环境中一致的规范、标准和期望；噪声是指环境中不一致的规范、标准和期望(Skinner，Johnson，& Snyder，2005)。已有研究显示，有结构的父母教养方式可以帮助个体清晰地看到行为的结果和反馈，明白行为和结果之间的关系，使个体得以准确地预期后果、计划行为(Grolnick & Ryan, 1989),可以预测个体在孩童期更好的挫折管理能力、社交技巧,以及更少的外化行为(如攻击)(Weisz, Sweeney, Proffitt, & Carr, 1993)。

认知资源是指个体对自我、他人和世界的知觉、归因、解释和价值观。认知资源的典型例子就是依恋理论中的自我和他人工作模型(Bowlby, 1980)、社会学习理论中的自我效能感(Bandura, 1986),以及人际关系理论中的敌意归因偏差(De Castro, Veerman, Koops, Bosch, & Monshouwer, 2002)等。根据心理资源原则(Pomerantz & Thompson, 2008),父母教养主要通过自身的认知资源影响个体的认知资源,促进个体心理能力的发展。例如,有研究显示,父母对孩子能力的知觉会影响孩子对自身能力的知觉,并且影响孩子的内在学习动机(Bornstein, 2006; Wigfield, Eccles, Schiefele, Roeser, & Davis-Kean, 2006),进而预测孩子以后的学业成就(Guay, Marsh, & Boivin, 2003)。其他研究显示,父母对孩子未来的积极信念,可以预测孩子以后更好的情绪功能(Cole, Martin, & Powers, 1997)。值得一提的是,一些研究强调了父亲提供情感资源的重要性。有研究显示,如果父亲在温暖、支持的关系中挑战孩子的认知,那么孩子在青少年期的自我可以得到最大限度的发展;父亲比母亲更支持孩子独立性和自主性的发展(Allen, Hauser, Eickholt, Bell, & O'Connor, 1994)。

与心理资源原则类似,依恋理论也很好地阐释了亲子关系对儿童心理能力发展的影响(Bowlby, 1980)。不同的是,依恋理论强调依恋安全感在父母对孩子的认知、情感和行为等诸多方面特征影响上的中介作用(Mikulincer & Shaver, 2007)。根据依恋理论,每个人都有一系列天生的行为系统,例如依恋系统、照顾系统、探索系统等。依恋理论(Bowlby, 1980)重点讨论了父母的照顾对婴儿依恋系统和探索系统功能的影响。具体地说,如果父母在孩子需要帮助(如饥饿、难过、遇到危险)时提供敏感的、及时的、有效的照顾,孩子的依恋系统(即在危险的时候向依恋对象寻求安慰和亲近的本能)和探索系统(对世界的好奇心和探索行为等)就会得到很好的发展,孩子会发展出安全型依恋风格和强烈的依恋安全感。如果父母在孩子需要帮助时不能给孩子提供敏感的、及时的、有效的照顾，孩子就会发展出依恋回避（个体尝试远离依恋对象，保持自己的独立性）和依恋焦虑（个体担心依恋对象离开，会过度依赖对方）等不良的依恋风格。

基于大量实证研究证据，一项综述（Mikulincer & Shaver, 2007）显示，与积极情绪类似，依恋安全感对个体的心理和行为有一系列广泛的扩展—建构效应。第一，与依恋对象及时的、积极的互动可以提高个体的依恋安全感，从而可以在面对压力时缓解焦虑，延长日常生活中积极情绪（如满意感、感恩）的持续时间，最终促进人格和自我功能的正常发展。第二，与依恋对象积极的互动可以维持最核心的自我表征，促使个体认为自己可以战胜各种困难，帮助个体维持乐观的悲伤管理策略，有利于情绪稳定性和其他积极人格品质的发展。第三，与依恋对象良好的互动经验可以使个体形成积极的他人观，认识到他人的敏感性、及时反应性和良好的心愿。第四，与依恋对象的积极互动可以帮助个体保持较高的自我价值感、能力和掌控感，获得较高的自尊和自我效能感，有效地将各种自我资源用于应对困境，而不是用于自我防御。

受到前述天性与教养之争的影响，心理资源原则也承认，认知、情感和行为资源在多大程度上能够被孩子吸纳并转化为自己的认知、情感和行为资源取决于孩子和背景环境的需要（Rothbart & Bates, 2007）。这就是说，父母对孩子心理发展的影响效果既是父母教养与孩子天性交互作用（基因与环境交互作用）的产物，也是父母教养与更宽泛的环境因素共同作用的结果。具体地说，由于遗传或者其他环境因素，个体的心理资源有明显的个体差异，这会导致不同个体对父母教养的心理资源有不同的需要：一些孩子先天资质优异（如天性乐观），不需要从父母教养过程中获取相关的心理资源（如积极情绪资源），因此在父母教养过程中，即使心理资源匮乏也不会对孩子产生不良影响，心理资源丰富也不会更大幅度改善孩子心理能力的发展。

上述父母教养与孩子气质或者其他环境因素的交互作用在已有的研究中已经得到证实。有研究显示，严苛的父母教养方式会导致个体更可能受到同伴的欺负，但是如果个体拥有积极的同伴关系，上述效应就会大大减小，如果个体拥有的朋友较少，严苛的父母教养方式与同伴欺负之间的关系就更明显。这主要是因为父母虽然不能为个体提供行为资源，但是良好的同伴关系会强化个体的自我调节能力和社交能力，可以补偿家庭中行为资源的匮乏（Schwartz, Dodge, Pettit, & Bates, 2000）。相似地，其他研究发现，消极的教养方式与青少年的外化行为（如攻击）呈正相关，但是上述效应会在个体拥有较高质量的友谊关系或者积极的同伴关系时大大减小（Lansford, Criss, Pettit, Dodge, & Bates, 2003）。还有研究（Pomerantz, 2001）发现，父母控制会导致孩子更容易出现抑郁症状，但是上述消极效应在拥有消极自我工作模型的孩子身上更明显。

为人父母与成年期人格发展。除了上述父母对孩子人格发展的影响，亲子关系也会给父母的人格带来重要的影响。根据社会投资理论，为人父母是一种新的角色，伴随着各种新的社会预期、行为要求和压力，通过奖励角色一致行为和惩罚角色不一致行为等机制，会给个体的人格带来巨大的影响（Caspi, Roberts, & Shiner, 2005）。有研究显示，为人父母对个体人格的影响主要取决于个体对父母角色的认同程度：如果母亲非常认同为人母的角色，就会表现出更多人格成熟的特征，例如尽责性和随和性不断上升；如果母亲不能很好地认同为人母的角色，就会表现得更不成熟，例如灵活性下降，以及变得更加脆弱（Paris & Helson, 2002）。另外一项研究发现，为人父母对人格的作用受到亲子关系体验的影响：如果亲子关系比较积极，为人父母会促进随和性、尽责性和情绪稳定性的上升；如果亲子关系比较消极，为人父母会导致尽责性和情绪稳定性的下降（Hutteman, Hennecke, Orth, Reitz, & Specht, 2014）。但是也有研究显示，由于需要处理婴儿的哭闹以及喂养问题，为人父母会导致父母神经质的上升（Jokela, Kivimäki, Elovainio, & Keltikangas-Järvinen, 2009）和尽责性的下降（Specht et al., 2011）。

成年亲子关系与成年期人格发展。个体成年后与父母的关系也会影响个体人格的发展。老年心理学的相关研究显示，相比于配偶看护者，成年子女看护者通过长期看护患阿尔茨海默症的老年父母体验到更少的悲伤、恐惧、孤单和个人牺牲负担，并且表现出更多的个人成长，包括人生目标的转变、人际关系的改善、自我力量的增强等方面（Ott, Sanders, & Kelber, 2007）。其他研究（Engelkemeyer & Marwit, 2008）显示，在失去孩子的成年父母中，哀伤的强度与创伤后成长呈正相关，并且上述相关可通过社会支持的缺失得到解释。

6.1.2 人格对家庭关系的影响

同人格与所有环境因素的相互关系一样，在家庭关系影响人格发展的同时，人格也会对家庭关系产生重要的影响。在所有文化中，亲子关系都担负着重要的功能，即帮助孩子内化社会规则或者文化规范（Maccoby & Martin, 1983）。由于人际关系包括关系双方（如父母和孩子），因此在家庭关系中，父母和孩子的人格共同决定亲子关系的质量和结果：父母的人格会影响他们能否为孩子提供温暖、有效、一致的看护、指导和管理；儿童的气质或者人格决定他们能否按照父母的要求行事（Jensen-Campbell, Knack, & Rex-Lear, 2009）。接下来，我们将重点回顾父母和孩子的人格特征对亲子关系的塑造。

大量研究证据显示，父母和孩子的人格特征不仅对亲子关系的特征有直接作用，而且二者会发生交互作用共同决定亲子关系的特征。一项研究发现，母亲的人格特征会对教养和看护的质量产生重要影响。例如，母亲的神经质可以负向预测亲子关系中的情感氛围，父母的同理心可以正向预测敏感的、及时的教养方式，母亲的尽责性可以正向预测对孩子一致的、稳定的照顾（Kochanska, Friesenberg, Lange, & Martel, 2004）。其他研究发现，孩子与父母人格的匹配会带来更好的教养结果并建立父母的权威。早期的研究（Hoffman, 1983; Kochanska, 1993）发现，孩子的惧怕和父母的教养方式会交互影响孩子对父母价值观的有效内化。具体地说，如果孩子的惧怕水平较高，并且受到严苛的管教，那么孩子会体验到过高（远超过最佳水平）的唤起水平，导致他们无法很好地服从父母的要求以及内化父母的价值观，但如果父母的教养方式比较温和，那么孩子的社会化良好。如果孩子的惧怕水平偏低，那么温和的教养方式不足以唤起孩子的焦虑，而严苛的教养方式则会导致孩子的愤怒，最终使得父母的管教无效，孩子无法内化父母的价值观（Kochanska，1993）。其他研究发现，母亲的敏感性和孩子的愤怒倾向会共同决定父母的权威：如果母亲的敏感性较高，那么易怒的孩子更容易表现出合作行为，维护父母的权威；如果母亲的敏感性偏低，那么易怒的孩子更难维护父母的权威（Kochanska，Aksan，& Carlson，2005）。

6.2 人格与同伴关系

在整个人生中，同伴关系是指从儿童早期到晚年我们日常生活所包含的非亲属关系，不仅包括同学、同事、室友、社区中的邻居等非自愿型关系，而且包括朋友、熟人、导师、学生等在一定程度上可以自主选择的关系。简单来说，同伴关系就是在年龄、阶层、地位上属于同一社会群体的人与人之间的关系。与亲子关系一致，同伴关系也是个体社会化的重要背景，可以为个体提供各种类型的支持（如情感支持），并为以后的人际关系（如婚恋关系）提供重要的基础（Hartup，1992）。研究者认为，人格与同伴关系也是相互影响的。一些研究发现，同伴关系对人格发展有重要的影响，同伴关系不仅通过群体规范对群体成员的人格产生相似的影响，而且可能通过单个关系对群体成员产生独特的影响，使得群体成员的人格出现明显的个体差异（Reitz，Zimmermann，Hutteman，Specht，& Neyer，2014）；另一些研究（Selfhout et al.，2010）则发现，个体的人格不仅会对同伴关系产生直接的影响，而且会因为与对方人格的匹配程度而对同伴关系产生间接的影响。

6.2.1 同伴关系对人格发展的影响

如前所述，研究者认为，同伴关系对人格发展的影响包括两个彼此不同但又不完全独立的层面：同伴成对关系和同伴群体关系。同伴成对关系是指群体成员在成对关系中独特的人际体验(如彼此信任)。根据研究者的定义,同伴关系的典型特征是等价匹配,即彼此地位平等以及资源(情感资源和物质资源)的等价交换。上述两个关系特征在同伴关系中比在其他关系中更为普遍,对关系的开始和结束更有决定意义,在整个人生过程中保持不变(Reitz, Zimmermann, et al., 2014)。此外,同伴关系有两个重要的维度:关系亲密度和权威排序(Granovetter, 1983)。同伴之间会形成共同的群体规范,并以与群体规范一致的方式塑造同一群体内部成员的人格发展(Reitz, Zimmermann, et al., 2014)。例如,一个工作小组会形成努力工作的群体规范,并通过工作尽职尽责的方式塑造小组成员的人格发展。接下来,我们将分别回顾同伴成对关系、同伴群体的年龄特征及其对人格发展的塑造作用。

同伴关系与人格发展。从毕生的观点来看,同伴关系的特征会随着年龄的变化而变化。有研究显示,早期的同伴关系在人口学特征(如性别、年龄、种族、社会经济地位)上彼此相似(McPherson, Smith-Lovin, & Cook, 2001),到青少年中期,这种相似性会下降,但会在人格、态度和行为上表现出更多的相似性(Urberg, Degirmencioglu, & Pilgrim, 1997)。其他研究表明,亲密的同伴关系是稳定不变的,并且其重要性会随年龄而增强。但是,非亲密的同伴关系从儿童期到青年期随年龄的增长其重要性会明显下降(Lang, Staudinger, & Carstensen, 1998; Wrzus, Hänel, Wagner, & Neyer, 2013)。同伴关系之所以重要是因为,在儿童期和青少年期,同伴关系为亲密关系提供了重要的参照,成年期亲密的同伴关系也可以满足随年龄而增加的情感需要,甚至可以在丧偶后发挥配偶的功能(Birditt, Jackey, & Antonucci, 2009)。有研究表明,依恋风格会从亲子之间拓展到同伴关系之中,进而延伸到婚恋关系之中。在成年早期,同伴关系中的依恋风格与亲子关系和婚恋关系中的依恋风格都相似,但是亲子关系与婚恋关系的依恋风格并不相似(Furman, Simon, Shaffer, & Bouchey, 2002)。安全型依恋的儿童在青少年期更容易发展出安全型依恋的同伴关系,并且可以进一步预测成年早期高质量的婚恋关系(Simpson, Collins, Tran, & Haydon, 2007)。值得一提的是，在人际关系研究中，成对数据分析的模式已经有了很大进展。研究者经常将成对数据的变异分解为三个成分：行动者效应、对象效应和关系效应。例如，A在评定对同班同学B的喜爱程度时，主要取决于三个因素：A觉得他人值得喜爱的倾向，B被人感知为可爱的客观特点，A和B的关系特征（如亲密度）。

大量研究证据显示，同伴关系对人格发展有深远影响，主要反映在对人际环境的主动和被动选择上。例如，有研究显示，如果与高开放性的室友一起生活，那么青年人的开放性会急剧上升（Jonkmann, Thoemmes, Ludtke, & Trautwein, 2014）。其他研究显示，同伴关系中的独特经验与神经质（情绪稳定性）的改变有显著相关（Neyer & Lehnart, 2007）。同伴评定的智商可预测随后的学业成就，解释了智商对人格发展的影响（Denissen, Schönbrodt, Van Zalk, Meeus, & Van Aken, 2011）。如前所述，成年晚期人际关系有明显变化：亲密关系随年龄的增长相对稳定并且有上升的趋势，非亲密关系则随年龄的增长有下降的趋势。但是，上述变化对人格发展的影响尚未可知，值得继续研究（Hutteman et al., 2014）。

同伴群体与人格发展。研究表明，从儿童期到青少年期，同伴关系尤其是同伴群体的重要性急剧增强，75%的学前儿童和80%～90%的青少年会有互惠式的同伴群体或同伴关系（Hinde, Titmus, Easton, & Tamplin, 1985）。值得一提的是，在儿童期和青少年期，同伴群体的作用远超过同伴关系，因为个体在此阶段迫切需要获得同伴群体的接纳，获取知识或者信息（Brown, 2011）。群体社会化理论（Harris, 1995）明确指出，同伴群体对人格发展有重要作用，是兄弟姐妹人格发展差异的重要来源。具体地说，哈里斯（Harris, 1995）指出，同伴群体效应主要通过同化和分化两个过程实现。

同化过程是指同伴通过群体的规则、标准和信念指导群体成员的思想、情感和行为，使得彼此有更多相似之处。有研究显示，男孩子从6～16岁行为抑制水平有下降的趋势，但是女孩子没有上述人格变化，这种人格发展的性别差异与青少年期男孩子不被同伴群体接纳有关（Kerr,

Lambert, Stattin, & Klackenberg-Larsson, 1994)。有研究发现,同伴群体对不健康行为(如药物滥用)有很大影响,并且从长期来看同伴群体的影响会不断累积,最终促使人格特质发生变化(Roberts & Jackson, 2008)。其他研究显示,学习和工作经验可以显著提高尽责性,并且这一效应是同伴群体规范(追求学业成就、实现教育目标)的产物(Neyer & Lehnart, 2007; Specht et al., 2011; Wille & De Fruyt, 2014)。

分化过程是指群体成员因为社会比较或者群体地位不同而产生的人格发展轨迹的差异(Reitz, Zimmermann, et al., 2014)。例如,一项纵向研究表明,对女孩子而言,关系攻击与知觉到的群体受欢迎程度存在双向作用;对男孩子而言,关系攻击不能预测知觉到的群体受欢迎程度,但是知觉到的群体受欢迎程度能够预测关系攻击(Rose, Swenson, & Waller, 2004)。另一项纵向研究表明,受同学喜爱程度的个体差异能够预测青少年自尊的发展,这一效应可以通过青少年对受喜爱程度的自我知觉得到解释(Reitz, Motti-Stefanidi, & Asendorpf, 2014)。有研究发现,在大学生群体中,即使在 14 周的时间间隔里,来自同伴群体的社会支持的增加也可以促进大五人格特质平均数水平的上升。

6.2.2 人格对同伴关系的影响

如前所述,同伴关系会对人格产生影响。与此同时,人格也会对同伴关系的形成和发展产生重要影响(Asendorpf & Denissen, 2006)。在儿童期和青少年期(尤其是青少年晚期),个体开始其社会化过程,逐渐走出家庭,面对社会上的各种人际关系,这完全不同于孩提时代的生活,因此有强烈的动机发展友谊和社交网络,但是这种努力与尝试会由于人格而存在很大的个体差异(Asendorpf & Wilpers, 1998)。有研究者(Selfhout et al., 2010)总结,人格对同伴的选择至少有如下三方面的影响。

首先,人格会影响朋友的数量。总的来说,高外向性的个体由于可以在社交中获得更多的积极体验,会更主动地选择朋友,因而会拥有更多的朋友(Asendorpf & Denissen, 2006; Asendorpf & Wilpers, 1998);

而高随和性的个体更可能被选为朋友(Jensen-Campbell, Knack, Waldrip, & Campbell, 2007)。例如,一项对儿童的研究表明,外向性、尽责性和随和性与个体所拥有的互利互惠的朋友数目呈正相关(Jensen-Campbell et al., 2007)。一项纵向研究表明,高外向性的大学生在7周后更可能主动与陌生交往对象联系,拥有更多的同性朋友(Sprecher & Regan, 2002)。高随和性的个体有较高水平的同理心和合作意愿,在冲突解决中更倾向于考虑他人的观点和需要,有更多亲社会行为和利他行为,因此更可能被选为朋友(Denissen & Penke, 2008; Jensen-Campbell, Gleason, Adams, & Malcolm, 2003; Nettle, 2006)。

其次,人格会决定友谊质量或者人际互动的风格。研究显示,在儿童和青少年人群中,外向性和随和性与个体的同伴接纳和社交能力呈正相关(Asendorpf & Van Aken, 2003; Scholte, Van Aken, & Van Lieshout, 1997),与同伴对个体的讨厌程度呈负相关(Berry, Willingham, & Thayer, 2000)。有研究指出,情绪稳定性、随和性和外向性与友谊质量呈正相关(Parker, Ludtke, Trautwein, & Roberts, 2012)。具体地说,在控制了外表吸引力、自尊、班级特征和学校特征后,外向性与同伴接纳在青少年期依然呈正相关(Lubbers, Van Der Werf, Kuyper, & Offringa, 2006)。其他研究表明,外向性与初次交往中的健谈呈正相关,与害羞、退缩行为以及成年期同伴关系的冲突呈负相关(Berry et al., 2000; Paulhus & Trapnell, 1998)。外向的个体更可能体验到积极情绪,更可能拥有和谐的人际关系(Fleeson, Malanos, & Achille, 2002)。高随和性的个体更可能在同伴冲突中使用建设性的冲突解决策略(如协商)(Jensen-Campbell et al., 2003);低随和性的个体更可能会使用权力,更可能表现出欺负行为(Gleason, Jensen-Campbell, & Richardson, 2004),更容易被同伴拒绝或者成为同伴欺负的对象(Jensen-Campbell et al., 2002)。

值得一提的是,情绪稳定性(神经质)和尽责性(自我控制)在同伴关系的维持过程中有很大的作用。大量研究表明,高神经质的个体在同伴关系中对威胁性社会线索更敏感,更容易出现情绪化行为(Finkel &

Campbell, 2001);更可能对他人产生消极看法,更倾向于认为他人不喜欢自己(Erez & Judge, 2001);对消极事件更敏感,在人际冲突中更容易体验到愤怒或者其他消极情绪,更难原谅他人,更喜欢责难他人。这些都会导致个体更容易成为受害者,同伴关系质量更差(Bollmer, Harris, & Milich, 2006; Suls, Martin, & David, 1998)。相反,高尽责性的个体有更好的自我控制能力,更容易表现出符合社会规范的行为,更不可能被拒绝和欺负,从而使得个体拥有更高质量的同伴关系(Jensen-Campbell & Malcolm, 2007)。自我控制水平较低的个体更可能不合时宜地袒露个人信息,更容易表现出歧视和偏见,对他人的感受更不敏感,在日常行为中更容易受伤,人际交往质量更差(Finkel & Campbell, 2001)。

最后,关系双方人格的相似性会决定彼此成为朋友的可能性,人格相似的个体之间更容易形成友谊,即所谓的"相似相吸"(Berger & Calabrese, 1975; Byrne, 1971)。具体地说,上述现象主要有两个解释:(1)人格的相似性会强化彼此的见解、观点、想法和内隐的情感,在交往中更容易获得积极的情绪体验(如共鸣),最终增强人际吸引力(Clore & Byrne, 1974);(2)人格的相似性可以使个体在交往中更好地预测他人的反应以减少不确定感,更容易有效交流信息,最终促使友谊的形成(Berger & Calabrese, 1975)。研究表明,只有关系双方都表现出利他行为才会有最佳的合作结果,人们都倾向于选择随和性水平相似的个体做朋友。值得一提的是,高随和性的个体合作会有最佳的结果,低随和性的个体合作结果次之,随和性不匹配的个体合作结果最差(Gilchrist, 2007)。

其他研究发现,同伴关系双方人格的互补性也会影响同伴关系的质量。有研究显示,如果低随和性的个体拥有高随和性的朋友,那么个体的低随和性对同伴接纳的负面影响可以得到充分缓解;如果个体的朋友随和性普遍较低,那么低随和性的个体被同伴拒绝的可能性会更大。这主要是因为高随和性的朋友可以为低随和性的个体提供心理资源,可以缓解同伴拒绝的负面影响(Jensen-Campbell et al., 2009)。相似地,如果高神经质的个体有情绪稳定的朋友，那么高神经质的个体与情绪稳定的个体在建立关系、解决冲突和自我袒露方面没有显著差异；但是如果其朋友也是高神经质的，那么高神经质个体的人际功能会显著高于低神经质个体(Jensen-Campbell et al.，2009)。

6.3 人格与婚恋关系

除了同伴关系，成年期另一种重要的人际关系是婚恋关系。在人格理论部分，我们也提到成年早期最重要的任务是建立亲密关系。与其他关系一样，人格与婚恋关系之间的作用也是双向的。一方面，人格会影响婚恋关系的开始(择偶、恋爱、结婚)、维持(婚姻质量)和结束(离婚)；另一方面，婚恋关系的质量和状态也会影响个体的人格。有研究者(L'Abate & Bryson，1994)指出，婚恋关系要求关系双方以互惠、双向的方式关爱彼此，本质上以爱自己的能力为基础。因此，婚恋关系要求个体不断朝着成熟的方向(爱自己)发展和成长。与此同时，婚恋关系的发展和质量在很大程度上取决于个体初始的人格特征。这就是说，如果婚恋关系双方的人格特征不能让彼此充分表达自我，充分体验自我的重要性和归属感，婚恋关系就很难达到彼此尊重和亲密无间的程度。如果关系双方有维护关系的愿望，那么婚恋关系会使彼此不断磨合，促进个体人格的发展。接下来，我们将重点回顾人格发展与婚恋关系的各种相关研究。

6.3.1 婚恋关系与人格发展

在所有文化、种族、社会阶层的人群中，婚恋关系都始于择偶，一旦关系确定，婚恋关系的双方会带着不切实际的幻想和错觉进入5～7年的“蜜月期”，同时开始看到自己和他人的期待，并且在他人的局限和缺点中认识自己。上述过程最终可能会导致婚姻危机，使个体走向不同的婚恋结果：(1) 拒绝对方以维持自己不切实际的幻想或者错觉，失去成长的机会;(2) 放任彼此的优越感或者冷漠的行为,双方都停止成长或者放弃追求关系的满意度;(3) 认清婚恋关系中的不合理幻想,最终真正接纳彼此,双方共同成长(L'Abate & Bryson, 1994)。有研究证实了上述理论假设,大量证据显示,婚恋关系的维持和终止都会给人格带来一些转变。

总体来看,良好的婚恋关系会给人格带来积极的影响,不良的婚恋关系则会给人格带来消极的影响。有研究者指出,婚恋关系最直接的价值是情绪价值,即高质量的婚恋关系可以促进情绪稳定性的上升(Hutteman et al., 2014)。例如,研究证据显示,成年早期开始第一段正式的恋爱关系会促进神经质的下降,外向性和自尊的上升(Lehnart et al., 2010; Neyer & Lehnart, 2007),维持一段亲密关系与尽责性(冲动控制)呈正相关(Robins, Caspi, & Moffitt, 2002)。相反,低质量的恋爱关系会导致青年早期(18～26岁)神经质或者消极情绪性的上升(Robins et al., 2002)。其他研究表明,婚恋关系中的冲突、虐待预测了消极情绪性的上升,对婚姻的满意感预测了焦虑水平的下降,婚姻维持的时间可以预测社会责任感(Roberts & Chapman, 2000)。在女性样本中,婚姻关系中的冲突可以预测女性化水平,婚姻的稳定性可以预测中年期的尽责性(Roberts & Bogg, 2004; Roberts et al., 2002)。

与婚恋关系的建立一样,婚恋关系的结束对人格发展也有重要影响。有研究显示,丧偶会导致女性由于家庭责任减少而在尽责性上有所下降,会导致男性由于不得不处理家务而在尽责性上有所提高(Specht et al., 2011)。其他研究显示,丧偶会导致神经质呈先上升然后下降的趋势(Mroczek & Spiro, 2003),这可能是因为丧偶之前配偶的疾病给个体带来了巨大的压力,导致神经质的上升(Luhmann et al., 2014)。但是,对于离婚与尽责性之间的关系,目前尚未达成共识:一些研究发现,离婚会导致尽责性和支配性的下降(Roberts & Bogg, 2004);另一些研究则表明,离婚会促进尽责性的上升(Specht et al., 2011)。

6.3.2 人格与婚恋关系的结果

早期的婚恋关系研究者明确指出了人格对婚恋关系结果的影响。例如，有研究者指出，婚恋关系的稳定性取决于婚恋关系的质量，进而由关爱、亲密、协商、权力分配、原谅、感激、积极关注、互动风格等一系列复杂的人际过程决定，最终可以追溯到关系双方的人格特征(Lewis & Spanier, 1979)。有研究者(L'Abate & Bryson, 1994)指出，婚恋关系的形成包括一系列共同目标，例如物质和经济安全的需要、个人成长的需要。因此，在有意识和无意识的目标和期望的驱动下，婚恋关系的双方最终决定着婚恋关系的方向、质量和结果。建立满意的、理想的婚恋关系的充分必要条件是分享爱、协商权力、建立亲密关系的能力(L'Abate & Bryson, 1994)。其他研究者认为，婚恋关系的首要目标是寻求生理和情感方面的亲密感，即寻求愉悦、接纳、陪伴和归属感。婚恋关系中的人际吸引，本质上取决于关系双方自身特点(如能力、人格、原生家庭)的相似性，而不是人际交往的技巧(Beck, 1988)。有研究者明确提出，婚恋关系的质量取决于沟通技巧和爱的能力，包括关心和承诺关系的能力，发现他人优点和忽略他人缺点的能力，原谅他人、接纳和容忍他人要求的能力，分享自己和他人的难过以及恐惧的能力(L'Abate & Bryson, 1994)。接下来，我们将重点回顾人格对婚恋关系各种结果的影响。

人格与择偶。当代进化心理学针对人格与择偶的关系进行了大量的研究。早期研究(Buss & Barnes, 1986)发现，女性倾向于偏好择偶对象拥有体贴、诚实、可信赖、和善、理解人、喜欢孩子、被别人喜爱、赚钱能力强、有目标、有事业心等特征；男性则倾向于偏好择偶对象拥有擅长厨艺、温柔等特征。事实上，个体的配偶也多半拥有其偏好的人格特征：如果个体偏好社交活跃的配偶，那么他们的配偶多半是外向的、慷慨的、自我接纳的、不害羞的；如果男性偏好职业地位偏高的配偶，那么他们的妻子多半拥有获取较高职业地位的能力；如果男性偏好容易相处、可爱的配偶，那么他们的妻子在变通性上得分较高。此外，人格与择偶偏好也有关系：偏好和善、体贴的配偶的个体在人际依赖、情绪依赖、女性化等维度上得分偏高。如果男性偏好和善、体贴的配偶，那么他们在外向性和温暖维度得分较高；如果女性偏好和善、体贴的配偶，那么她们多半在神经质和顺从维度得分较高。如果个体偏好社交活跃的配偶，那么他们通常在外向性和自我意识维度得分较高。如果男性偏好社交活跃的配偶，那么他们在活动性、冲动性、控制不足等维度得分较高。如果个体偏好高智商和喜欢艺术的配偶，那么他们在自我接纳、自我意识等维度得分较高；有此偏好的男性还更可能有高水平的神经质和情绪反应。

对恋爱情侣和已婚夫妇的大五人格调查显示，从整体上看，在择偶时女性比男性对社会称许性人格特质（高随和性、高尽责性、低神经质）表达出更强的偏好，这可能是因为女性需要寻找愿意并有能力长期为她提供资源的配偶以养育后代完成繁衍的人生任务。此外，择偶也存在个体差异。个体偏好那些与自己人格特征相似的对象，并且事实上也都在寻找具有自己喜欢的人格特征的配偶（Botwin et al.，1997）。进一步的实验研究显示，如果行为指向自己或者家人，那么个体更偏好那些非常友善和可靠的婚恋对象，但如果行为指向婚恋对象的其他同性或者异性人士，那么个体对随和性和可靠性等人格特质的偏好会大幅度减弱。此外，男女都偏好那些能够对同性有高支配性的婚恋对象，例如女性更偏好那些能够对其他男性有高支配性的婚恋对象（Lukaszewski & Roney，2010）。

人格与婚姻的维持。关于人格与婚姻质量的关系，多个角度的研究都有所涉及。早期大量研究及其元分析表明，外向者更可能选择与婚恋对象一起生活；神经质，表现为消极情绪、消极情绪敏感性、被动应对、对消极刺激的偏好，与婚姻满意度呈最强的负相关，可以解释婚姻满意度大约10%的变异；随和性和尽责性与婚姻满意度呈正相关（Heller，Watson，& Ilies，2004；Karney & Bradbury，1995；Specht et al.，2011）。家庭研究者从1930—1980年对300对美国白人夫妇（包括订婚的情侣）进行追踪研究发现，22对订婚后分手，50对离婚；在这些夫妇中，结婚时的人格因素是婚姻稳定性和婚姻满意度的重要预测因素；对婚姻结果有最强预测力的人格因素是丈夫和妻子的神经质，以及丈夫的冲动控制能力（Lowell & Conley，1987）。一项对125对夫妇的调查显示，所有的大五人格特质都与婚姻满意度有显著相关，尽责性与婚姻满意度关系最为密切(Claxton, O'Rourke, Smith, & DeLongis, 2012)。一项进化心理学研究发现，婚恋对象的低随和性、低情绪稳定性和低开放性，可以显著负向预测婚姻和性满意度(Botwin et al., 1997)。一项纵向研究结果显示，情绪稳定的、外向的和尽责的个体更容易拥有快乐的、非虐待性的婚恋关系；而高神经质的个体更容易拥有高冲突的、低质量的婚恋关系(Robins et al., 2002)。其他研究表明，乐观的个体由于拥有预期未来积极结果的认知倾向，因此会有更高的关系满意度，倾向于知觉到更多的社会支持，在冲突中更可能认为彼此在建设性地沟通，会使自己和配偶认为冲突更容易得到解决，并可以预测一年后更好的关系状态(Srivastava, McGonigal, Richards, Bulter, & Gross, 2006)。在一个社区样本中，如果关系双方都有较高的社会融入性，那么可以促进关系双方的相互妥协，彼此的婚姻满意度也会比较高(Ickes, Hutchison, & Mashek, 2004)。

此外，关系双方的人格也会共同决定婚姻关系的质量。有研究显示，夫妻双方如果在开放性、神经质、刺激寻求、社会融入、依恋风格等方面表现出较高的相似性，那么他们在婚姻中可以享受到更高的关系满意度(Gattis, Berns, Simpson, & Christensen, 2004)。其他研究显示，如果新婚丈夫的配偶报告人格优于自我报告人格(理想化丈夫的人格)，那么夫妻在最开始的两年内更不可能离婚，对婚姻关系也更有保护作用(Neff & Karney, 2005)。其他研究显示，如果个体的理想对象人格与自我报告的配偶人格或者配偶对自己人格的自我报告越相似，婚恋关系的结果就越好；理想对象人格与配偶人格的相似性比个体与配偶人格的相似性以及配偶人格本身更能预测婚恋关系的结果(Zentner, 2005)。在长期婚姻关系中，配偶知觉到的大五人格特质的积极偏差，即配偶认为对方的大五人格特质优于自身，能够更好地预测婚姻满意度(Claxton et al., 2012)。

人格与离婚。丈夫控制冲动的能力可以预测婚外情发生的可能性以及婚姻的破裂。有研究者(Rowe, 1995)提出，拥有反社会人格特征的男性，例如不负责、不可靠、自我中心、好冲动、关系维持困难、缺乏社会情感（如爱、羞耻、内疚、同情），在社会交往中更容易使用欺骗（表面上假装与他人协作，背地里背叛他人）等剥夺他人的短期策略，会更加性早熟，更可能与多位女性发生性关系，可能有更多的私生子，更可能与妻子离婚。一项对 45 项研究的元分析发现，低随和性与高风险性行为呈正相关，低尽责性与缺乏保护的性行为呈正相关，刺激寻求与有风险的性行为呈正相关（Hoyle, Fejfar, & Miller, 2008）。低直率性（低随和性的特征之一），表现为操纵他人和欺骗他人，可以预测有风险的性行为（Miller et al., 2004）。其他研究表明，高随和性、高尽责性的个体，在婚恋关系中有更强的排他性，更不可能出现不忠行为（Schmitt & Buss, 2000）。对全世界 10 个地区 52 个国家的调查显示，低随和性和低尽责性，表现为冲动、不可靠、不可依赖、不能延迟满足，与关系不忠行为呈正相关（Schmitt, 2004）；而且上述效应可以被婚姻满意度解释（Shackelford, Besser, & Goetz, 2008）。其他研究发现，低随和性、低尽责性和高神经质的个体更可能离婚（Roberts, Kuncel, et al., 2007）。

6.4 小结与展望

正如本章所回顾的，已有文献对大五人格与各类关系（亲子关系、同伴关系、婚恋关系）的结果（建立、维持和质量、结束）之间的相互作用进行了大量研究，研究结果支持双向反馈作用的说法。个体可以充分发挥主观能动性，通过吸引、唤起和创造等有意识或者无意识的人际过程塑造自己与他人的关系。与此同时，人际关系作为个体生活的重要组成部分，反过来又会影响个体人格的发展。值得一提的是，在人格影响关系结果的过程中，不仅关系双方的人格会对关系的结果产生直接作用，而且双方人格的相似度、彼此的互补程度、与对方理想对象人格的相似度等也会决定关系的结果。相似地，人际关系也塑造着关系双方的人格。例如，父母与孩子的关系不仅影响孩子人格的社会化过程，而且影响父母人格的成年期发展。关于大五人格特质与各种关系结果的相互作用，目前研究者已经达成诸多共识。在亲子关系中，情绪、行为和认知资源存在代际传递现象，即父母的各种心理资源会直接或者间接地传递给孩子，决定孩子心理能力的发展；在同伴关系中，随和性会使个体更容易被选为朋友，外向性可以帮助个体主动与人建立关系，开拓人际网络，情绪稳定性有利于关系的维持。在婚恋关系中，男性的进取心和女性的温柔等品质有利于吸引异性，情绪稳定性和尽责性有利于关系的维持，低随和性和低尽责性会导致关系的破裂。虽然目前已经积累了丰富的研究成果，但是仍需进一步探讨。

首先，目前关于人格与人际关系的研究多以西方文化背景下的白人中产阶级人群为研究对象。社会文化领域的研究显示，人格与人际关系深受社会文化背景（如教育背景、社会经济地位）的影响（Smith, Bond, & Kagitcibasi, 2006）。例如，社会经济地位低的个体从事相对底层的工作，只能拿到较低的收入，拥有较少的资源，这会影响到个体的自尊、择偶、与他人的关系，以及生活质量（Grossmann & Huynh, 2013）。其他研究者指出，个体的人格会按照社会文化赞许的方式发展：西方文化鼓励独立性、自主、乐观等品质，个体的这些品质会随年龄而发展；东方文化鼓励相互依赖和人际关系，个体的关系取向和悲观等品质会随年龄而发展（Fung & Ng, 2006）。从这个角度看，人格与人际结果的关系可能会由于社会经济地位和社会文化背景而不同。因此，未来的研究应该充分考虑社会文化背景对人格和人际关系的影响。

其次，已有的研究多为长时间间隔的调查，这可能会忽视人际事件给人格带来的短期影响。在人格与人际关系研究中，人际事件的类型非常多样：不仅包括重大的生活事件（如结婚生子），而且包括琐碎的、具体的生活事件（如人际冲突、日常人际琐事），甚至包括一些长期的事件（如照顾孩子）。人际事件的影响也是多样的：既可能是巨大的，会给人格带来突变；也可能是长期的、微弱的，会给人格带来缓慢的、长期的变化；还可能是暂时的，会使人格在短期内有所变化，随后恢复到正常水平（Luhmann et al., 2014）。因此，未来的研究应该注意纵向追踪的时间间隔，既要考察人际事件给人格发展带来的短期效应（如几个月的影响），也要考察人际事件给人格发展带来的长期效应（如十年的效应）。

再次，人格和人际关系研究应该使用更严谨的研究设计和统计方法以区分出更纯净的人格效应或者关系效应。但是，已有的人格研究多半为个体数据，少有研究使用成对数据。在人际关系中，关系双方对同样的事件可能会有完全不同的知觉和认识，上述知觉和认识的分歧可能会对关系造成非常负面的影响（Zentner，2005）。因此，在人格和人际关系研究中，只依赖自我报告的方法有很大的局限性，未来的研究应该使用多质多法、实验观察法等手段提高人格和人际关系测量的准确性。

最后，在人格和人际关系研究中，性别也是一个重要的背景变量。在诸多人际关系（如亲子关系、婚恋关系）中，性别及性别角色（儿子和女儿的角色、父亲和母亲的角色、丈夫和妻子的角色）的差异非常明显。已有一些研究发现，父亲和母亲、丈夫和妻子的某些品质在亲子关系和婚恋关系中的不同作用（Allen et al.，1994）。未来的研究应该进一步探讨性别如何调节人格与人际关系的动态关系，以便更准确地了解人际关系的本质。

7 人格与工作

弗洛伊德曾言，成熟就是爱和工作的能力。除了人际关系（爱）之外，工作也是人生历程中的一个重要主题。从工业化时代开始，越来越多的人，尤其是女性，开始参与工作，工作基本上成为每个人生命中不可缺少的一部分。随着科技的发展，有关工作的社会问题也日趋严重，失业、无效管理、工作倦怠等行为在不同文化、不同国家、不同地区都无可避免。随着经济从生产型到服务型转变，工业组织中最宝贵的资源已经不再是物质财富而是人力资源。在此背景下，个体该如何做好自己的工作，成为有实力、高素质、有价值的员工？企业和管理者该如何找到最佳人选？什么样的应聘者入职后才会有最佳工作表现？应该如何有效地留住优秀的员工？为什么有些人可以在工作中表现出色，另一些人则频繁更换工作，屡屡辞职或者被辞退？为什么有些人会利用工作之便谋取私利，表现出有损职业道德的行为？为什么有些公司氛围积极向上，员工忠诚努力；另一些公司则士气低落，员工满腹怨言，工作倦怠？这些都是与每个人以及每个企业息息相关的问题，也是人格心理学家和工业组织心理学家关心的问题。正因为如此，人格与工作关系的研究成为人格研究中最有应用价值的领域之一。当代社会的很多问题都与个体的人格特征存在一定关系，这些社会问题的解决也可以从人格心理学研究中找到答案。针对上述问题，研究者已经开展了大量工作：人格心理学家针对人格与工作结果之间的关系开展了大量的证实研究；工业组织心理学领域非常关注人格或者个体差异变量，经常使用人格理论来指导实践工作，甚至编制了很多与工作有关的人格问卷开展专门的评估业务

(Burch & Anderson, 2009)。可以说,人格与工作是两个密切相关的领域。值得一提的是,早期著名的人格研究都来自人格在工业组织心理学领域的应用。例如,主题统觉测验最初被用来评价工作表现和工作能力,以供军队选拔合适的人员(Murray, 1943);著名的文化价值观调查也是美国IBM公司研究团队对70多个国家116,000名被试进行的全球性调查(Smith et al., 2006)。20世纪很多著名的工业组织心理学家如斯塔格纳(Ross Stagner)、麦克莱兰(David McClelland)和霍兰德(John Holland)也是著名的人格心理学家,其主要研究工作集中于人格在工业组织心理学领域的应用。本章将简要回顾人格与工作的相关研究成果。具体地说,我们将首先回顾工业组织心理学领域重要的人格概念和观点,然后分别回顾人格与工作的两大结果——参加工作和维持工作之间的关系。

7.1 工作中的人格概念

第一章谈到,人格研究多使用大五人格问卷或者沿用人格六焦点模型的思路,但在工作组织心理学中,多数研究和实践并不是以大五人格为基础,更多采用的是商业版的人格问卷(Anderson, 2005),或者与工作行为更相关的人格测量如主动性人格测量(即主动预测未来的变化、计划、坚持等特点)。这些商业版的人格问卷以及与工作行为有关的人格测量多半更加具体,包含更多的人格维度,可以被看作大五人格的子维度(Salgado, 2003)。有研究者指出,在测量人格时,除了大五人格测量之外,还应该测量进取心这个维度。但是,另一些研究者认为,从本质上说,进取心是外向性和尽责性的结合:外向性可以预测工作中人际方面的表现,尽责性可以预测工作中进取方面的表现(Hogan & Hogan, 2007)。

一些研究者强调,在工业组织心理学中,研究者应该从个体和人际两个方面研究人格(Hogan & Chamorro-Premuzic, 2015)。具体地说,人格的个体层面是个体对自身的知觉和认识，与个体和自己的相处有关，也是和他人相处的前提条件。人格的个体层面在已有研究中是主流，通常用人格特质量表测量，如前面提到的大五人格量表。人格的人际层面是指他人以个体的行为为基础对个体的知觉和认识，主要涉及个体与他人的互动和交往情况。从人际层面看人格，可以有效地帮助个体预测他人的行为，准确地表征他人的声望。例如，如果个体 A 经常帮助他人，那么从个体层面看，A 是随和的人；从人际层面看，可以说 A 乐于助人，有随和的好名声。根据霍根等人（Hogan & Chamorro-Premuzic, 2015）的定义，个体层面的人格是个体的认同感或者同一性，人际层面的人格是个体的声望，两个层面都可以用人格特质或者人格描述单元来测量。重要的是，声望是外显的、可观察的过去行为的总和，过去行为是未来行为的最佳预测源，因此在工作背景下，声望比认同感的预测力更好。例如，一项对 263 项研究的元分析发现，相比于自我评定，对人格的他人评定能够更好地预测工作表现（Connelly & Ones, 2010）。

值得一提的是，工业组织心理学领域的研究者（Hogan & Chamorro-Premuzic, 2015）认为，通过自我报告的人格形容词研究人格，带有很强的主观性和不可验证性，并不是很好的测量方法。因此，可通过价值观来研究个体的人格。具体地说，利用价值观研究人格有以下三点优势：(1) 价值观和职业兴趣的测量与人格特质的测量一样，有很高的跨时间稳定性和跨情境一致性。(2) 相比于评价自己的内心感受和自我认识，人们更喜欢客观地表达自己的立场、信念和价值观。(3) 个体价值观与企业文化价值观的匹配度的确可以很好地预测个体的工作表现，因此研究价值观有很强的实践意义。

7.2 人格对职业选择和求职的影响

在职业生涯中，第一步是得到一份工作。这将涉及应聘者和企业双向选择的过程：一方面，应聘者会有选择某种类型的职业或者工作的明确倾向;另一方面,企业也有招聘具备特定品质的人群的明确偏好。在上述两个过程中,应聘者的人格特质发挥着重要作用。由于某些人格特质,个体可以作出特定的职业选择,也可能被应聘企业看中。在工业组织心理学领域,研究者强调工作和个人的匹配,即只有个人和工作相互匹配,彼此才会有最佳的结果。考虑到这一点,个人的人格或价值观与公司的文化氛围或价值观的匹配在工业组织心理学领域的重要性就不言而喻了。接下来,我们将重点回顾与招聘和职业选择相关的研究结果。

招聘。研究者对美国 9 个地区 6 个月内报纸上的 6,326 则招聘启事进行分析,结果发现,47%的广告工作需要良好的人际技巧,71%的客户联系工作认为良好的人际技巧是必需的,78%的需要和同事打交道的工作强调人际技巧,83%的与下属沟通的工作要求人际技巧,84%的涉及管理的工作把良好的人际技巧当作必备条件(Hogan & Brinkmeyer, 1994)。英国的一项对猎头的调查显示,在招聘大学毕业生时,雇主更看重"软件"(如团队协作、人际技巧、文化敏感性),而不是学业表现。值得一提的是,在招聘过程中通常很难找到具备良好人际技巧的毕业生。其他研究也显示,雇主普遍认为,自我呈现技巧是招聘时考虑的核心因素,因此非常强调应聘者面试时的姿势、体态、面部表情(Brown & Hesketh, 2004)。

职业选择。关于职业选择的研究始于霍兰德的职业类型理论。根据他的理论,职业倾向主要包括六种类型:(1) 现实型职业倾向,偏好与体力劳动和实践活动有关的工作(如工程师、程序员);(2) 研究型职业倾向,喜欢分析性、探索性的工作(如科学家);(3) 艺术型职业倾向,偏好有想象力、内省的工作(如建筑师、设计师);(4) 社交型职业倾向,偏好与他人打交道、帮助他人的工作(如社会工作者);(5) 企业型职业倾向,偏好管理和领导他人的工作(如经理人员);(6) 常规型职业倾向,偏好组织型的行政工作(如秘书、图书管理员)(Holland, 1997)。一项元分析(Barrick, Mount, & Gupta, 2003)发现,外向性与社交型职业倾向呈正相关,开放性与艺术型职业倾向呈正相关。还有一些研究探讨了不同行业从业人员的人格特征，发现不同行业的人的确有不同的人格特征。一项研究发现，情绪稳定性与培训行业工作满意度的相关程度显著高于其他行业；而培训行业的员工比其他行业的员工更有同情心、更果断、更顾客取向、更乐观、更外向、更开放、更随和。但是，在尽责性和情绪稳定性上与其他行业的员工没有显著差异(Sundstrom, Lounsbury, Gibson, & Huang, 2015)。

在择业的过程中，研究者重点关注了职业决策，即个体在选择职业生涯目标和具体工作时所作的利弊权衡，以及职业决策与人格的关系。有研究(Feldman, 2003)发现，外向的个体更擅长搜寻并获取各种职业渠道的相关信息，在求职过程中更倾向于向他人求助，可以获得更多的社会支持；神经质的个体在搜寻求职信息时过于警惕，决策时又过于冲动，在求职过程中更容易出现问题解决缺陷，表现出依赖型的决策风格。但是，开放性、随和性和尽责性与职业决策的关系尚不明确。还有研究者发现，主动型人格，即主动采取行动以影响周围环境的人格倾向，既可以正向预测个体找到工作的速度，也可以正向预测自我报告的求职行为的次数(Frese, Fay, Hilburger, Leng, & Tag, 1997)。

7.3 人格对工作结果的影响

在成功求职之后，另一个重要的任务就是维持这份工作，并且在工作中有出色的表现。出色的工作表现不仅包括良好的业绩、有效的领导力，而且包括工作场所中高效的组织行为、较少的反生产行为和良好的团队协作。在日常生活中，很多文化的常识都会承认，个体的智商或者聪明程度是学业表现或工作表现的最佳预测因素。但是，有研究发现，人格因素是工作结果的重要预测因素，对于某些工作结果(如领导力、组织行为)，人格比智商、认知能力等因素更具预测力。接下来，我们将详细回顾人格与工作表现之间的关系。

7.3.1 人格与工作表现

相比于探讨人格与职业选择之间关系的文献，探讨人格与工作表现之间关系的文献更为丰富。元分析结果显示，工作表现的预测变量主要包括认知能力、人格和价值观（Ackerman & Heggestad, 1997）。认知能力的测量包括对智力、记忆、问题解决能力等的测量，不同的测量通常高度相关，并且能够相对一致地预测工作结果。人格的测量主要是商业类型的人格测量（如霍兰德职业兴趣测量）或者以大五为框架的人格测量。价值观的测量包括职业兴趣测量、动机—价值观—偏好问卷等。值得一提的是，价值观虽然是工作表现的有力预测因素，但是少有研究使用价值观预测工作表现（Chamorro-Premuzic, 2011; Hogan & Hogan, 2010）。

在工作表现研究中，有研究者探讨了大五人格与职业成就之间的关系。研究显示，情绪稳定性和尽责性与职业成就有最强的相关（Judge, Higgins, Thoresen, & Barrick, 1999）。其他研究发现，随和性、尽责性和情绪稳定性可以显著预测各种工作结果包括职业成就和工作卷入度（Roberts, Caspi, & Moffitt, 2003）。还有研究区分了内在职业成就和外在职业成就，结果发现，外向性可以正向预测内在职业成就（如工作和职业满意度），神经质可以负向预测内在职业成就和外在职业成就（如薪酬、升职空间、工作水平）的所有维度，尽责性可以负向预测内在职业成就，随和性可以负向预测外在职业成就（Boudreau, Boswell, & Judge, 2001）。长期纵向研究发现，儿童期的尽责性和外向性可以正向预测中年期的外在职业成就，儿童期的情绪稳定性和随和性可以正向预测中年期的内在职业成就（Judge et al., 1999）。几项元分析发现，主动性人格是工作表现不同指标的有效预测因素（Fuller & Marler, 2009; Tornau & Frese, 2013）。

更具体地说，有一项元分析（Hurtz & Donovan, 2000）显示，尽责性和情绪稳定性可以预测工作绩效，随和性可以预测工作中的人际技巧。其他研究显示，尽责性与个体的经济状况、财富、收入等外在职业成就指标相关（Ameriks, Caplin, & Leahy, 2003; Mueller & Plug, 2006）。另有研究发现,外向性可以正向预测工资水平、升职空间、职业满意度,情绪稳定性可以正向预测职业满意度,随和性可以负向预测职业满意度,开放性可以负向预测工资水平(Seibert & Kraimer, 2001)。还有研究(Hudson, Roberts, & Lodi-Smith, 2012)发现,18 岁时的主导性积极情绪可以正向预测成年期的工资水平和物质收益,从而进一步强化个体的积极情绪。

一项元分析(Judge, Heller, & Mount, 2002)发现,外向性、尽责性和情绪稳定性可以很好地预测工作经验。有研究(Li, Fay, Frese, Harms, & Gao, 2014)显示,主动性人格与工作要求以及工作控制感的提高呈显著正相关。有研究使用新西兰的纵向数据,结果发现,18 岁时的主导性积极情绪(如进取心、社交性等)可以预测 26 岁时的工作卷入程度和工作承诺(Roberts et al., 2003)。还有研究发现,在控制了生理吸引力、认知能力、学习和就业情况之后,大五人格特质,尤其是外向性,可以正向预测工作状态和收入水平(Fletcher, 2013)。其他研究使用德国的社会经济数据(国家代表性样本),结果发现,大五人格特质预测了工作满意度(Winkelmann & Winkelmann, 2008)。还有研究显示,人格与工作满意度之间的关系在很大程度上取决于职业类型。例如,一项研究(Sundstrom et al., 2015)发现,培训发展行业的工作满意度与大五人格有显著相关,其中与情绪稳定性和乐观有最强的相关。还有研究显示,大五人格与退休后的生活也相关。早期的一项研究发现,高尽责性和高情绪稳定性的个体更容易为退休作好经济准备。一项研究(Löckenhoff, Terracciano, & Costa, 2009)使用国家数据,结果发现,情绪稳定性和外向性正向预测退休满意度。外向性与退休后的活动水平呈正相关,情绪稳定性与退休准备呈正相关。具体地说,大五人格中的情绪子维度(如积极情绪、抑郁)和行为趋势子维度(如易感性、活动性)可以预测退休满意度。

对早期文献的若干综述一致显示,大五人格因素可以很好地预测不同类型工作人员(如专业技术人员、警察、管理者、销售人员等)的工作表现(如客观表现、训练表现、团队工作、导师评价)。具体地说,开放性可以很好地预测专业技术人员的工作表现，外向性可以预测销售人员和管理人员的工作表现，尽责性和情绪稳定性可以预测所有类型工作人员的各种表现（如工作能力、培训能力和人际绩效）（Barrick & Mount, 1991; Barrick, Mount, & Judge, 2001; Ones, Dilchert, Viswesvaran, & Judge, 2007）。其他纵向研究证据显示，10 岁时的随和性、外向性和尽责性可以预测未来的学业成绩和工作表现（Shiner & Caspi, 2003）。值得一提的是，也有一些研究强调了尽责性对工作表现的负面影响：尽责性与创造力和革新呈负相关，与严苛挑剔、缺乏变通、对模糊性缺乏容忍、强迫倾向呈正相关，会导致整个工作氛围消极以及员工缺乏创造力（Chamorro-Premuzic, 2011; Hogan & Hogan, 2010; Kaufman, 2011）。有研究者指出，尽责性的子维度比尽责性本身更能预测工作表现，出现不一致的结果可能是因为不同子维度与工作表现有特异性的关系（Dudley, Orvis, Lebiecki, & Cortina, 2006）。

研究者还发现，人格的病态特征（功利主义、自恋和精神病态）也会影响工作表现。具体地说，功利主义有三个典型的价值观：(1) 坚信与他人相处时玩手段是有效的（如"永远不要告诉别人你做任何事情的真实原因，除非这样做有用"）；(2) 对人性的敌意看法（如"人性本恶，如果有机会，就会表现出恶的一面"）；(3) 认为眼前利益高于原则（如"如果不触碰原则，那么什么事情都做不成"）（Kish-Gephart, Harrison, & Trevino, 2010）。功利主义者通常见风使舵，擅长微妙地操控他人以达成自己的目标，因而有强大的社交网络，可以获得同事的信任和尊重，从客户处获得想要的结果，最终有不错的工作表现（Kessler et al., 2010）。但与此同时，功利主义者更难遵守公平互惠的基本原则，更可能在工作中表现出各种形式的不道德行为，通过不正当的手段追求成功，最终会导致同事、下属或者领导在以后的交往中对不公平线索更加敏感，这对人际关系和工作业绩都有负面影响（O'Boyle, Forsyth, Banks, & McDaniel, 2012）。

关于自恋与工作表现之间的关系，目前研究者尚未达成共识。一些研究发现，自恋的个体更致力于自我提升、印象管理、讨好优势人群，会更快得到提升(Hogan & Kaiser, 2005);另一些研究则发现,自恋的个体在社会交往中会有更多自私行为,会导致工作中的冲突,会更不满意自己当前的位置和报酬,在处于领导位置时甚至可能剥削他人,这会对工作表现产生不利影响(Campbell, Hoffman, Campbell, & Marchisio, 2011)。

精神病态表现为对他人和社会调节机制缺乏关注,容易冲动,伤害他人时缺乏愧疚感(Hare & Neumann, 2009),对工作表现有负面影响。有研究(Moscoso & Salgado, 2004)发现,各种病态人格特征,例如偏执、抑郁、被动、攻击、自我防御、精神分裂、反社会人格特征都与特定情境下的工作表现和整体工作表现呈显著负相关,自恋型人格与特定情境下的工作表现呈负相关,依赖型人格与整体工作表现呈负相关。

7.3.2 人格与领导力

人格对领导力的影响是人格心理学最重要的主题之一。无论是在常识中,还是在商业实践领域,人们普遍承认领导者的人格特征非常关键。一项择业调查(Galinsky, Bond, & Friedman, 1993)显示,个体择业时考虑的首要因素之一不是工作的薪水,而是管理者的性格或管理水平等。人格研究的若干元分析(Judge, Bono, Ilies, & Gerhardt, 2002)进一步显示,智商与领导力之间的关系(r=0.23)远小于大五人格特质与领导力之间的关系(r=0.48)。其他研究者指出,人格因素是解释领导者之间个体差异的核心因素(Kaiser & Hogan, 2007)。

早期的一项关于领导力的研究是科研团队对西尔斯公司雇员30年数据的分析。研究者发现,50%的新上任的经理最终表现不佳的原因在于缺乏商业技巧、不能应对复杂情况、被动、缺乏谋略、不能合理授权、不能建立团队、不能与团队成员保持良好的关系、感情用事、缺乏快速学习能力、喜欢控制他人等(Bentz, 1985)。后续研究进一步发现,优秀的和表现不佳的行政管理人员有一些共同的个人品质,例如聪明、有进取心、乐于自我牺牲。但是,优秀的行政管理人员会有更多样化的成绩,能够更从容地处理压力和错误,能够更好地通过他人解决问题,能和各类人群打交道；表现不佳的行政管理人员则不能很好地处理某些工作方面的问题，例如对他人的需要不敏感（粗鲁、胁迫他人）、冷漠傲慢、出卖他人、不能合理授权、过分野心勃勃、不能有效处理日常琐事、不能有策略地思考问题、不能很快适应不同的领导风格、过度依赖指导者或者上司。其中，对他人的需要不敏感是管理失败的首要原因（McCall & Lombardo, 1983）。上述研究结果在不同的行业、性别和文化中都得到验证（Rasch, Shen, Davies, & Bono, 2008）。由于上述人格缺陷与其他优良品质共存，因此尽管工作表现不佳的管理者无法和同事建立并保持良好的关系，会导致员工辞职、旷工、懈怠、绩效下降，但是他们依然常常被聘用，并且在各种行业中占据至少 50%的比例。只不过，他们中的一部分人最终可能因为性骚扰、胁迫或者剥削他人而被解雇（Hogan, Hogan, & Kaiser, 2010）。

其他研究者发现，大五人格特质与领导力显著相关。一项元分析（Judge, Bono, et al., 2002）显示，领导力与外向性（$r=0.31$）、开放性（$r=0.24$）和尽责性（$r=0.28$）呈显著正相关，与神经质（$r=-0.24$）呈显著负相关。另一项元分析发现，变革型领导力（鼓励他人发挥潜能的倾向）与外向性呈最显著的正相关（Bono & Judge, 2004）。还有研究（Nicholson, 1998）考察了英国一些顶级公司领导者的人格特征，结果发现，这些领导者有很高的外向性和尽责性，神经质和随和性偏低。

一些研究者关注负面人格特质（如自恋）对领导力的影响。自恋包括夸大的自我观，对控制、成功、受人崇拜的无限憧憬，以及通过他人获得良好的自我感受等（Morf & Rhodewalt, 2001）。有研究发现，自恋的个体有更高的自我报告的领导力，但是他人报告的领导力很低（Judge, LePine, & Rich, 2006）。

7.3.3 人格与工作行为

除了上述工作绩效等指标，工作行为（如组织公民行为、反生产行为、团队合作行为）也是重要的工作结果之一。其中，组织公民行为包括主动承担额外的责任、帮助他人减轻工作负担（Organ, 1988）；反生产行为是指工作中的不良行为，包括盗窃、破坏公物、迟到旷工、对他人的不当行为等消极行为(Sackett & DeVore, 2001)；团队合作行为是指个体在团队工作中的行为表现。在工业组织心理学中，大量文献支持人格在上述工作行为中的重要作用。接下来，我们将逐一回顾相关文献。

组织公民行为。相比于工作表现指标，人格与组织公民行为的相关相对较弱。在早期的一项元分析(Organ & Ryan, 1995)中，研究者考察了人格对两个组织公民行为指标(利他行为和服从)的影响。结果发现，人格对组织公民行为有一定的预测力：尽责性与利他行为(r=0.22)以及一般服从行为(r=0.30)呈显著正相关；随和性与利他行为(r=0.13)以及一般服从行为(r=0.11)也呈正相关；神经质与利他行为(r=−0.06)以及一般服从行为(r=−0.12)呈显著负相关；积极情绪性与利他行为(r=0.15)以及一般服从行为(r=0.07)呈显著正相关。但是，在使用自我报告法的研究中，上述人格与组织公民行为的相关就大大减弱了。一项元分析发现，组织公民行为与尽责性(r=0.27)、积极情绪性(r=0.22)、他人取向的同理心(r=0.33)、助人行为(r=0.32)呈正相关。但是，其他研究表明，人格只通过工作满意度对组织公民行为产生间接的影响(Organ, Podsakoff, & MacKenzie, 2005)。另有研究发现，具有主动性人格的个体报告了更多的组织公民行为和其他积极的工作行为，例如提出建设性的建议、主动工作、协商和妥协等，也得到了更多的支持(Li et al., 2014)。一项元分析(Tornau & Frese, 2013)表明，主动性人格与承担责任以及提出意见和建议也呈显著正相关。

反生产行为。已有的大量文献显示，人格与反生产行为的整体状况以及具体指标都有显著相关。有研究发现，反生产行为对工作绩效的影响是复杂的，并且与持续时间有关。在持续时间较短的情况下，反生产行为会由于挑战规则、追求内在工作角色而有利于工作情境中的创造性或者发明；但从长期来看，反生产行为会对工作绩效和组织关系产生负面影响(Anderson & Gasteiger, 2007)。一项元分析(Berry, Ones, & Sackett, 2007)将反生产行为区分为人际越轨和组织越轨两大类，结果发现情绪稳定性与人际越轨（r＝－0.24）以及组织越轨（r＝－0.23）都呈显著负相关；随和性与人际越轨（r＝－0.46）以及组织越轨（r＝－0.32）都呈中等程度的负相关；尽责性与人际越轨（r＝－0.23），尤其是与组织越轨（r＝－0.42）呈较强的负相关。一项纵向研究发现，儿童期有行为问题的个体在成年早期（26岁时）更容易表现出反生产行为，也更难和领导以及同事有积极的人际关系，从而导致不良的工作环境，并且上述关系可以被18岁时的人格特质（消极情绪性）所解释（Roberts，Harms，Caspi，& Moffitt，2007）。

团队合作行为。除了上述个人行为，大量研究显示，个体的人格会影响其在团队中的行为表现。有研究（Morgeson et al.，2007）对51个工作团队进行分析，结果发现，如果团队整体在尽责性、随和性、外向性上得分较高，在神经质上得分较低，那么团队领导评定的工作表现较好。其他研究发现，尽责性、外向性、随和性和情绪稳定性都可以预测关系绩效，在制造业领域彼此高度依赖的工作团队中尤其如此。一项研究（Bennett & Burch，2007）对63个四人互依型紧急服务团队进行分析，结果发现，团队领导者的外向性与支持革新、维护安全等团队氛围有关。

7.3.4 人格与工作安全

除了对上述工作绩效、领导力和工作行为等有重要影响之外，人格还对工作健康结果有重要影响。虽然工作健康结果常常不是企业关心的首要内容，但是它对企业和员工意义重大。对企业而言，与工作有关的事故或疾病是企业支出的重要组成部分；对员工而言，因为工作而患病受伤，不仅会影响工作表现，而且会影响个人的生活质量，甚至会对个人造成致命性的影响（Stuhlmacher，Briggs，& Cellar，2009）。接下来，我们将简要回顾人格与工作安全之间的关系。

一项综述（Stuhlmacher et al.，2009）总结了大五人格与各种工作安全指标之间的关系。结果发现，随和性、尽责性和感觉寻求与各种工作安全指标都有较强的相关，相关系数最高达0.42。具体地说，各种工作安全指标与感觉寻求的相关系数在0.20～0.42之间，与随和性的相关系数在－0.42～－0.13之间，与尽责性的相关系数在－0.40～－0.14之间。另一项元分析（Clarke & Robertson，2005）发现，在工作场所，低随和性和高神经质的个体更容易发生事故；在非工作场所，高外向性、低随和性、低尽责性的个体更容易发生事故；低随和性的个体在各种场合都容易发生事故，这主要是因为低随和性的个体不善于处理与他人的关系，更难选择那些降低安全风险和意外的行为。

有研究以大学生为样本，对人格与驾车行为之间的关系进行分析。结果发现，尽责性与由自身导致的事故相关；神经质与攻击性驾车，以及驾车时的愤怒情绪相关；尽责性与攻击性驾车相关。在大学生样本中，外向性可以预测由自身导致的事故和意外事故（Arthur & Graziano，1996）。在其他样本中，研究者发现，尽责性和随和性与驾车过程中所有的事故（由自身导致的事故和意外事故）呈负相关（Cellar，Yorke，Nelson，& Carroll，2004）；随和性与罚单的数量呈负相关（Tubre，Edwards，Zyphur，& Warren，2006）。有研究者发现，整体冒险行为与外向性、开放性和情绪稳定性呈正相关，与随和性和尽责性呈负相关。这主要是因为，高外向性和高开放性为风险行为提供了动机力量，低神经质和低随和性可以消除冒险带来的负面情绪如愧疚，低随和性和低尽责性可以克服自我控制、谨慎、服从等品质带来的认知冲突（Nicholson，Soane，Fenton-O'Creevy，& Willman，2005）。

此外，大量证据显示，与注意控制（如冲动性）、唤起水平（如感觉寻求）、内在取向（如控制点）有关的人格特质也与工作安全有关。有研究发现，冲动型的个体，主要表现为缺乏对思想和行为的控制，更容易出现风险行为。冲动性可以正向预测事故（包括攻击性驾车行为和风险驾车行为），冲动型的个体拥有更差的交通信号知觉能力（Dahlen，Martin，Ragan，& Kuhlman，2005；Hansen，1988）。感觉寻求是追求新异刺激和强烈刺激的倾向，与冒险行为呈正相关（Nicholson et al.，2005），与风险驾车（如超速驾车）也有相关（Dahlen et al.，2005）。其他研究显示，无聊倾向（体验到无趣感受的倾向）与攻击性驾车行为、风险驾车行为，以及愤怒驾车行为呈正相关（Dahlen et al.，2005）。内在控制点是指个体知觉到的自己对行为的控制能力(Rotter, 1966),可以预测事故发生的可能性(Hansen, 1988)。早期的一项元分析(Arthur, Barrett, & Alexander, 1991)发现,外在控制点与驾车事故呈正相关,这主要是因为具有外在控制点的个体更相信运气,认为事故、受伤和死亡非人力所能阻止。还有研究者发现,具有内在控制点的个体比具有外在控制点的个体更少发生事故,这主要是因为具有内在控制点的个体倾向于认为自己可以控制自己的生活,会更谨慎地应对日常生活事件(Hansen, 1988)。

有研究者(Stuhlmacher et al., 2009)指出,在工作环境下,工作安全行为的出现包括一系列过程。工作环境会影响个体对风险的知觉和识别,进而影响回避风险的决策,最初影响个体的风险或者安全行为,最终影响工作安全的结果。工作安全行为过程的每个环节都会受到个体差异因素(如人格、能力、知识)和工作背景(如物理环境、组织因素、社会因素、人际因素)等因素的影响(见图 7-1)。与注意控制有关的人格特征(如冲动性)会使个体更容易创造风险情境,更容易知觉到这些风险因素;尽责性与风险因素的识别和决策有关;与唤起有关的人格特征(如感觉寻求)会影响个体对风险的知觉和采取的实际行动。

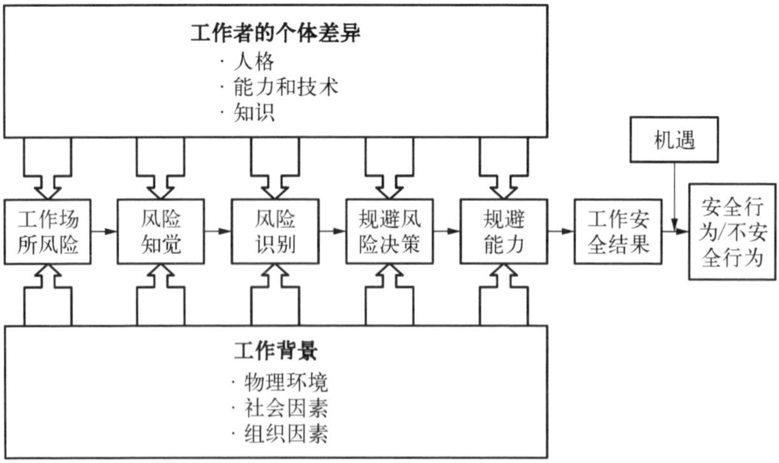

图 7-1 工作安全行为过程模型(Stuhlmacher et al., 2009)

7.4 工作与人格发展

第五章提到，人格与环境是相互作用的关系。工作作为成年期生活环境和人生结果的重要组成部分，与人格的相互作用非常重要。本章前面回顾了大量研究证据，这些研究证据显示，人格特质会影响工作结果。在人格毕生发展的背景下，工作结果(如开始工作、失业、升迁)和工作环境(如工作压力)对个体人格的影响是巨大的。大量研究证据表明，与工作相关的表现和环境也会促使人格发生改变。可以说，工作是成年期人格改变的重要来源之一。有研究者指出，成年期工作的周期主要包括参加工作、适应工作环境、维持工作和退休四个过程。人格研究者(Caspi et al., 2005)指出，工作特征主要通过两个途径影响人格：(1) 强化人格特征，参加工作为个体发展工作所需的人格特征提供了可能性，工作维持过程中的资源和奖赏有利于强化与工作有关的人格特征；(2) 技能的发展，新工作会促使个体学会新的知识技能，激发个体去主动寻求更多新的挑战，促进人格的发展。接下来，我们将逐一回顾不同工作阶段中人格发展的过程。

7.4.1 参加工作与人格发展

在成年期乃至整个人生，参加工作是非常重大的人生事件之一。正如俗语所说的“成家立业”，参加工作在所有文化中都意味着经济独立，这决定着自我独立，可以帮助个体摆脱对其他家庭成员的过度依赖和需要(如经济需要)，可以改变自己的人生命运和社会经济地位，个体的人生将进入一片完全不同的天地。与此同时，工作也会占用个体大量时间，使个体不得不关注各项工作业绩，并且努力得到工作中他人(如领导)的认可，这成为重要的压力来源。当代年轻人希望工作可以充分彰显自我，能够与自己的兴趣和能力匹配，能够有满意和愉快的体验。因此，这一阶段的工作体验必然会给自我和人格带来一些新的元素。

目前，已经有大量研究证据证实了参加工作对人格发展的影响。早期研究（Roberts，1997）发现，参加工作和工作方面的成功会促进人格的适应，例如自信、独立、遵从规范和责任感水平有所提升。一项元分析（Specht et al.，2011）显示，参加工作与尽责性的大幅度提升显著相关，二者的标准化回顾系数约为 0.19。其他研究发现，第一次参加工作（包括兼职工作、全职工作）可以预测尽责性的提升（Specht et al.，2011），以及社会责任感的增强（Roberts & Bogg，2004）。还有研究发现，缺乏控制和过分控制的个体在 17～23 岁之间攻击性会显著提升，并且上述攻击性的变化可以被长期未能得到兼职工作（成人角色的延迟）所解释（Dennissen，Asendorpf，& Van Aken，2008）。

7.4.2 维持工作与人格发展

有研究者（Friedman & Havighurst，1954）指出，在成年期，个体在很大程度上是由工作定义的，多数个体认为工作对人生有重要的意义：收入决定着个体的生活水平、质量以及所属的群体（如阶层）；工作中时间和精力的支出决定着个体每天的生活，以及利用时间的方式；工作中的身份既是自尊的来源，也是获得他人尊重和承认的方式，决定着个体的角色定位；工作中的社会交往可以为个体带来更多朋友关系和团体关系；工作中的生活经验决定着个体的生活目标、创造力和人生体验。有研究者指出，工作环境要求个体表现出特定的行为特征（如认真完成任务、注意他人的需要、避免人际冲突）以获得社会的认可；经过不断重复和强化，这些行为特征会成为自动化的行为模式，最终影响个体生活的方方面面（Bowen，Noack，& Staudinger，2010）。这个过程被称作早期职业社会化过程，即在此过程中，个体不得不学习与同事相处的技巧、回应权威的技巧、保持自己立场和维护自己利益的技巧（Schaie & Willis，2002）。在上述职业社会化过程中，个体的人格不可避免会进一步受到塑造，最终朝着更成熟、更有智慧的方向发展。当代大量的人格研究发现，工作中的各种态度（如投入度）、行为（反生产行为）和结果（薪酬）等的确会影响人格的发展。

首先，积极的工作结果（如地位、收入的提高）带来了人格的积极变化（如外向性的升高、神经质的降低）。例如，一项纵向研究发现，较高的职业地位和经济安全感预测了18～26岁期间主导性和亲和积极情绪性（如随和性）的升高（Roberts et al.，2003）。其他对中年女性的研究也发现，正式参加工作和工作上的成功可以预测女性20年后主导性和支配性的升高（Roberts，1997；Roberts et al.，2002）；工作承诺感可以预测外向性和成就动机（如尽责性）的升高（Vandewater & Stewart，1998）。有研究（Sutin，Costa，Miech，& Eaton，2009）使用纵向数据，结果发现，在10年的时间间隔里，工资水平与神经质的降低和外向性的升高呈正相关；并且上述效应在刚开始工作的人群中更明显。相似地，其他研究（Sutin & Costa，2010）发现，在47～52岁的中年人群中，工作声望的水平会影响外向性的水平。还有研究（Hudson et al.，2012）显示，工作的自主性、安全性和福利可以预测10年间的主导积极情绪性。

其次，积极的工作感受、态度和行为也可以使人格发生积极变化。例如，早期的一项研究（Roberts & Helson，1997）显示，大学毕业后10年间的工作经验会对能力感产生重要影响，工作自主性对能力感有重要的积极作用。新西兰的一项纵向研究发现，工作卷入度与18～26岁的主导积极情绪性（如社交性、进取心等）呈正相关，工作满意度和卷入度的提升共同预测了积极情绪的增加和消极情绪的减少（Roberts et al.，2003）。一项对澳大利亚被试的研究发现，工作满意度和关系满意度的升高可以预测神经质的降低和外向性的升高。上述效应在30岁以上和30岁以下的人群中是相似的，并且两个年龄群体人格发展的相关相对较高，大约为0.40。这些结果说明：(1) 人格的发展在30岁之后依然存在，并不局限于青年期；(2) 由于30岁之后人格的发展依然存在，因此人格的发展可能是社会环境作用的结果，而不是自然成熟的结果（Scollon & Diener，2006）。一项研究（Hudson et al.，2012）发现，对工作的投入可以预测随和性和外向性的提升，工作行为（组织公民行为、工作卷入度）可以预测尽责性的提升，工作卷入度可以预测开放性的提升，工作中的人际卷入度可以预测随和性和尽责性的提升。值得一提的是，上述效应并没有受到年龄的调节，这说明工作对人格的影响在成年早期和成年期其他阶段相似。其他研究发现，支持性的工作关系可以为主动行为提供各种资源(如技巧)(Morrison & Phelps, 1999)，在短期内可以提高个体的主动性，但是与长期的主动性人格的发展无关(Li et al., 2014)。

其他研究发现，消极的工作态度和行为也会给人格带来负面影响。有研究显示，工作压力过高与职业女性的抑郁、焦虑、神经质、敌意呈正相关(Williams et al., 1997)，与中年男性情绪稳定性的下降相关(Van Aken, Denissen, Branje, Dubas, & Goossens, 2006)。不肯承诺工作角色会导致青年人神经质水平的升高并维持最初的尽责性水平，这与其他青年人尽责性随年龄升高的趋势完全相反(Roberts, Walton, Bogg, & Caspi, 2006)。其他研究发现，工作中不断重复的反社会行为和反生产行为预测了尽责性和情绪稳定性的降低(Roberts, Walton, & Viechtbauer, 2006)。这一结论在后续的纵向研究中也得到证实(Hudson et al., 2012)。其他研究(Sutin & Costa, 2010)显示，在47～52岁的成年人样本中，消极的工作特征(如工作对心理资源的要求)预测了主导性积极情绪性的降低。其他研究发现，工作要求(如工作量)会激发个体的内在动机和个人成长(Podsakoff, LePine, & LePine, 2007)，会促进主动性人格的发展(Fay & Sonnentag, 2002)。其他研究发现，中等程度的工作要求与主动性人格有双向作用关系：工作要求可以预测之后的主动性人格；主动性人格也可以预测之后的工作要求(Li et al., 2014)。还有研究(Roberts & Helson, 1997)显示，不稳定的职业状态会对个体的能力感产生消极影响。

还有研究显示，工作经验可以显著预测自我成长。对中年女性的一项研究发现，没有中断的、成功的工作经验与女性的自我发展有关(Helson & Roberts, 1994)。其他研究发现，工作中的情境要求(如考虑其他观点)会提升个体关于自我和世界的智慧(Staudinger & Bowen, 2010)。还有研究(Staudinger, Kessler, & Dörner, 2006)发现，工作中的社会互动(如指导者对技能的指导、年长同事对处理困难的建议)有助于个体智慧的发展。有研究发现，与智慧相关的工作有助于智慧的发展。例如，临床心理学家比非社会服务专业人员表现出更高的智慧水平(Staudinger, Smith, & Baltes, 1992)。

7.4.3 退休与人格发展

与参加工作一样，退休（结束工作）也是人生重大的常态事件之一(Thériault, 1994)。退休对个体的生活有一些共同的影响，例如日常活动和社交网络的改变(Kim & Moen, 2002)。但是，个体对待退休的态度有明显不同：一些个体将退休当作老年期的过渡，退休意味着摆脱工作的束缚，开始享受自由的生活；一些个体将退休看作人生新的开始，把退休当作追求自我、发展兴趣爱好的契机；一些个体将退休看作工作的延续，继续参加各种活动或者继续工作；一些个体将退休看作强制中断，认为退休意味着失去工作、失去与工作有关的成人角色、失去成功的能力(Hoyer & Roodin, 2003)。目前，只有少量研究涉及退休对人格发展的影响。

早期的一项研究(Howard, Rechnitzer, Cunningham, & Donner, 1986)发现，退休可以预测一年后A型行为模式的减弱。其他研究(Thériault, 1994)发现，特质焦虑在退休前一个月最高随后一直降低。一项元分析(Specht et al., 2011)表明，退休可以预测尽责性随年龄下降的趋势。一项纵向研究(Löckenhoff et al., 2009)发现，在退休后，个体的神经质和外向性没有太大的变化，但是自我报告的活跃度（如快节奏、精力充沛）有所下降，同时随和性的子维度——顺从性（如低竞争性、低争辩性）会有所下降。

7.4.4 失业与人格发展

与上述三种工作状态不同，失业是一种非常态的工作状态。无论是短期失业还是长期失业，不仅会给个体带来巨大的压力，而且会给个体的生活带来巨大的影响，包括与原来的同事和朋友失去联系，由于收入的减少不得不搬家或者改变生活方式，限制个体参与某些事件（如行业会议)或者社会活动(如旅行、在餐厅就餐)的机会。有研究显示,失业对幸福感的影响持久并且强烈,与残疾和丧偶对幸福感的影响相当(Boyce & Wood, 2011; McKee-Ryan, Song, Wanberg, & Kinicki, 2005)。如果这些生活改变是长期的,那么不仅可能导致人格在这些特殊的情境中呈现出不同的表达形式,而且可能导致人格本身的平均数水平发生变化(Boyce & Wood, 2011; Reynolds et al., 2010)。

早期的一些研究发现,失业可以显著预测尽责性的降低(Specht et al., 2011)。失业与压力水平(Frost & Clayson, 1991)和抑郁水平(Dooley, Prause, & Ham-Rowbottom, 2000)呈正相关。还有研究发现,失业可以预测情绪稳定性和尽责性的下降(Costa et al., 2000)。一项研究(Boyce, Wood, Daly, & Sedikides, 2015)使用德国社会经济研究数据子样本中6,308名17～61岁个体的资料,系统考察了失业对大五人格变化的影响。结果发现:(1) 在失业期间,个体的随和性、尽责性和开放性平均数水平的变化达0.40;在工作期间上述人格变化则非常有限。(2) 失业及其发生的时间对人格平均数水平变化的影响(失业四年的男性,尽责性的变化为d=0.97;失业三年的女性,开放性和随和性的变化为d >0.70),远大于其他研究中重大生活事件对人格的影响(如离婚带来的平均数水平变化为0.25)(Specht et al., 2011)。(3) 失业本身只会降低开放性,但失业的时间与随和性和开放性的下降呈正相关。这就是说,从短期来看,失业只会带来开放性的下降;但是失业的时间越长,随和性和开放性的下降越明显。(4) 失业对人格发展的影响存在显著的性别差异。对女性而言,随和性在整个失业阶段都在下降;对男性而言,随和性在失业的2～3年内有所上升,但是在更长的时间范围内则随着时间而下降。对男性和女性而言,失业会使个体不得不逐渐降低尽责性,以便在情绪上有效应对失业的现状(如高尽责性可能导致个体对失业状态非常自责、难以接受),但是尽责性的下降又会导致个体求职行为的减少,进一步延长失业的时间。不同的是,女性的尽责性在长期失业后会重新恢复到初始水平,这可能是因为女性的传统性别角色促使女性在其他非工作事务(如照顾家庭)中重获尽责性。相似地,在男性群体中，开放性在失业的第 1 年保持稳定，但是在随后的几年会逐渐下降；在女性群体中，开放性在失业的 2～3 年会急剧下降，但是在第 4 年会逐渐恢复到正常水平。

7.5 小结与展望

如前所述，本章重点回顾了人格，尤其是大五人格因素对各种工作结果（职业选择、求职、工作满意度、工作业绩、领导力、工作安全、组织公民行为、反生产行为、合作行为）的预测作用。与此同时，沿用人格与环境相互作用的思路，本章还回顾了各种工作条件对人格发展的影响。尽管目前工业组织心理学已经积累了大量的研究证据，但是此领域还有很大的探索空间。有研究者（Burch & Anderson，2009）指出，在工业组织心理学领域，未来的人格研究应该重点关注以下七个方面。

第一，人格的黑暗面对工作行为和表现的影响。如前所述，已有相当多的研究探讨黑暗三人格与工作结果之间的关系，但仍有很多局限。一项元分析（O'Boyle et al.，2012）指出，在已有的研究证据中，人格的黑暗面与工作结果之间效应的大小存在很大的变异，这说明二者的关系可能存在调节变量（如智商或能力），因而未来的研究仍需进一步探讨各种个体因素或者环境因素如何与人格交互作用以共同影响工作结果，以便更好地阐释人格的黑暗面在何种条件下、以何种形式对工作结果产生影响。此外，研究者指出，黑暗三人格的测量也存在问题。正如前面所提到的，自恋的个体会过分夸大自己的优点，很难对自己作出准确的知觉和判断，因此使用简单的直接自我报告法很难测量真实的自恋水平。未来的研究应该进一步寻找更合适的方法以测量黑暗三人格。

第二，人格的其他方面（如奖赏敏感性和惩罚敏感性）对工作结果的影响。如前所述，已有的人格研究重点关注大五人格或者其他职业性人格的测量，忽略了人格研究领域其他方面的重要进展（如生物基础研究、文化心理等领域的发展）。例如，在人格和社会心理学领域，与大五人格特质一样，行为激活系统和行为抑制系统也是具有生物基础的更为宽泛的人格维度，对认知功能、情绪状态和行为结果（如学业成绩）有很好的预测力，能够很好地解释各种行为（如趋避行为）和结果（如学业成绩、幸福感）的文化差异（Elliot, 2008）。但是，关于行为激活系统和行为抑制系统如何影响工作行为和结果，少有研究涉及。未来的研究应该充分吸收基础人格研究中的理论进展，以加深对工作场所中心理现象的理解。

第三，人格的具体子维度与工作结果的关系。正如本章所述，无论是大五人格还是人格的黑暗面，工业组织心理学领域的研究多关注相对宽泛的维度如随和性或者自恋，少有研究涉及具体的人格维度如特权感（自恋的子维度）或者条理性（尽责性的子维度），这些具体的人格子维度可能比宽泛的维度更能预测具体的工作表现（如条理性预测秘书的工作表现）。因此，未来的研究应该进一步探讨宽泛的人格维度和具体的人格子维度如何预测各种工作结果。

第四，人格与工作行为和结果的非线性关系。大多数人格研究假设人格与各种结果变量之间存在线性相关或者因果关系，但是工业组织心理学领域的证据显示，人格变量（如尽责性、情绪稳定性）与工作结果（如工作表现、组织公民行为、反生产行为）之间的相关是曲线相关（Le et al., 2011）。因此，未来的研究应该探索人格因素与不同工作结果是否存在曲线关系，并进一步揭示曲线关系背后的内在机制。

第五，不同人格特质对工作结果的交互影响。如前所述，多数人格研究探讨的是某一个人格特质对工作结果的影响，但是不同的人格特质对工作结果的影响很可能存在“整体大于部分之和”的效应。例如，黑暗三人格中的三个人格维度（功利主义、自恋和冷漠无情）经常存在交互作用，共同决定个体独特的行为模式和结果（O'Boyle et al., 2012）。未来的研究不仅应该考察人格维度的直接效应，而且应该关注不同人格维度之间的交互效应。

第六，人格的自我评定和他人评定。正如前面章节所谈到，人格研究主要采用自我报告的方法。与人格的基础研究不同，工业组织心理学领域不仅关注自我知觉和认同感，而且关注他人对个体的评价，即个体的声誉。值得一提的是，个体的声誉比认同感更能预测工作结果（Hogan & Chamorro-Premuzic，2015）。考虑到声誉的准确性和预测力，未来的研究应该尽可能同时包括自我评定和他人评定的结果，以便更全面地了解人格在工作场所中的作用。

第七，人格与工作结果之间关系的群体差异。根据本章的回顾，已有研究重点关注整体层面上人格与工作结果之间的关系。但是，大量研究显示，由于社会规范和角色要求的不同，人格与工作结果之间的关系存在文化差异（Smith et al.，2006）、年龄差异（Birren & Schaire，2006），以及社会经济地位的差异（Clougherty，Souza，& Cullen，2010）。未来的研究在关注整体趋势的同时，也应该进一步探讨某种人格与工作结果之间关系存在的边界，即在何种条件下或者何种群体中这一关系是存在的，在何种条件下或者何种群体中这一关系是不存在的。

8 人格发展与健康

有研究者(Van Lieshout, 2006)提出,保持良好的生理状态是人生的重要主题之一。良好的生理状态不仅包括身体的健康(无疾病状态),而且包括保持良好的生理吸引力和身体功能(如性功能、生育功能)。值得一提的是,在过去的几十年里,健康的概念开始从“生物医学模式”向“生物—心理—社会模式”转变,强调健康是身体、心理和社会多个方面的良好状态(Taylor, 2009)。因此,相比于生物医学的健康概念,心理因素尤其是人格因素与整体健康概念的关系更为密切,心理学家也有更大的探索空间。正如在日常生活中,我们常常困惑:为什么一些人在健康方面谨小慎微,但依然容易罹患某些疾病,另一些人纵然健康习惯非常不好,但依然可以保持健康?为什么一些人会英年早逝,另一些人则可以长命百岁?这些正是人格心理学家关心的重要议题。从毕生发展的观点来看,人格与生理过程、健康状况的关系变得更加重要。在30岁左右身体发展到巅峰水平之后,每个人都会面临身体衰退(如精力下降)的问题;中年期之后,各种疾病更是接踵而至,很可能会给身体机能和自理能力带来严重的损害。个体不仅面临身体衰退的问题,而且面临如何应对重大疾病以及如何更好地生活的问题。可以说,健康问题是中老年期人生的核心主题。毕生发展心理学对此进行了大量研究,强调三个重要的健康结果:正常衰老或正常的健康结果(如自我报告的健康、日常功能状态、健康服务利用)、特殊疾病(如癌症、老年痴呆症)和康复,以及死亡(或长寿)。正常衰老是指随着时间而发生的逐渐的、轻微的、缓慢的身体衰退过程,特殊疾病则是由疾病带来的迅速的、强烈的身体损害。虽然二者的结果可能都是死亡,但是其影响的人群范围和速度有明显不同(Hoyer & Roodin, 2003)。此外,不同的健康结果也有密切的联系。自我报告的健康、日常功能状态、健康服务利用在很大程度上可以反映疾病行为,而疾病行为能预测个体的患病情况和死亡(或长寿)(Smith, Williams, & Segerstrom, 2015)。接下来,我们将回顾人格与健康结果(如衰老、疾病、死亡)之间的相互关系。

8.1 人格与疾病

早期关于心理因素与身体健康关系的研究始于人格类型研究,例如A型人格与冠心病关系的研究、无意识情绪冲突与疾病关系的研究。这激起了研究者对心身关系问题的大量探讨,形成了心身医学和行为医学等研究领域。当代心理学研究者沿着这条思路,开展了大量健康心理学研究。一些研究者进一步探讨了其他人格类型(如D型人格)对不同疾病的易感性;另一些研究者则进一步探讨了A型人格的某些人格特征或者维度(如敌意、情绪压抑)对健康指标(如心血管反应、心血管疾病)的影响。

8.1.1 人格类型与疾病

A型人格与疾病。A型人格及其潜在维度对健康的影响迄今仍是健康心理学的重要主题。A型人格最早由治疗心脏病的医生发现:他们发现候诊室的椅子常常被磨得发亮,前部有破损的痕迹,在认真观察病人之后,发现许多病人有一些共同的人格特征,如不愿意等待、害怕浪费时间、焦虑、喜欢竞争(Friedman & Roseman, 1974)。经过系统研究,结果发现,A型人格行为模式的典型特征是竞争性强、追求成就、感到时间紧迫、缺乏耐心、易怒、急躁,并且与冠心病有很大的关系(Cooper, Detre, & Weiss, 1981; Roseman et al., 1964)。A型人格行为模式评定标准,如表8-1所示。

表 8-1 A 型人格行为模式评定标准(Friedman & Roseman, 1974)

A 型人格行为模式	是	否
● 在谈话中你是否过分强调一些词,并且对句子中最后的几个词一带而过?		
● 你行动、吃饭、走路的速度是否总是很快?		
● 当事情的进展不能如你所愿时,你是否会变得不耐烦或者生气?		
● 你是否经常在同一时间内做几件事?		
● 你是否经常把话题转移到你感兴趣的问题上?		
● 当你休息时,你是否有负罪感?		
● 你是否经常不注意环境中的新事物?		
● 你是否更关心结果而不是过程?		
● 你是否经常在很短的时间内安排很多事情?		
● 你是否发现你与喜欢赶时间的人在暗中竞争?		
● 在交谈时,你是否喜欢用一些有感染力的手势,比如为了强调某个问题而握紧拳头或敲桌子?		
● 你是否认为行动迅速是成功的关键?		
● 在日常生活中,你是否经常用数字给你的成就打分,比如卖出多少商品?		

注:如果上述问题的答案有半数以上为"是",则为 A 型人格;答案为"是"的个数越多,A 型人格的倾向越明显。

但是,后续研究并没有完全重复早期的结果。有研究发现,使用访谈法时,A 型行为模式可以稳定地预测之后的冠心病。但是,使用自我报告法测量时很难发现二者之间的关系。上述结果的差异主要是由两个原因造成的:(1) 访谈法和自我报告法测量的 A 型行为模式聚合效度偏低,即测量的内容并不完全一致,导致二者的结果不同;(2) 自我报告法可能低估了 A 型行为模式的程度,进而低估了 A 型行为模式与冠心病的关系强度(Miller, Turner, Tindale, Posavac, & Dugoni, 1991)。有研究者对 1966—1998 年有关 A 型行为模式与冠心病关系的纵向研究进行元分析,结果发现,A 型行为模式与冠心病的平均相关系数只有 0.003 ($n=74,326$, $p=0.213$);敌意与冠心病呈显著相关,平均相关系数为 0.022 ($n=15,038$, $p=0.003$)(Myrtek, 2001)。

正因为如此,后续研究者开始研究 A 型人格的具体维度(如愤怒、敌意)与疾病之间的关系,并初步达成了一些一致的结论:在A型人格的诸多特征中,时间紧迫感、过度沉迷于工作等人格特征与冠心病并没有确切的关联,但易怒、攻击性和敌意可以很好地预测冠心病。例如,一项元分析(Chida & Steptoe, 2009)表明,在健康人群中愤怒(不愉快的情绪,如厌烦)和敌意(对他人的消极态度,如怨恨、贬损、不怀好意)与冠心病病症的增加有关,在冠心病人群中与更严重的病症有关;并且上述效应在控制了疾病状态和治疗情况后依然存在。值得一提的是,愤怒和敌意对冠心病的负面影响在男性群体中比在女性群体中更明显。其他研究发现,愤怒和敌意可以预测各种健康结果。例如,冠心病的全部病程(早期征兆、明显的临床症状、症状的复发)(Gottdiener et al., 2003; Smith et al., 2007)、高血压和中风的发生和发展(Rutledge & Hogan, 2002; Yan et al., 2003),以及各种原因导致的死亡率(Miller, Smith, Turner, Guijarro, & Hallet, 1996)。还有研究发现,在控制了敌意行为的各项测量指标之后,急躁的说话方式也是冠心病的有力预测变量(Houston, Chesney, Black, Cates, & Hecker, 1992),社会支配性可以预测男性22年后由各种原因导致的死亡率(Houston, Babyak, Chesney, Black, & Ragland, 1997)。有趣的是,在A型行为维度的研究中,相比于其他评定方法(如他人评定法),使用自我报告法得到的各维度与健康结果之间的相关更低(Newman et al., 2011; Smith et al., 2007)。

D型人格与疾病。除了A型人格之外,研究者认为,D型人格(也叫忧伤人格),即消极情绪性(高神经质)和社会抑制(低外向性)的结合,也可以很好地预测心血管疾病(如高血压)的发生、发展、复发,以及由此带来的癌症和死亡,但对糖尿病、关节炎、哮喘、艾滋病、溃疡等病症的预测力仍没有一致的结论(Grande et al., 2011)。其中,消极情绪性主要表现为长期的、强烈的消极情绪,缺乏积极情绪,自尊心水平低,对生活现状不满。其中,最关键的因素是慢性心理忧伤,它与健康人群的各种身体症状有关。社会抑制(低外向性)具体表现为在社会交往中压制对自己情感和行为的表达,认为外界充满威胁,在交往中始终与人保持心理距离，社会抑制可以预测心脏的不良反应和较差的复原能力(Denollet et al.，1996)。

临床研究证据显示，在控制了疾病情况、健康行为之后，D型人格冠心病患者的死亡率仍远高于对照组，在心肌梗死后心脏病的发病率比对照组高6倍，出现创伤后应激障碍的可能性是对照组的4倍，心脏病复发率是对照组的4倍，心脏骤停的风险是对照组的7倍(Pedersen & Denollet, 2003)。其他研究者进一步指出，D型人格对心血管功能有负面影响，主要有以下三方面的原因：(1) D型人格的个体会有血小板功能性障碍，心理变化幅度偏小，更容易心脏缺血，会导致心血管疾病的复发或者恶化(Denollet et al.，1996)；(2) D型人格个体的下丘脑—垂体—肾上腺轴、交感—肾上腺髓质系统，以及免疫系统的皮质醇分泌系统在应激状态下通常会有过度反应，对心血管产生不良影响(Whitehead, Perkins-Porras, Strike, Magid, & Steptoe, 2007)；(3) D型人格个体的免疫系统功能紊乱，会刺激前炎症细胞因子、肿瘤坏死因子等，是个体因心脏病而死亡的决定性指标(Denollet et al.，2003)。但是，也有研究发现，神经质和外向性(D型人格的典型特征)对健康结果并没有显著的交互影响，并没有支持D型人格的假设(Grande et al.，2011)。

C型人格与疾病。与A型人格和D型人格不同，C型人格又叫癌症易感性人格。C型人格最早由特莫肖克(Lydia Temoshok)正式提出，即癌症患者或者肿瘤患者有特殊的行为特征，主要包括自我意识薄弱、过度要求自己、压抑自己的情绪等(Temoshok & Dreher, 1992)。有研究表明，各种类型的癌症(如乳腺癌、皮肤癌、胃癌、卵巢癌、肺癌)患者共同的人格特征包括对愤怒和其他情感的压抑、焦虑、沟通障碍、情感表达障碍。C型人格的个体体内环境平衡系统通常遭到破坏，因此无法清除异常或者突变的癌细胞，导致个体罹患癌症的可能性是其他人的3倍(Morris & Greer, 1980)。

8.1.2 人格特质与健康结果

随着大五人格特质的提出，一些研究者开始密切关注大五人格特质对各种健康结果的预测效力。在某种程度上可以说,这些研究促进了人格科学的复兴(Roberts, Kuncel, et al., 2007)。在大五人格特质中,神经质和尽责性已经被大量研究证实与各种健康结果有密切的关系。但是,关于其他人格特质与健康结果的关系,研究者尚未达成共识,仍需要进一步探索。

神经质。在大五人格特质中,神经质(消极情绪性)是最明显的、最有影响力的身体和心理健康风险因素,也被研究者称作疾病易感人格(disease prone personality)(Friedman & Booth-Kewley, 1987)。早期的综述指出,在控制了 A 型行为之后,神经质(包括焦虑、抑郁和愤怒)是冠心病以及不良的生理健康状况的预测因素(Friedman & Booth-Kewley, 1987)。后续研究发现,神经质可以正向预测对身体症状的抱怨、身体系统的各种症状(Costa & McCrae, 1987),以及由心血管疾病导致的死亡(Terracciano, Lockenhoff, Zonderman, Ferrucci, & Costa, 2008)。进一步的文献分析发现,焦虑、愤怒和抑郁对冠心病病程的影响有很大相似性,这说明普遍的消极情绪性比某种特殊的消极情绪对冠心病有更好的预测作用(Suls & Bunde, 2005)。其他研究显示,成年期焦虑、抑郁和愤怒等消极情绪可以通过不健康的行为(如过度饮食、运动量过少、压力反应过大),预测随后的体重以及身体质量指数的增长(Brummett, Babyak, et al., 2006)。

在老年男性群体中开展的一项研究(Mroczek & Spiro, 2007)发现,神经质的水平和变化速度会对死亡产生交互影响,高神经质且神经质水平不断上升的个体存活的可能性最低,神经质与死亡风险呈正相关。但是,其他一些研究并没有发现神经质与健康结果(如死亡率、疾病的复发)之间的相关(Almada et al., 1991),甚至发现高神经质的个体死亡率会更低(Korten, Jorm, & Jiao, 1999)。还有研究(Wilson, Bienias, Mendes de Leon, Evans, & Bennett, 2003)发现,在控制了人格、健康状况、健康习惯和认知功能之后,个体体验到的负面情绪(如抑郁、压抑和愤怒)与死亡率呈正相关,外部指向的负面情绪则对死亡率没有影响。有研究者(Hampson & Friedman, 2008)指出,神经质对健康的作用是双重的。一方面,高神经质的个体可能更容易有不健康的生活方式,缺乏社会支持,更难遵从医嘱,从而导致更差的健康状况;另一方面,高神经质的个体更敏感,更可能谨慎地遵从医嘱,从而有益于健康。

其他研究发现,抑郁症状与心血管疾病的病程(Nicholson, Kuper, & Hemingway, 2006; Rutledge, Reis, Linke, Greenberg, & Mills, 2006)、艾滋病的治疗效果(Leserman, 2008)、中风患者的寿命(Everson, Roberts, Goldberg, & Kaplan, 1998)、糖尿病的病程发展(Knol et al., 2006)、新陈代谢的失调(冠心病、糖尿病的生物指标)(Goldbacher & Matthews, 2007),以及成年期的体重和身体质量指数(Pulkki-Råback, Elovainio, Kivimäki, Raitakari, & Keltikangas-Järvinen, 2005; Williamson, Thompson, Anda, Dietz, & Felitti, 2002)都有密切的关系。

大量研究显示,敌意(愤怒)行为或者意图,乃至压抑的敌意,都会影响各种不同的健康结果。有研究显示,在儿童期和青少年期被教师评定为高敌意的儿童认为,在未来四年里他们的朋友更可能抽烟或者喝酒,进一步预测了这些儿童更强的抽烟和喝酒的动机,从而更可能表现出抽烟和喝酒的行为(Hampson, Andrews, Barckley, Lichtenstein, & Lee, 2006)。其他研究发现,儿童期和青少年期的敌意预测了三年后新陈代谢的失调(Räikkönen, Matthews, & Salomon, 2003)。与此同时,压抑的敌意也可以预测中年男性的高血压(Zhang et al., 2005)。对中年女性的长期追踪研究表明,初测时的新陈代谢综合征可以预测重测时愤怒和焦虑的水平,而在初测阶段拥有高特质愤怒的个体在重测阶段更可能出现颈动脉粥样硬化,有更大的风险罹患新陈代谢综合征(Räikkönen, Matthews, Sutton-Tyrrell, & Kuller, 2004)。

新西兰的一项纵向研究表明,3 岁时的气质特征(如消极情绪性)可以预测 18 岁时自我评定的人格,进一步可以预测 21 岁时的健康风险行为;而且 3 岁时的气质特征与 21 岁时的健康风险行为之间的关系可以被 18 岁时的人格特征所解释(Caspi et al., 1997)。有研究者指出,儿童期的消极情绪性可以预测成年期更差的健康状况,这主要是因为消极情绪性不仅会导致儿童本人对压力作出过度反应，而且会导致他人的消极情绪，形成一种消极的、螺旋向下的人生体验，最终导致消极结果(Hampson & Friedman, 2008)。

尽责性。关于尽责性对健康的积极效应，目前已经有大量一致的实证证据。早期的一项研究发现，儿童期的人格特质，尤其是低尽责性，可以很好地预测过早死亡(Friedman et al., 1993)。一项对社区样本的纵向研究发现，高尽责性的男性在7年后死亡率更低(Whiteman, 2006)。一项对1,228名日本社区老人的纵向追踪研究发现，尽责性与各种原因导致的死亡率呈显著负相关(Iwasa et al., 2008)。对1958年开始的巴尔的摩老龄化纵向研究中的2,359名被试进行分析，结果发现，在943名去世的人中，尽责性高于平均数一个标准差的个体比低于平均数一个标准差的个体延长了2～3年的寿命；在所有人群中，尽责性提高一个标准差死亡风险可以降低27%(Terracciano et al., 2008)。对20个独立样本进行元分析，结果发现，尽责性与寿命的平均相关系数在0.11左右，即尽责性越高，寿命越长；其中成就(坚持、勤奋)和秩序(条理性、约束)等子维度与寿命的相关更强(Kern & Friedman, 2008)。研究者(Goodwin & Friedman, 2006)分析了3,032名25～74岁的成年被试，结果发现，在一般人群中，尽责性与各种心理和生理功能障碍(包括糖尿病、骨骼或者关节问题、高血压、肺结核)呈显著负相关；在患者群体中，尽责性与身体限制呈显著负相关。一项对横断研究和纵向研究的元分析表明，缺乏尽责性与活动水平偏低、过度饮酒、药物滥用、不健康的饮食、风险驾车、风险性行为、自杀、烟草使用和暴力呈显著正相关(Bogg & Roberts, 2004)。其他研究(O'Cleirigh, Ironson, Weiss, & Costa, 2007)发现，尽责性可以预测更缓慢的艾滋病病程。还有研究(Siegler, Feaganes, & Rimer, 1995)表明，有乳腺问题的中年女性如果尽责性较高，那么她们在2年后更可能进行乳房检查，在控制了乳房检查的其他预测变量之后，上述效应依然存在。一项跨时14年的纵向研究(Brummett, Babyak, et al., 2006)表明，低尽责性的个体到了中年期饮食和运动习惯更差，更可能发胖。其他研究(Weiss & Costa, 2005)使用老年人(65～100 岁)社区样本,结果发现,尽责性与 5 年后的死亡率呈负相关。

值得注意的是,纵向研究发现了儿童期人格对成年期健康的长期效应。例如,有研究发现,儿童期的尽责性可以预测长寿,也可以预测各种原因导致的死亡率;上述效应在控制了离婚、性别、其他死亡风险因素、成年期的尽责性之后依然存在(Friedman et al. , 1993),预测了中年期更好的自我报告的健康水平和更少的健康风险行为(如抽烟、肥胖)(Hampson, Goldberg, Vogt, & Dubanoski, 2006)。有研究显示,14 岁时吸食大麻的男生和女生都表现出自我控制不足;吸食烈性毒品的个体则表现出低自我控制和低自我弹性(Block, 1993)。18 岁时抑郁的男生在童年期有社会化不足、攻击、缺乏自我控制的倾向;18 岁时抑郁的女生在童年期有自我惩罚、过度社会化和过度自我控制的倾向(Block, Gjerde, & Block, 1991)。

研究者指出,高尽责性的个体之所以死亡率偏低,主要是因为这些个体会有比较持久的、良好的健康习惯,保持有利于健康的行为,回避危害健康的行为,这些有利于健康效应不断累积,使个体更少患病,最终个体的寿命会更长(John et al. , 2008)。还有研究(Hampson, Andrews, et al. , 2006)表明,中等程度的神经质和高尽责性会促进个体对健康风险有更准确的知觉,对健康有最强的保护作用。

开放性。由于开放性涉及对内在感受的关注和想法的灵活性,因此也是与健康密切相关的人格特质之一。已有证据显示,在控制人口学变量和其他风险因素之后,开放性与各种原因导致的死亡率(Iwasa et al. , 2008; Taylor, 2009)、艾滋病的病程(Ironson, O'Cleirigh, Weiss, Schneiderman, & Costa, 2008)都呈负相关。其他研究发现,开放性的子维度也可以很好地预测健康结果。有研究显示,在 977 名心血管疾病患者样本中,对感受的开放性与心血管疾病导致的死亡率和其他各种原因导致的死亡率呈负相关;对行为的开放性也与心血管疾病导致的死亡率和其他各种原因导致的死亡率呈负相关;对审美和观点的开放性与心血管疾病导致的死亡率呈负相关;上述效应在控制了学业成就后依然显著(Jonassaint et al.，2007)。

外向性。关于外向性与健康的关系，目前的研究尚未达成一致的结论。一些纵向研究证据显示，在控制性别、年龄、受教育年限、居住情况、心理症状、慢性疾病的效应之后，外向性与更长的寿命有关(Iwasa et al.，2008；Terracciano et al.，2008)。但是，另一些研究则发现外向性与健康并无显著相关(Mroczek & Spiro，2007；Weiss & Costa，2005)。上述不一致的结果可能是因为外向性是高支配性和高亲和性的总和：高亲和性可能会降低健康风险，高支配性则会提高健康风险(Smith et al.，2008)。

大量情绪研究表明，积极情绪性，即外向性的情感成分，与良好的健康结果呈正相关，低积极情绪性可以预测冠心病等严重疾病，也会缩短寿命；上述效应在老年人群体中更明显(Chida & Steptoe，2008；Wiest，Schuz，Webster，& Wurm，2011)。一项有趣的研究发现，控制年龄和教育程度之后，22 岁时自我描述中的情绪内容可以预测 60 年后的寿命；相比于写作中积极表达较多的被试，写作中积极表达较少的被试死亡风险增加了 1.5 倍(Danner，Snowdon，& Friesen，2001)。

值得一提的是，外向性，尤其是它的子维度(如感觉寻求、社交性)与成瘾行为或者药物滥用显著相关。一项追踪研究(Cloninger，Sigvardsson，& Bohman，1988)发现，11 岁时高感觉寻求的个体到 16 岁时存在严重的酗酒行为。其他研究表明，高感觉寻求的个体对戒酒的治疗过程有更强烈的好奇心，在戒酒治疗早期比较容易坚持治疗，但是到后期，由于对治疗过程的倦怠感增强，因而有比较高的退出率，也更可能戒酒失败(Meszaros，Lenzinger，& Hornik，1999)。关于社交性与药物滥用的关系，研究结果也不一致：一些研究发现青少年期的社交性是药物滥用的风险因素；另一些研究发现社交性是防止药物滥用的保护因素(Tarter，Sambrano，& Dunn，2002)。有研究者指出，青少年期的社交性与药物滥用的关系主要取决于社交网络的特征：如果同伴关系积极健康，那么喜欢社交的青少年会受益；如果同伴存在健康风险行为，那么喜欢社交的青少年也更容易有此类行为(Depue & Collins，1999)。

乐观—悲观。除大五人格之外，大量研究证据显示，乐观——对未来稳定的、普遍的积极预期，也与健康有密切的关系。一项对 83 项研究的元分析（Rasmussen, Scheier, & Greenhouse, 2009）发现，乐观与生理健康结果的平均效应大小为 0.17，进一步分析显示，乐观对死亡率、生存状况、心血管疾病、生理指标（如免疫系统功能）、与癌症有关的结果、与怀孕有关的结果、生理症状，以及疼痛都有显著的预测作用。一项元分析表明，在控制了消极情绪之后，积极情绪或者积极特质（如乐观）在健康人群中与死亡率（包括心血管疾病导致的死亡率）呈显著负相关，在肾功能和免疫系统功能失调人群中也与死亡率呈显著负相关（Chida & Steptoe, 2008）。一项研究对 7,942 名健康被试进行了 5 年的纵向追踪，结果发现，乐观与冠心病风险的降低有关；上述效应不能被健康行为和生物因素解释（Boehm, Peterson, Kivimaki, & Kubzansky, 2011）。有研究者使用美国健康与退休数据（全国代表性中老年人样本），结果发现，在控制了慢性疾病、自我报告的健康、人口学变量，以及生物、心理和行为因素之后，乐观与中风风险呈负相关（Kim, Park, & Peterson, 2011）。其他研究发现，乐观的态度可以预测中年妇女更缓慢的动脉粥样硬化病程（Matthews, Raikkonen, Sutton-Tyrrell, & Kuller, 2004）、各种原因导致的死亡率（Brummett, Helms, Dahlstrom, & Siegler, 2006）、癌症患者更长的存活时间（Allison, Guichard, Fung, & Gilain, 2003）、心血管疾病更低的复发可能性（Scheier et al., 1999）、乳腺癌患者更好的适应状况（Carver et al., 1993）。还有研究发现，在控制其他指标后，不乐观的母亲更可能生出体重偏轻的婴儿（Lobel, DeVincent, Kaminer, & Meyer, 2000）。有研究发现，乐观与中老年人的心理幸福感、自我报告的健康、更少的疼痛有关（Achat, Kawachi, Spiro, DeMolles, & Sparrow, 2000）。其他研究发现，乐观可以预测老年人更健康的生活方式（较少吸烟和喝酒、更多的运动）以及自我评定的生理健康（而不是心理健康）；乐观与生理健康之间的关系可以被健康行为解释（Steptoe, Wright, Kunz-Ebrecht, & Iliffe, 2006）。

一些研究者（Herzberg, Glaesmer, & Hoyer, 2006）指出，乐观—悲

观并不是同一个维度的两极，而是两个彼此独立的维度。有研究(Schulz, Bookwala, Knapp, Scheier, & Williamson, 1996)发现，悲观可以预测8个月后中年(30～59岁)癌症患者的死亡，但是上述效应在老年人群体中不存在。这可能是因为罹患癌症和悲观对于不同年龄的人群有完全不同的意义：在中年人群体中，罹患癌症意味着非常态的死亡(英年早逝)，悲观可能意味着放弃求生的希望，会导致消极应对，从而对健康产生消极影响；在老年人群体中，罹患癌症带来的死亡威胁或者对生命感知的影响则相对较小，悲观可能意味着预期更差的结果，可激发更谨慎的应对方式，从而对健康产生积极影响。一项对德国国家样本(18～96岁)的分析发现，年轻人对未来的生活满意度有乐观的预期，会高估他们5年后实际的生活满意度，老年人对未来的生活满意度有悲观的预期，会低估他们5年后实际的生活满意度；而对未来生活的悲观预期与晚年期的死亡率呈正相关；上述效应在控制年龄、性别、自我报告的健康之后依然存在(Lang, Weiss, Gerstorf, & Wagner, 2013)。

8.2 人格发展与健康的内在机制

毋庸置疑，人格因素与健康结果至少存在某种程度上的关联。研究者还尝试从基因易感性、健康行为、压力知觉和反应、发展积累等不同方面揭示人格因素与健康结果之间的关系。有研究者提出一些理论模型如整合模型，尝试从多个视角全面解释二者的关系。值得一提的是，到目前为止，已经有大量实证证据，尤其是纵向研究证据，支持人格与健康的内在机制，我们将逐一回顾相关的理论观点和研究证据。

8.2.1 基因观

在人格心理学的最初阶段，各种理论(如希波克拉底的体液说)就在尝试对人格与各种人生结果的关系作出解释。到了20世纪中后叶，研究者开展了大量关于人格与健康之间关系的认知神经科学研究和生物基础研究，并在科学研究的基础上提出基因观。该观点认为，个体的基因或者对某些疾病的先天倾向性是导致特定的人格特征和疾病的共同因素(Smith et al.，2015)。

目前，该理论观点得到两方面研究的支持：一方面主要来自当前人格的认知神经研究和行为遗传学研究的支持。在古希腊时期，希波克拉底就假设神经质会导致黑胆汁和黄胆汁的过度分泌，进一步会导致抑郁、癌症、发烧和风湿等疾病(Friedman，2007)。当代人格研究者(Graham，Christian，& Kiecolt-Glaser，2006)指出，神经质会导致自主神经系统的过度激活，会对体内平衡系统产生消极影响，最终会导致精神崩溃、慢性疾病和过早的死亡。脑成像研究显示，具有 5 - HTTLPR 短等位基因的个体在加工情绪信息时会有更强烈的杏仁核活动，这可以通过与 5 - HTTLPR 短等位基因密切相关的消极情绪性与压力情境下高度唤起的杏仁核活动之间的关系来解释(Hariri et al.，2002)。其他研究显示，边缘系统，特别是杏仁核，以及前额叶功能涉及生成目标和计划、根据环境变化修正行为、按照目标执行行为，与压力调节的很多过程相关，解释了压力调节和应对与抑郁症之间的关系(Williams，Suchy，& Kraybill，2010)。人际环状模型的相关研究发现，亲和—敌意维度与内源性阿片类物质奖赏系统的敏感性有关，社会支配或者控制维度主要表现为对多巴胺奖赏系统的敏感性(Depue，2006)。另一方面主要来自气质等领域对个体先天易感性研究的支持。例如，有研究者(Friedman & Kern，2014)指出，对消极情绪的先天易感性或者基因基础会导致个体表现出更高的神经质水平，进一步导致抑郁症状和心血管疾病。有研究证据显示，大五人格特质与气质维度存在对应关系，并且二者都有相对较高的遗传率(Jang，McCrae，Angleitner，Riemann，& Livesley，1998；Shiner & Caspi，2003)。

但是，基因观也受到其他流派研究者的质疑。例如，有研究者指出，尽管生物因素或者先天易感性在一定程度上可以解释人格与疾病的关系，但是它们之间的关系并不是绝对的。第一种可能性是一些疾病也会导致心理和人格问题以及其他的健康问题，即疾病可能是人格特质和先天易感性出现的原因，而不是结果；第二种可能性是生物因素或者先天易感性同时促使人格和健康发生变化，但是人格与健康本身并没有实质性的关系；第三种可能性是环境因素也可能促使人格和健康发生变化或者改变了人格与健康的关系，但完全没有被考虑在理论假设之中（John et al.，2008）。因此，研究者指出，基因观的假设仍需进一步细化，仍需整合其他领域的研究证据和理论观点。

8.2.2 健康行为观

健康行为观认为，人格因素会增加或者保持健康促进行为（如合理饮食、锻炼），回避健康破坏行为（如吸烟、喝酒），进而影响健康状况。例如，有研究证据显示，神经质和敌意可以预测不健康行为（如吸烟）（Booth-Kewley & Vickers，1994；Bunde & Suls，2006），而尽责性可以预测更多的健康促进行为（如合理饮食、锻炼）和更少的健康破坏行为（如吸烟、酗酒、暴力、风险性行为、风险驾车、自杀、药物滥用）（Bogg & Roberts，2004）；健康破坏行为和健康促进行为会影响健康结果（如死亡率、患病率）（Hampson，Goldberg，Vogt，& Dubanoski，2007）。但是，健康行为观也有其自身的局限（John et al.，2008）。第一，健康行为只能解释人格与健康关系的一部分变异，不能全面揭示人格与健康的关系。第二，当前有关健康行为的假设和研究都还相对浅显，浮于表面，没有揭示出这些行为的前因后果，因此需要进一步探讨。第三，健康行为本质上没有绝对的好与坏的区分，研究者需要进一步细化在何种情况下健康行为有利于健康或者有害于健康，并且需要探究背后的原因是什么。第四，不同健康行为对健康的影响程度是不同的，并且健康行为的程度和持续时间会交互影响健康结果，研究需要进一步探究这些复杂的交互效应。

8.2.3 压力应对观

在过去的几十年里，研究者就压力和应对开展了深入、系统的研究。简单地说，压力应对观假设：(1) 挑战性环境会导致压力的产生；(2) 人格会导致个体对压力产生不同的反应，同时采用不同的应对策略；(3) 压力对疾病的发生和发展有负面影响(John et al.，2008)。研究者系统探讨了人格特征对压力产生、压力反应、压力应对等不同过程的影响(Williams，Smith，Gunn，& Uchino，2011)。根据压力应对观，如果个体能够很好地应对或者适应压力情境，保持稳定的社会系统，个体就会保持健康；如果个体因为人格因素无法对压力情境作出有效应对，健康就会出现问题。

如前所述，由于人格的外在表现，个体可以通过反应型相互作用、诱发型相互作用和主动型相互作用来选择某些情境，引发他人的特定反应，甚至可以有意识地创造或者吸引压力情境，从而更可能或者更不可能经历某种形式的重大生活事件(如离婚)和日常琐事(如同事冲突)。有研究显示，神经质的个体更容易频繁地经历各种压力事件包括重大生活事件、日常琐事、长期压力事件(如关系冲突)(Bolger & Zuckerman，1995；Malouff，Thorsteinsson，Schutte，Navjot，& Rooke，2010)。尽责性则与更低的离婚率、更高的学业成就和职业成就有关，这大大降低了个体暴露在压力情境中的可能性(Roberts & Bogg，2004)。乐观与更多的社会支持和更少的关系冲突有关，这也有利于降低个体暴露在压力情境中的可能性(Smith et al.，2015)。

大量研究考察了人格与压力反应的关系，尤其强调了各种生理系统(如下丘脑—垂体—肾上腺轴、交感—肾上腺髓质系统、免疫系统的皮质醇水平、心血管系统的唤起水平)的压力反应在人格与健康关系中的作用(Segerstrom & Smith，2006)。研究证据显示，下丘脑—垂体—肾上腺轴和交感—肾上腺髓质系统的强烈反应和缓慢恢复是压力适应不良的表现；高频心率变异和呼吸性心律失常是副交感神经系统的压力反应；发炎常被看作免疫系统的压力反应(Lovallo，2011；Segerstrom & Miller，2004；Uchino，Smith，Holt-Lunstead，Campo，& Reblin，2007)。根据这些观点，人格会影响个体对压力的生理反应，过度和长时间的生理唤起状态及其对免疫系统的负面影响会导致疾病的出现(Kemeny，2007)。

已有研究发现，愤怒、敌意和抑郁的个体在面临压力情境时，更容易出现下丘脑—垂体—肾上腺轴和交感—肾上腺髓质系统的高度唤起(Segerstrom & Smith, 2006)；高敌意、高愤怒、高攻击性的个体和A型人格(高敌意、高社会支配性)的个体在实验室压力(尤其是人际压力)情境下会有更强烈的心血管反应(Chida & Hamer, 2008; Newton, 2009)。有研究进一步发现，社会支配倾向会增强心血管系统的反应性；神经质会降低心血管系统的反应水平，损害免疫系统功能，导致个体出现发炎、免疫细胞激增等健康问题(Chida & Hamer, 2008; Segerstrom & Smith, 2006)。这说明，在警觉状态下或者在关注社会情境的状态下，个体的心血管反应偏低，免疫系统也可能处于异常状态。高开放性的个体在压力状态下血压反应水平会下降，但是副交感神经系统唤起水平会上升；低开放性的个体在压力状态下副交感神经系统唤起水平会下降，但是交感神经系统的反应水平会上升(Williams, Rau, Cribbet, & Gunn, 2009)。在日常生活情境中，研究者发现，乐观与血压呈负相关，敌意与血压呈正相关，神经质的个体更容易经历负性生活事件，会对负性生活事件作出更强烈的情绪反应(Mroczek & Almeida, 2004; Suls & Martin, 2005)。

此外，研究还表明，人格影响压力过后生理反应恢复到正常水平所需的时间。有研究显示，不良的心血管反应与随后几年甚至更长时间内血压的升高有关(Chida & Steptoe, 2010)。高特质敌意或高神经质的个体在实验室压力情境下心血管反应恢复得更慢(Chida & Hamer, 2008)。其他研究还考察了压力过后身体恢复的过程，即个体修复各种形式的细胞损伤的过程(Cacioppo & Berntson, 2007)。大量研究表明，消极情绪性、敌意和尽责性等人格特质可以预测不良的睡眠质量，而不良的睡眠质量可以预测更差的情绪调节能力和认知功能、夸大的压力反应，以及更差的免疫系统功能，进而可以预测更大的传染疾病感染概率和罹患新陈代谢综合征的概率、发炎、冠心病和各种原因导致的死亡(Smith et al., 2015)。

虽然压力应对模型的研究相对而言比较成熟，但是仍然存在一些问题。首先,压力应对研究虽然涉及压力的各个环节,但并没有涉及压力暴露、压力反应、压力后恢复和疾病形成的全过程(John et al.,2008)。例如,实验室研究多半关注暂时性的压力反应(如血压升高等),极少关注暂时性的血压升高如何发展为高血压。其次,压力反应研究多为实验室研究,生态效度有限。但值得欣慰的是,随着科学技术的进步,便携式的生理测量仪器越来越多,使得在日常情境下进行压力反应研究变得更加可行。

8.2.4 毕生发展观

发展心理学研究显示,儿童期的负性经验(如低社会经济地位、虐待)会导致成年期罹患严重疾病的风险大大增加(Cohen, Janicki-Deverts, Chen, & Matthews, 2010)。因此,研究者开始尝试从毕生发展的角度理解人格与健康的关系。有研究者指出,从毕生发展的角度看待人格与健康的关系至少有两点意义:(1) 可以明确个体从早期的健康状态变为晚年的不健康状态的内在过程;(2) 可以找出每个年龄阶段的核心健康问题,为每个年龄阶段的群体提供合适的健康干预策略(John et al.,2008)。从毕生发展的视角,研究者提出了关键期模型和累积模型。

关键期模型。关键期模型认为,在人生发展的某个关键时期,拥有特定人格特质的个体可能对某些风险因素尤其敏感,进而对健康产生长期的、深远的影响。这一说法被大量的孕期研究证实。例如,有研究(Barker, Osmond, Forsén, Kajan-Tie, & Eriksson, 2005)显示,如果个体在胎儿期或婴儿期营养不良,那么成年后罹患冠心病的风险会大大增加。鉴于上述事实,研究者开始转而研究早年不利因素与健康背后的心理机制,主要包括以下两条可能路径:(1) 早年的不利因素有可能导致个体的某些生物因素发生不可逆转的结构性破坏或者异常的生理变化(如荷尔蒙分泌失调),进而促使行为发生长期的改变,对健康产生不利影响(John et al.,2008);(2) 在人生的某个阶段出现某些人格特质可能会增强个体对某些环境、行为或者疾病的易感性,最终破坏身体系统。例如,有研究(Chambers, Taylor, & Potenza, 2003)显示,高刺激寻求的个体更可能在青少年期尝试毒品，这会给以后的健康带来各种负面影响（如免疫系统的破坏）。

累积模型。与关键期模型完全相反，累积模型则认为，健康风险因素（如压力暴露、污染）的效应在一生中是逐渐累积的。累积模型对此作出了阐释，即从出生开始，个体的气质或者人格特质会促使个体经历独特的环境和人生经验，这些人生经验的累积会给各种人生结果（包括健康）带来重大影响（Roberts et al.，2008）。有研究者（Mroczek et al.，2006）指出，高神经质的个体在整个人生历程中都会对压力产生负面的、强烈的反应，这会形成累积效应，对自主神经系统有非常负面的影响。有研究显示，高神经质个体和低神经质个体的死亡率相差一倍，上述差异在老年期最明显，说明了累积效应的存在（Wilson，Mendes de Leon，Bienias，Evans，& Bennett，2004）。累积模型的一个典型例子是压力的稳态应变负荷假设，即如果个体经历挑战或者威胁，就会有暂时性的生理反应（包括下丘脑—垂体—肾上腺轴和交感—肾上腺髓质系统的反应、心血管系统的反应、免疫系统的反应），长期不断经历挑战或者威胁，个体的生理系统会形成新的稳态应变负荷状态，最终破坏身体的平衡状态（McEwen，1998）。

8.2.5 整合观

基于上述几种模型及其研究结果，有研究者（Contrada & Baum，2011）提出了整合模型（如图 8-1 所示）。在该整合模型中，与现阶段的人格研究进展一致，人格不仅包括大五人格结构，而且包括社会认知流派提到的目标、个人奋斗等特征和相关的人际特征（如温暖—敌意、控制—服从）。从前因看，人格是基因和环境（如儿童期环境因素）共同作用的结果，基因和环境会通过影响认知功能、生理过程、脑回路、神经递质等影响人格特质。从后果看，人格会成为个体面临压力情境时的风险因素或者保护因素，影响压力暴露、压力反应、压力后恢复等不同过程之间的关系及其与健康结果之间的关系。

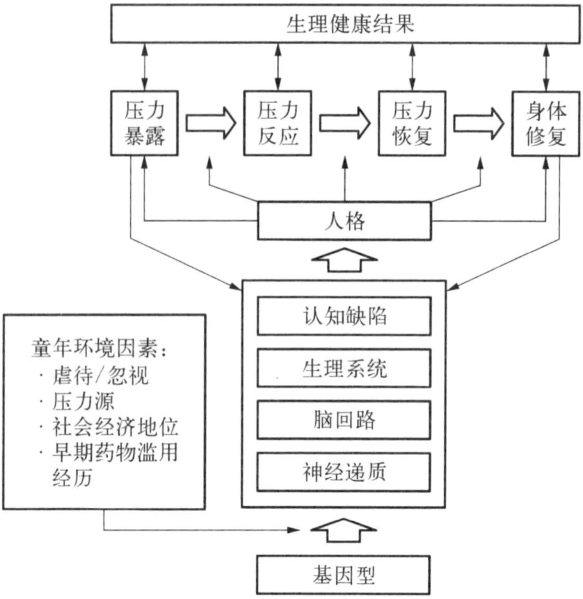

图 8-1 健康的整合模型(Contrada & Baum, 2011)

8.2.6 人格与健康结果：考虑社会文化背景的作用

除了上述一般趋势之外，研究者发现，人格与健康结果之间的关系还受到社会文化背景因素，尤其是社会经济地位的调节。在过去的三十年里，很多研究者密切关注个人因素(如人格)、环境因素(如社区因素)如何与社会经济地位交互影响健康结果。大量研究发现，社会文化背景因素(如社会经济地位)与死亡率、疾病(如糖尿病、癌症、呼吸系统疾病、高血压)、自我报告的健康、客观的健康指标(如睡眠、肥胖、腰臀比)有密切的关系，并且这些关系可以被人格因素和环境因素解释(Adler et al., 1994; Adler & Stewart, 2010)。接下来，我们将逐一回顾相关的理论模型。

社会文化自我模型。根据社会文化自我模型(Stephens, Markus, & Fryberg, 2012)的观点，个人因素(如人格)和环境特征是相互影响的两股力量，可以通过激活社会文化自我影响健康行为和结果。其中最关键的是，社会文化背景因素（如社会经济地位）是受社会和历史塑造的文化系统，有清晰的社会标准、社会制度和教养实践，会对个体的自我、思维、情感和行为模式产生深远影响，最终使得不同社会文化背景的个体出现不同的健康结果。社会经济地位高的个体有更多经济资源、更高的地位和权力、更多的选择和更大的影响力，有更多资源和机会培养独立性和独特性，追求奖赏和好结果，拥有独立型自我观；社会经济地位低的个体资源匮乏，机会和选择相对有限，更强调对环境的顺应、对社会等级的维护和对彼此的依赖，拥有互依型自我观。不同社会经济地位的个体面临不同的环境特征，拥有不同的人格特征，使得个体的独立型自我或者互依型自我被激活，从而表现出不同的健康行为和健康结果（如图 8-2 所示）。这就是说，在不同社会经济地位的人群中，个人因素和环境因素与健康的关系都以自我为中介，不同变量之间的路径或者机制是相似的；但社会经济地位会调节上述中介模型中所有变量的效应，从而使上述变量在不同社会文化背景的人群中有完全不同的表现。

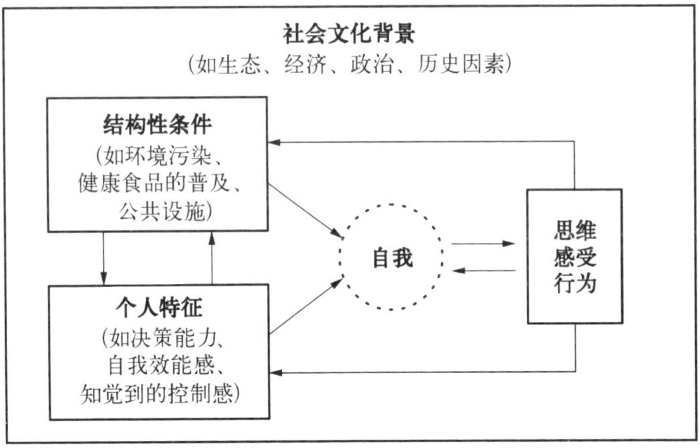

图 8-2 社会文化自我模型（Stephens et al.，2012）

社会—心理—生物整合模型。与社会文化自我模型不同，社会—心理—生物整合模型（Adler & Stewart，2010）不仅更加明确了社会文化背景因素与健康背后的多重机制，而且认为个人特征和环境特征可以解释社会文化背景因素（如社会经济地位）与健康之间的关系。根据已有研究证据，社会文化背景因素(如社会经济地位)会使个体面临不同的社会环境特征(如家庭环境)和个人特征(如人格)，进而通过与健康直接相关的医疗服务状况、致病细菌或者物质的接触、健康行为和生理反应四个机制影响健康结果(如图 8-3 所示)。

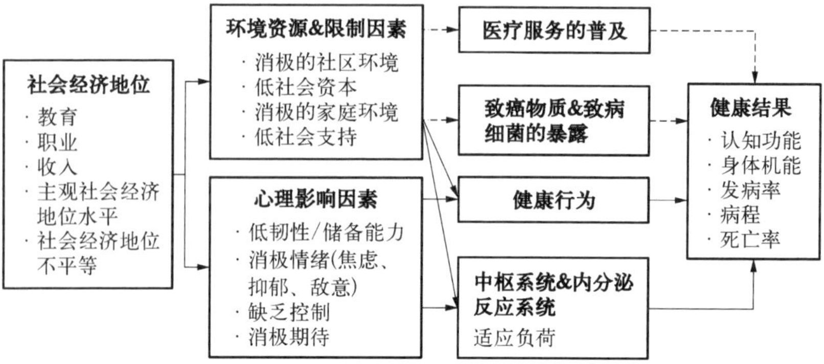

图 8-3 社会—心理—生物整合模型(Adler & Stewart, 2010)

8.3 小结与展望

正如本章所谈到的，早期人格研究确定了与疾病(心血管疾病、癌症)密切相关的人格类型。当代人格研究发现，人格特质，尤其是大五人格特质和乐观—悲观，对人生各个阶段的生理健康指标(如死亡率、患病率、病程发展、自我知觉的健康状况)都有重要影响。研究者也从基因、健康行为、压力应对、毕生发展、整合、社会文化背景等角度解释了人格与健康之间的关系。也正是这些研究证据的积累，使得健康研究越来越强调健康的生物—心理—社会模式，越来越重视心理和社会因素在整个人生周期对生理健康的影响。尽管如此，人格与健康之间关系的研究仍处于初级阶段，还存在诸多局限。

首先，已有的健康研究严重忽视了人格研究中的相关进展，未来的健康研究应该充分整合人格研究、发展心理研究和健康研究的理论和研究范式。正如本章所述，关于人格与健康之间关系的研究大多集中在人格特质如大五人格特质、乐观—悲观等对健康的影响。但是，正如本书前面章节所回顾的，人格的概念不仅包括人格特质这一层面，而且包括目标、动机、自我调节、认知—情感单元等诸多方面。人格发展研究方法不仅包括国家代表性样本调查、各种纵向或者序列设计，而且包括各种高级统计技术（如生长曲线模型）。目前，人格与健康之间关系的研究通常采用横断研究或者相对短期的纵向追踪研究，重点关注大五人格特质或者客观健康指标，忽略了人格的其他方面（如认知—情感单元、动机、目标、自我调节）和更多样化的生理健康指标（如认知神经指标、基因指标）。例如，脑成像研究显示，具有 5 - HTTLPR 短等位基因的个体在加工消极情绪信息时会有更强烈的杏仁核反应（Hariri et al.，2002），进一步可以预测更强烈的心血管反应和更严重的动脉粥样硬化（Gianaros et al.，2008）。由于人格和健康都有明确的生物基础，因此未来的人格与健康关系研究应该充分利用生物学、医学、人格心理学、发展心理学等各个领域在理论和方法上的优势，进一步深化对人格与健康之间关系的理解。

其次，当前的人格与健康关系研究仅仅关注了某个时间点或者某个年龄阶段人格与健康的静态关系，少有研究关注人格风险如何动态积累，最终影响生理健康。正如本章所谈及的，已有研究证据显示，儿童期或者青少年期的个体差异变量，不仅可以预测成年期的人格特质，而且可以很好地预测成年期健康的生理学指标（如发炎）或者疾病状况（Smith et al.，2015）。未来的研究应该在更长的时间跨度内考察成年期的疾病或者健康状况，可以追溯到具体某个年龄阶段的人格特质或者气质特征，以及不同年龄阶段人格特质的短期（即时、半年）和长期（一年乃至数十年）健康效应。重要的是，以此为基础，未来的研究还需进一步开展干预工作。如果早期的气质特征或者人格特质可以预测成年期的健康，那么未来的研究更应该将工作的重点放在如何及早对个体的风险人格因素或者不良自我功能进行干预，以消除或减弱风险人格因素和不良自我功能对消极健康结果（如疾病）的长期效应。

再次，人格与健康的关系也存在群体差异，未来的研究和实践应该考虑人格因素对不同人群健康的积极或者消极影响。一些研究显示，积极的个人品质（如乐观、韧性）和环境特点（如社会支持）可以促进个体（包括低社会经济地位的个体）的健康，使他们在困境中免受伤害（Luthar，2006）；与心态转变（如顺应困境、次级控制）和坚持（如乐观、意义寻求、希望、追求长远目标）有关的品质可以帮助低社会经济地位的个体在各项健康指标上保持较好的水平，但上述效应在高社会经济地位的个体中并不存在。因此，未来的研究和干预实践应该注意鉴别和筛查，找出对不同人群的健康有独特作用的人格因素，并通过心理干预课程有针对性地提高这些人群的相关品质，这是提升健康水平的更有效、更节约成本的途径。

最后，虽然研究者已经尝试从多个层面理解人格与健康之间关系的内在机制，但是已有的模型并未充分考察年龄和文化因素的作用。未来的研究应该采用本土化或者跨文化的研究设计找出不同文化背景下或不同年龄群体中人格与健康之间关系的心理机制，尤其是每种文化或者年龄群体独有的心理机制（如关系、人情等）。通过上述不同年龄群体或者文化群体的比较工作，不仅可以找出人格与健康背后的跨文化普适性规律，而且可以发现此现象具有文化特异性的内在机制。以上述基础研究为指导，针对人格与健康之间关系的核心心理机制，研究者开始尝试找出一些可行的、有效的干预方案，为政策制定或者项目资助提供理论依据。例如，低尽责性与高死亡率存在高相关的一个重要原因是低尽责性的个体更难坚持执行健康促进行为（如运动）和健康的生活方式。由于改变个体的人格特质很困难，因此研究者可以通过其他外在手段干预个体的健康行为或者生活方式，而不是直接改变尽责性这一人格特质，以帮助个体维持良好的健康状况。可以说，对人格与健康背后的心理中介变量进行干预，是打破人格与健康状况之间恶性循环的重要突破口。

参考文献

夏埃，威里斯.（2003）.*成人发展与老龄化*.乐国安，等译.上海：华东师范大学出版社.

Aarts, H., & Dijksterhuis, A. (2000). Habits as knowledge structures: Automaticity in goal-directed behavior. *Journal of Personality and Social Psychology*, *78*(1), 53-63.

Achat, H., Kawachi, I., Spiro, A., DeMolles, D. A., & Sparrow, D. (2000). Optimism and depression as predictors of physical and mental health functioning: The Normative Aging study. *Annals of Behavioral Medicine*, *22*(2), 127-130.

Ackerman, P. L. (1997). Personality, self concept, interests and intelligence: Which construct doesn't fit. *Journal of Personality*, *65*(2), 171-204.

Ackerman, P. L., & Heggestad, E. D. (1997). Intelligence, personality, and interests: Evidence for overlapping traits. *Psychological Bulletin*, *121*(2), 219-245.

Adler, N. E., Boyce, T., Chesney, M. A., Cohen, S., Folkman, S., Kahn, R. L., & Syme, S. L. (1994). Socioeconomic status and health: The challenge of the gradient. *American Psychologist*, *49*(1), 15-24.

Adler, N. E., & Stewart, J. (2010). Health disparities across the lifespan: Meaning, methods, and mechanisms. *Annals of the New York Academy of Sciences*, *1186*(1), 5-23.

Ahali, S. A., Rothbart, M. K., & Ye, R. (1993). Children's temperament in the US and China: Similarity and differences. *European Journal of Personality*, *7*(5), 359-377.

Allemand, M., Zimprich, D., & Hendriks, A. A. (2008). Age differences in five personality domains across the life span. *Developmental Psychology*, *44*(3), 758-770.

Allemand, M., Zimprich, D., & Hertzog, C. (2007). Cross-sectional age differences and longitudinal age changes of personality in middle adulthood and old age. *Journal of Personality*, *75*(2), 323 - 358.

Allen, J. P., Hauser, S. T., Eickholt, C., Bell, K. L., & O'Connor, T. G. (1994). Autonomy and relatedness in family interactions as predictors of expressions of negative adolescent affect. *Journal of Research on Adolescence*, *4*(4), 535 - 552.

Allison, P. J., Guichard, C., Fung, K., & Gilain, L. (2003). Dispositional optimism predicts survival status 1 year after diagnosis in head and neck cancer patients. *Journal of Clinical Oncology*, *21*(3), 543 - 548.

Allport, G. W. (1937). *Personality: A psychological interpretation*. New York: Holt.

Allport, G. W. (1955). *Becoming: Basic considerations for a psychology of personality* (*Vol. 54*). New Haven, CT: Yale University Press.

Allport, G. W. (1961). *Pattern and growth in personality*. New York: Holt, Rinehart & Winston.

Almada, S. J., Zonderman, A. B., Shekelle, R. B., Dyer, A. R., Daviglus, M. L., Costa, P. T., & Stamler, J. (1991). Neuroticism and cynicism and risk of death in middle-aged men: The western electric study. *Psychosomatic Medicine*, *53*(2), 165 - 175.

Ameriks, J., Caplin, A., & Leahy, J. (2003). Wealth accumulation and the propensity to plan. *The Quarterly Journal of Economics*, *118*(3), 1007 - 1047.

Andersen, S. M., & Baum, A. (1994). Transference in interpersonal relations: Inferences and affect based on significant-other representations. *Journal of Personality*, *62*(4), 459 - 497.

Anderson, C., & Berdahl, J. L. (2002). The experience of power: Examining the effects of power on approach and inhibition tendencies. *Journal of Personality and Social Psychology*, *83*(6), 1362 - 1377.

Anderson, C., Buckley, K., & Carnagey, N. (2008). Creating your own hostile environment: A laboratory examination of trait aggressiveness and the violence escalation cycle. *Personality and Social Psychology Bulletin*, *34*(4), 462 - 473.

Anderson, N. (2005). Relationships between practice and research in personnel selection: Does the left hand know what the right is doing. In A. Evers, N. Anderson & O. Voskuijl (Eds.), *The Blackwell handbook of personnel selection* (*pp. 1 - 24*). Oxford: Blackwell Publishing.

Anderson, N., & Gasteiger, R. (2007). Helping creativity and innovation thrive in organizations: Functional and dysfunctional perspectives. In J.

Langan-Fox, C. L. Cooper & R. Klimoski (Eds.), *Research companion to the dysfunctional workplace: Management challenges and symptoms* (*pp. 422–440*). London: Edward Elgar Publishing.

Anusic, I., Lucas, R. E., & Donnellan, M. B. (2012). Cross-sectional age differences in personality: Evidence from nationally representative samples from Switzerland and the United States. *Journal of Research in Personality*, *46*(1), 116–120.

Ardichvili, A., Cardozo, R., & Ray, S. (2003). A theory of entrepreneurial opportunity identification and development. *Journal of Business Venturing*, *18*(1), 105–123.

Arkowitz, H. (2002). Toward an integrative perspective on resistance to change. *Psychotherapy in Practice*, *58*(2), 219–227.

Arthur, W., Barrett, G. V., & Alexander, R. A. (1991). Prediction of vehicular accident involvement: A meta-analysis. *Human Performance*, *4*(1), 89–105.

Arthur, W., & Graziano, W. G. (1996). The five factor model, conscientiousness, and driving accident involvement. *Journal of Personality*, *64*(3), 593–618.

Asendorpf, J. B., & Denissen, J. J. A. (2006). Predictive validity of personality types versus personality dimensions from early childhood to adulthood: Implications for the distinction between core and surface traits. *Merrill Palmer Quarterly*, *52*(3), 486–513.

Asendorpf, J. B., Denissen, J. J. A., & Van Aken, M. A. G. (2008). Inhibited and aggressive preschool children at 23 years of age: Personality and social transitions into adulthood. *Developmental Psychology*, *44*(4), 997–1011.

Asendorpf, J. B., & Van Aken, M. A. G. (2003). Personality-relationship transaction in adolescence: Core versus surface personality characteristics. *Journal of Personality*, *71*(4), 629–666.

Asendorpf, J. B., & Wilpers, S. (1998). Personality effects on social relationships. *Journal of Personality and Social Psychology*, *74*(6), 1531–1544.

Assink, M., & Schroots, J. (2002). The distribution of affect over the life span. *Hallym International Journal of Aging*, *4*(2), 99–117.

Back, M. D., Stopfer, J. M., Vazire, S., Gaddis, S., Schmukle, S. C., Egloff, B., & Gosling, S. D. (2010). Facebook profiles reflect actual personality, not self-idealization. *Psychological Science*, *21*(3), 372–374.

Baddeley, J., & Singer, J. A. (2007). Charting the life story's path: Narrative identity across the life span. In D. J. Clandinin (Ed.), *Handbook of narrative research methods* (*pp. 177 - 202*). Thousand Oaks, CA: Sage.

Baltes, P. B. (1987). Theoretical propostions of life-span developmental psychology: On the dynamics between growth and decline. *Developmental Psychology*, *23*(5), 611 - 626.

Baltes, P. B. (1997). On the incomplete architecture of human ontogeny: Selection, optimization, and compensation as foundation of developmental theory. *American Psychologist*, *52*(4), 366 - 380.

Baltes, P. B., Cornelius, S. W., & Nesselroade, J. R. (1979). Cohort effects in developmental psychology. In J. R. Nesselroade & P. B. Baltes (Eds.), *Longitudinal research in the study of behavior and development* (*pp. 61 -87*). New York: Academic Press.

Baltes, P. B., Lindenberger, U., & Staudinger, U. M. (2006). Life span theory in developmental psychology. In W. Damon & R. M. Lerner (Eds.), *Handbook of child psychology: Theoretical models of human devleopment* (*pp. 569 -664*). New York: John Wiley & Sons, Inc.

Baltes, P. B., Mayer, K. U., Helmchen, H., & Steinhagen-Thiessen, E. (1993). The Berlin Aging Study (BASE): Overview and design. *Ageing and Society*, *13*(4), 483 - 515.

Baltes, P. B., & Nesselroade, J. R. (1979). History and rationale of longitudinal research. In J. R. Nesselroade & P. B. Baltes (Eds.), *Longitudinal research in the study of behavior and development* (*pp. 1 -39*). New York: Academic Press.

Baltes, P. B., Reese, H. W., & Nesselroade, J. R. (1977). *Life-span developmental psychology: Introduction to research methods*. Monterey, CA: Brooks/Cole.

Baltes, P. B., & Smith, J. L. (1997). A systemic-wholistic view of psychological functioning in very old age: Introduction to a collection of articles from the Berlin Aging Study. *Psychology and Aging*, *12* (3), 395 - 409.

Baltes, P. B., & Staudinger, U. M. (1993). The search for a psychology of wisdom. *Current Directions in Psychological Science*, *2*(3), 75 - 81.

Bandura, A. (2001). Social cognitive theory: An agentic perspective. *Annual Review of Psychology*, *52*(1), 1 - 26.

Barker, D. J. P., Osmond, C., Forsén, T. J., Kajan-Tie, E., & Eriksson, J. G. (2005). Trajectories of growth among children who have coronary events as adults. *The New England Journal of Medicine*, *353*(17), 1802 - 1809.

Barrick, M. R., & Mount, M. K. (1991). The big five personality dimensions and job performance: A meta-analysis. *Personnel Psychology*, *44*(1), 1 - 26.

Barrick, M. R., Mount, M. K., & Gupta, R. (2003). Meta-analysis of the relationship between the five-factor model of personality and Holland's occupational types. *Personnel Psychology*, *56*(1), 45 - 74.

Barrick, M. R., Mount, M. K., & Judge, T. A. (2001). Personality and performance at the beginning of the new millennium: What do we know and where do we go next? *International Journal of Selection and Assessment*, *9*(1-2), 9 - 30.

Bateson, P., & Hinde, R. A. (1987). Developmental changes in sensitivity to experience. In M. H. Bornstein (Ed.), *Sensitive periods in development* (*pp. 19 - 34*). Hillsdale, NJ: Erlbaum.

Baumeister, R. F., Vohs, K. D., & Tice, D. M. (2007). The strength model of self-control. *Current Directions in Psychological Science*, *16*(6), 351 - 355.

Beck, A. (1988). *Love is never enough: How couples can overcome misunderstanding: Resolving conflicts, and solve relationship problems through cognitive therapy*. New York: Harper & Row.

Belsky, J., Hsieh, K., & Crnic, K. (1998). Mothering, fathering, and infant negativity as antecedents of boys' externalizing problems and inhibition at age 3 years: Differential susceptibility to rearing experience? *Development and Psychopathology*, *10*(2), 301 - 319.

Bennett, J., & Burch, G. (2007). *Team leader personality, team climate and relations in the team*. Paper presented at the Association of Industrial Relations Academics of Australia and New Zealand (AIRAANZ) Conference.

Bentz, V. J. (1985). *A view from the top: A 30-year perspective on research devoted to discovery, description, and prediction of executive behavior*. Paper presented at the 93rd Annual Meeting of the American Psychological Association, Los Angeles, CA.

Berger, C. R., & Calabrese, R. J. (1975). Some explorations in initial interaction and beyond: Toward a developmental theory of interpersonal communication. *Human Communication Research*, *1*(1), 99 - 112.

Bergman, L. R., & Magnusson, D. (1990). General issues about data quality in longitudinal research. In D. Magnusson & L. R. Bergman (Eds.), *Data quality in longitudinal research* (*pp. 1 - 27*). New York: Cambridge

University Press.

Berry, C. M., Ones, D. S., & Sackett, P. R. (2007). Interpersonal deviance, organizational deviance, and their common correlates: A review and meta-analysis. *Journal of Applied Psychology*, *92* (2), 410 - 424.

Berry, D. S., Willingham, J. K., & Thayer, C. A. (2000). Affect and personality as predictors of conflict and closeness in young adults' friendships. *Journal of Research in Personality*, *34*(1), 84 - 107.

Birditt, K. S., Jackey, L. M., & Antonucci, T. C. (2009). Longitudinal patterns of negative relationship quality across adulthood. *Journal of Gerontology: Psychological Science*, *64B*(1), 55 - 64.

Birren, J. E., & Schaire, K. (2006). *Handbook of the psychology of aging* (*6th ed.*). San Diego: Academic Press.

Birren, J. E., & Schroots, J. J. (2006). Autobiographical memory and the narrative self over the life span. In J. T. Birren & K. W. Schaie (Eds.), *Handbook of the psychology of aging* (*6th ed.*) (pp. 477 - 498). San Diego: Academic Press.

Bleidorn, W., Kandler, C., & Caspi, A. (2014). The behavioural genetics of personality development in adulthood: Classic, contemporary, and future trends. *European Journal of Personality*, *28*(3), 244 - 255.

Bleidorn, W., Kandler, C., Hulsheger, U. R., Riemann, R., Angleitner, A., & Spinath, F. M. (2010). Nature and nurture of the interplay between personality traits and major life goals. *Journal of Personality and Social Psychology*, *99*(2), 366 - 379.

Bleidorn, W., Kandler, C., Riemann, R., Angleitner, A., & Spinath, F. (2009). Patterns and sources of adult personality development: Growth curve analyses of the NEO PI-R scales in a longitudinal twin study. *Journal of Personality and Social Psychology*, *97*(1), 142 - 155.

Block, J. (1971). *Lives through time*. Berkeley, CA: Bancroft.

Block, J. (1993). Studying personality the long way. In D. C. Funder, R. D. Parke, C. Tomlinson-Keasey & K. Widaman (Eds.), *Studying lives through time: Personality and development* (*pp. 9 - 41*). Washington, DC: American Psychological Association.

Block, J., Block, J. H., & Gjerde, P. F. (1986). The personality of children prior to divorce: A prospective study. *Child Development*, *57* (4), 827 - 840.

Block, J., Gjerde, P. F., & Block, J. H. (1991). Personality antecedents of depressive tendencies in 18-year-olds: A prospective study. *Journal of*

Personality and Social Psychology, *60*(5), 726 - 738.

Block, J., & Robins, R. W. (1993). A longitudinal study of consistency and change in self-esteem from early adolescence to early adulthood. *Child Development*, *64*(3), 909 - 923.

Boehm, J. K., Peterson, C., Kivimaki, M., & Kubzansky, L. (2011). A prospective study of positive psychological well-being and coronary heart disease. *Health Psychology*, *30*(3), 259 - 267.

Bogg, T., & Roberts, B. W. (2004). Conscientiousness and health-related behaviors: A meta-analysis of the leading behavioral contributors to mortality. *Psychological Bulletin*, *130*, 887 - 919.

Bolger, N., & Zuckerman, A. (1995). A framework for studying personality in the stress process. *Journal of Personality and Social Psychology*, *69*(5), 890 - 902.

Bollmer, J. M., Harris, M. J., & Milich, R. (2006). Reactions to bullying and peer victimization: Narratives, physiological arousal, and personality. *Journal of Research in Personality*, *40*(5), 803 - 828.

Bonanno, G. A. (2004). Loss, trauma, and human resilience: Have we underestimated the human capacity to thrive after extremely aversive events? *American Psychologist*, *59*(1), 20 - 28.

Bono, J. E., & Judge, T. A. (2004). Personality and transformational and transactional leadership: A meta-analysis. *Journal of Applied Psychology*, *89*(5), 901 - 910.

Booth-Kewley, S., & Vickers, R. R. (1994). Associations between major domains of personality and health behavior. *Journal of Personality*, *62*(3), 281 - 298.

Bornstein, M. H. (1987). *Sensitive periods in development*. Hillsdale, NJ: Erlbaum.

Bornstein, M. H. (2006). Parenting science and practice. In K. A. Renninger, I. E. Sigel, W. Damon & R. M. Lerner (Eds.), *Handbook of child psychology: Child psychology in practice* (*pp. 893 - 949*) (Vol. 4). New York: John Wiley & Sons, Inc.

Bornstein, M. H., & Tamis-Lemonda, C. S. (1997). Maternal responsiveness and infant mental abilities: Specific predictive relations. *Infant Behavior and Development*, *20*(3), 283 - 296.

Bornstein, R. F. (1992). The dependent personality: Developmental, social, and clinical perspectives. *Psychological Bulletin*, *112*(1), 3 - 23.

Botwin, M., Buss, D. M., & Shackelford, T. (1997). Personality and mate preferences: Five factors in mate selection and marital satisfaction.

Journal of Personality, *65*(1), 107 - 136.

Bouchard, T. J. Jr. (1995). Longitudinal studies of personality and intelligence: A behavioral genetic and evolutionary psychology perspective. In D. H. Saklofske & M. Zaidner (Eds.), *International handbook of personality and intelligence* (*pp. 81 - 106*). New York: Plenum Press.

Boudreau, J. W., Boswell, W. R., & Judge, T. A. (2001). Effects of personality on executive career success in the United States and Europe. *Journal of Vocational Behavior*, *58*(1), 53 - 81.

Bowen, C. E., Noack, M. G., & Staudinger, U. M. (2010). Aging in the work context. In K. W. Schaie & S. Willis (Eds.), *Handbook of the psychology of aging* (*pp. 263 - 278*). New York: Elsevier Academic Press.

Bowlby, J. (1980). Loss: Sadness and depression. *Attachment and Loss* (Vol. 3). New York: Basic Books.

Boyce, C. J., & Wood, A. M. (2011). Personality prior to disability determines adaptation: Agreeable individuals recover lost life satisfaction faster and more completely. *Psychological Science*, *22*(11), 1397 - 1402.

Boyce, C. J., Wood, A. M., Daly, M., & Sedikides, C. (2015). Personality change following unemployment. *Journal of Applied Psychology*, *100*(4), 991 - 1011.

Bradley, C. L., & Marcia, J. E. (1998). Generativity-stagnation: A five-category model. *Journal of Personality*, *66*(1), 39 - 64.

Branje, S. J. T., Van Lieshout, C. F. M., & Gerris, J. R. M. (2007). Big five personality development in adolescence and adulthood. *European Journal of Personality*, *21*(1), 45 - 62.

Bratko, D., & Butković, A. (2007). Stability of genetic and environmental effects from adolescence to young adulthood: Results of croatian longitudinal twin study of personality. *Twin Research and Human Genetics*, *10*(1), 151 - 157.

Brennan, K. A., & Shaver, P. R. (1995). Dimensions of adult attachment, affect regulation, and romantic relationship functioning. *Personality and Social Psychology Bulletin*, *21*(3), 267 - 283.

Brown, B. B. (2011). Popularity in peer group perspective: The role of status in adolescent peer systems. In A. H. N. Cillessen, D. Schwartz & L. Mayeux (Eds.), *Popularity in the peer system* (*pp. 165 - 192*). New York: Guilford Press.

Brown, P., & Hesketh, A. J. (2004). *The mismanagement of talent:*

Employability and jobs in the knowledge economy. Oxford, England: Oxford University Press.

Brumbaugh, C. C., & Wood, D. (2013). Mate preferences across life and across the world. *Social Psychological and Personality Science*, *4* (1), 100 - 107.

Brummett, B. H., Babyak, M. A., Williams, R. B., Barefoot, J. C., Costa, P. T. Jr., & Siegler, I. C. (2006). NEO personality domains and gender predict levels and trends in body mass index over 14 years during midlife. *Journal of Research in Personality*, *40*(3), 222 - 236.

Brummett, B. H., Helms, M. J., Dahlstrom, W. G., & Siegler, I. C. (2006). Prediction of all-cause mortality by the Minnesota Multiphasic Personality Inventory Optimism-Pessimism Scale scores: Study of a college sample during a 40-year follow-up period. *Mayo Clinic Proceedings*, *81* (12), 1541 - 1544.

Bulter, R. N. , Lewis, M., & Sunderland, T. (1991). *Aging and mental health: Positive psychosocial and biomedical approaches*. New York: Macmillan.

Bunde, J., & Suls, J. (2006). A quantitative analysis of the relationship between the Cook-Medley Hostility Scale and traditional coronary artery disease risk factors. *Health Psychology*, *25*(4), 493 - 500.

Burch, G. S. J., & Anderson, N. (2009). Personality at work. In P. J. Corr & G. Matthews (Eds.), *The Cambridge handbook of personality psychology* (*pp. 748 - 763*). New York: Cambridge University Press.

Buss, A. R. (1979). Toward a unified framework for psychometric concepts in the multivariate developmental situation: Intraindividual change and inter- and intraindividual differences. In J. R. Nesselroade & P. B. Baltes (Eds.), *Longitudinal research in the study of behavior and development* (*pp. 41 - 59*). New York: Academic Press.

Buss, D. M. (1987). Selection, evocation, and manipulation. *Journal of Personality and Social Psychology*, *53*(6), 1214 - 1221.

Buss, D. M., & Barnes, M. (1986). Preferences in human mate selection. *Journal of Personality and Social Psychology*, *50*(3), 559 - 570.

Byrne, D. E. (1971). *The attraction paradigm*. New York: Academic Press.

Cacioppo, J. T., & Berntson, G. G. (2007). The brain, homeostasis, and health: Balancing demands of the internal and external milieu. In H. S. Friedman & R. C. Silver (Eds.), *Foundations of health psychology* (*pp. 73 - 91*). New York: Oxford University Press.

Cairns, R. B. (1979). *Social development: The origins and plasticity of interchanges*. San Francisco, CA: W. H. Freeman.

Cairns, R. B., & Hood, K. E. (1983). Continuity in social environment: A comparative perspective on individual difference prediction. In P. B. Baltes & O. G. Brim (Eds.), *Life-span development and behavior* (*pp. 301 - 358*) (Vol. 5). New York: Academic Press.

Campbell, J. B., & Hawley, C. W. (1982). Study habits and Eysenck's theory of extraversion-introversion. *Journal of Research in Personality*, *16*(2), 139 - 146.

Campbell, W. K., Hoffman, B. J., Campbell, S. M., & Marchisio, G. (2011). Narcissism in organizational contexts. *Human Resource Management Review*, *21*(4), 268 - 284.

Carey, G. (2002). *Human genetics for the social sciences*. Thousand Oaks, CA: Sage.

Carstensen, L. L. (2006). The influence of a sense of time on human development. *Science*, *312*(5782), 1913 - 1915.

Carstensen, L. L., Fung, H. H. , & Charles, S. T. (2003). Socioemotional selectivity theory and the regulation of emotion in the second half of life. *Motivation and Emotion*, *27*(1), 103 - 123.

Carver, C., Pozo, C., Harris, S., Noriega, V., Scheier, M., Robinson, D., . . . Clark, K. (1993). How coping mediates the effect of optimism on distress: A study of women with early stage breast cancer. *Journal of Personality and Social Psychology*, *65*(2), 375 - 390.

Carver, C. S., & Scheier, M. F. (1982). Control theory: A useful conceptual framework for personality-social, clinical and health psychology. *Psychological Bulletin*, *92*(1), 111 - 135.

Caspi, A. (1987). Personality in the life course. *Journal of Personality and Social Psychology*, *53*(6), 1203 - 1213.

Caspi, A., Begg, D., Dickson, N., Harrington, H., Langley, J., Moffitt, T. E., & Silva, P. A. (1997). Personality differences predict health-risk behaviors in young adulthood: Evidence from a longitudinal study. *Journal of Personality and Social Psychology*, *73*(5), 1052 - 1063.

Caspi, A., & Bem, D. J. (1990). Personality continuity and change across the life course. In L. Pervin (Ed.), *Handbook of personality: Theory and research* (pp. 549 - 569). New York: Guilford Press.

Caspi, A., Harrington, H., Milne, B., Amell, J. W., Theodore, R. F., & Moffitt, T. E. (2003). Children's behavioral styles at age 3 are linked to their adult personality traits at age 26. *Journal of Personality*, *71*(4), 495 - 514.

Caspi, A., & Herbener, E. S. (1990). Continuity and change: Assortative marriage and the consistency of personlity in adulthood. *Journal of Personality and Social Psychology*, *58*(2), 250 - 258.

Caspi, A., Roberts, B., & Shiner, R. (2005). Personality development: Stability and change. *Annual Review of Psychology*, *56*, 453 - 484.

Caspi, A., & Shiner, R. L. (2006). Social, emotional and personality development. In N. Eisenberg, W. Damon & M. R. Lerner (Eds.), *Handbook of child psychology* (Vol. 3). New York: John Wiley & Sons, Inc.

Caspi, A., & Silva, P. A. (1995). Temperamental qualities at age 3 predict personality trait in young adulthood: Longitudinal evidence from a birth cohort. *Child Development*, *66*(2), 486 - 498.

Cellar, D. F., Yorke, C. M., Nelson, Z. C., & Carroll, K. A. (2004). Relationships between five factor personality variables, workplace accidents, and self-efficacy. *Psychological Reports*, *94*(3), 1437 - 1441.

Chambers, R. A., Taylor, J. R., & Potenza, M. N. (2003). Developmental neurocircuitry of motivation in adolescence: A critical period of addition vulnerability. *American Journal of Psychiatry*, *160*(6), 1041 - 1052.

Chamorro-Premuzic, T. (2011). *Personality and individual differences (2nd edition)*. Hoboken, NJ: Blackwell-Wiley.

Chen, E., & Miller, G. E. (2013). Socioeconomic status and health: Mediating and moderating factors. *Annual Review of Clinical Psychology*, *9*, 723 - 749.

Chida, Y., & Hamer, M. (2008). Chronic psychosocial factors and acute physiological responses to laboratory-induced stress in healthy populations: A quantitative review of 30 years of investigations. *Psychological Bulletin*, *134*(5), 829 - 885.

Chida, Y., & Steptoe, A. (2008). Positive psychological well-being and mortality: A quantitative review of prospective observational studies. *Psychosomatic Medicine*, *70*, 741 - 756.

Chida, Y., & Steptoe, A. (2009). The association of anger and hostility with future coronary heart disease: A meta-analytic review of prospective evidence. *Journal of the American College of Cardiology*, *53*(11), 936 - 946.

Chida, Y., & Steptoe, A. (2010). Greater cardiovascular responses to laboratory mental stress are associated with poor subsequent cardiovascular risk status: A meta-analysis of prospective evidence. *Hypertension*, *55*(4), 1026 - 1032.

Clarke, S., & Robertson, I. (2005). A meta-analytic review of the big five personality factors and accident involvement in occupational and non-occupational settings. *Journal of Occupational and Organizational Psychology*, *78*(3), 355 - 376.

Claxton, A., O'Rourke, N., Smith, J. Z., & DeLongis, A. (2012). Personality traits and marital satisfaction within enduring relationships: An intra-couple discrepancy approach. *Journal of Social and Personal Relationships*, *29*(3), 375 - 396.

Cloninger, C. R., Sigvardsson, S., & Bohman, M. (1988). Childhood personality predicts alcohol abuse in young adults. *Alcoholism: Clinical and Experimental Research*, *12*(4), 494 - 505.

Clore, G. L., & Byrne, D. A. (1974). A reinforcement-affect model of attraction. In T. L. Huston (Ed.), *Foundations of interpersonal attraction* (*pp. 143 - 165*). New York: Academic Press.

Clougherty, J., Souza, K., & Cullen, M. (2010). Work and its role in shaping the social gradient in health. *Annals of the New York Academy of Sciences*, *1186*, 102 - 124.

Cohen, S., Janicki-Deverts, D., Chen, E., & Matthews, K. A. (2010). Childhood socioeconomic status and adult health. *Annals of the New York Academy of Sciences*, *1186*(1), 37 - 55.

Cole, D. A., Martin, J. M., & Powers, B. (1997). A competency-based model of child depression: A longitudinal study of peer, parent, teacher, and self-evaluations. *Journal of Child Psychology and Psychiatry*, *38*(5), 505 - 514.

Connelly, B. S., & Ones, D. S. (2010). An other perspective on personality: Meta-analytic integration of observers' accuracy and predictive validity. *Psychological Bulletin*, *136*(6), 1092 - 1122.

Contrada, R., & Baum, A. (2011). *The handbook of stress science: Biology, psychology, and health*. New York, NY: Springer.

Cook, K. W., Vance, C. A., & Spector, P. E. (2000). The relation of candidate personality with selection interview outcomes. *Journal of Applied Social Psychology*, *30*(4), 867 - 885.

Cook, W. L., Kenny, D. A., & Goldstein, M. J. (1991). Parental affective style risk and the family system: A social relations model analysis. *Journal of Abnormal Psychology*, *100*(4), 492 - 501.

Cooper, T., Detre, T., & Weiss, S. M. (1981). Coronary-prone behavior and coronary heart disease: A critical review. *Circulation*, *63* (61), 1199 - 1215.

Costa, P. T. Jr. , & McCrae, R. R. (1994). Set like plaster? Evidance for the stability of adult personality. In T. F. Heatherton & J. L. Weinberger (Eds.), *Can personality change?* (*pp. 21 - 40*). Washington, DC: American Psychological Association.

Costa, P. T. Jr., Herbst, J. H., McCrae, R. R., & Siegler, I. C. (2000). Personality at midlife: Stability, intrinsic maturation, and response to life events. *Assessment*, *7*(4), 365 - 378.

Costa, P. T. Jr., & McCrae, R. R. (1987). Neuroticism, somatic complaints, and disease: Is the bark worse than the bite? *Journal of Personality*, *55*(2), 299 - 316.

Costa, P. T. Jr., & McCrae, R. R. (1988). Personality in adulthood: A six year longitudinal study of self-reports and spouse ratings of the NEO personality inventory. *Journal of Personality and Social Psychology*, *54*(5), 853 - 863.

Costa, P. T. Jr., & McCrae, R. R. (1992). Trait psychology comes of age. In T. B. Sonderegger (Ed.), *Nebraska symposium on motivation: Psychology and aging* (*pp. 169 - 204*). Lincoln, NE: University of Nebraska Press.

Costa, P. T. Jr., McCrae, R. R., Zonderman, A. B., Barbano, H. E., Lebowitz, B., & Larson, D. M. (1986). Cross-sectional studies of personality in a national sample: Stability in neuroticism, extraversion, and openness. *Psychology and Aging*, *1*(2), 144 - 149.

Couch, A., & Kenniston, K. (1960). Yeasayers and naysayers: Agreeing response set as a personality variable. *Journal of Abnormal and Social Psychology*, *60*(2), 151 - 174.

Cramer, P. (2000). Development of identity: Gender makes a difference. *Journal of Research in Personality*, *34*(1), 42 - 72.

Crick, N. R., & Dodge, K. A. (1994). A review and reformulation of social information processing mechanism in children's social adjustment. *Psychological Bulletin*, *115*(1), 74 - 101.

Cross, S., & Markus, H. (1991). Possible selves across the life span. *Human Development*, *34*(4), 230 - 255.

Dörner, J. , Mickler, C., & Staudinger, U. M. (2005). Self-development at midlife: Lifespan perspectives on adjustment and growth. In S. L. Willis & M. Martin (Eds.), *Middle adulthood: A lifespan perspective* (*pp. 277 - 319*). Thousand Oaks, CA: Sage.

Dahlen, E. R., Martin, R. C., Ragan, K., & Kuhlman, M. M. (2005). Driving anger, sensation seeking, impulsiveness, and boredom proneness in the prediction of unsafe driving. *Accident Analysis and Prevention*, *37*(2), 341 - 348.

Damon, W., & Hart, D. (1986). Stability and change in children's self-understanding. *Social Cognition*, *4*(2), 102 - 118.

Danner, D. D., Snowdon, D. A., & Friesen, W. V. (2001). Positive emotions in early life and longevity: Findings from the nun study. *Journal of Personality and Social Psychology*, *80*(5), 804 - 813.

Davidson, K. W., Macgregor, M., Johnson, E. A., Woody, E. Z., & Chaplin, W. F. (2004). The relation between defense use and adaptive behavior. *Journal of Research in Personality*, *38*(2), 105 - 129.

De Castro, B. O. (2000). *Social information processing and emotion in antisocial boys*. Amsterdam: Paedologisch Instituut.

De Castro, B. O., Veerman, J. W., Koops, W., Bosch, J. D., & Monshouwer, H. J. (2002). Hostile attribution of intent and aggressive behavior: A meta-analysis. *Child Development*, *73*(3), 916 - 934.

De Fruyt, F., Van Leeuwen, K., Bagby, R. M., Rolland, J. P., & Rouillon, F. (2006). Assessing and interpreting personality change and continuity in patients treated for major depression. *Psychological Assessment*, *18*(1), 71 - 80.

De Vries, B., & Watt, D. (1996). A lifetime of events: Age and gender variations in the life story. *The International Journal of Aging and Human Development*, *42*(2), 81 - 102.

Deal, J. E., Halverson, C. F. Jr., Havill, V., & Martin, R. P. (2005). Temperament factors as longitudinal predictors of young adult personality. In W. L. Gary (Ed.), *Merrill-Palmer Quarterly* (*Vol. 51*, *pp. 315 - 334*). Detroit: Wayne State University Press.

Denham, S. A., Workman, E., Cole, P. M., Weissbrod, C., Kendziora, K. T., & Zahn-Waxler, C. (2000). Prediction of externalizing behavior problems from early to middle childhood: The role of parental socialization and emotion expression. *Development and Psychopathology*, *12*(1), 23 - 45.

Denissen, J. J. A., & Penke, L. (2008). Motivational individual reaction norms underlying the five-factor model of personality: First steps towards a theory-based conceptual framework. *Journal of Research in Personality*, *42*(5), 1285 - 1302.

Denissen, J. J. A., Schönbrodt, F. D., Van Zalk, M., Meeus, W. H. J., & Van Aken, M. A. G. (2011). Antecedents and consequences of peer-rated intelligence. *European Journal of Personality*, *25*(2), 108 - 119.

Dennissen, J. J. A., Asendorpf, J. B., & Van Aken, M. A. G. (2008). Childhood personality predicts long-term trajectories of shyness and aggressiveness in the context of demographic transitions in emerging adulthood. *Journal of Personality*, *76*(1), 67 - 99.

Denollet, J., Conraads, V. M., Brutsaert, D. L., De Clerck, L. S., Stevens, W. J., & Vrints, C. J. (2003). Cytokines and immune activation in systolic heart failure: The role of type D personality. *Brain, Behavior, and Immunity*, *17*(4), 304 - 309.

Denollet, J., Sys, S., Stroobaut, N., Rombouts, H., Gillebert, T., & Brusaert, D. (1996). Personality as independent predictor of long-term mortality in patients with coronary heart disease. *Lancet*, *347*(8999), 417 - 421.

Depue, R. A. (2006). Interpersonal behavior and the structure of personality: Neurobehavioral foundation of agentic extraversion and affiliation. In T. Canli (Ed.), *Biology of personality and individual differences* (*pp. 60 - 92*). New York, NY: Guilford Press.

Depue, R. A., & Collins, P. F. (1999). Neurobiology of the structure of personality: Dopamine, facilitation of incentive motivation, and extraversion. *Behavioral and Brain Sciences*, *22*(3), 491 - 517.

Digman, J. M. (1997). Higher-order factors of the big five. *Journal of Personality and Social Psychology*, *73*(6), 1246 - 1256.

Dodge, K. A., & Tomlin, A. M. (1987). Utilization of self-schema as a mechanism of interpretational bias in aggressive children. *Social Cognition*, *5*(3), 280 - 300.

Donnellan, M. B., Conger, R. D., & Burzette, R. G. (2007). Personality development from late adolescence to young adulthood: Differential stability, normative maturity, and evidence for the maturity-stability hypothesis. *Journal of Personality*, *75*(2), 237 - 263.

Donnellan, M. B., Hill, P. L., & Roberts, B. W. (2015). Personality development across the life span: Current findings and future directions. In M. Mikulincer, P. R. Shaver, M. L. Cooper & R. J. Larsen (Eds.), *APA handbook of personality and social psychology* (*Vol. 4*). *Personality processes and individual differences* (*pp. 107 - 126*). Washington, DC: American Psychological Association.

Donnellan, M. B., & Lucas, R. E. (2008). Age differences in the big five across the life span: Evidence from two national samples. *Psychology and Aging*, *23*(3), 558 - 566.

Dooley, D., Prause, J., & Ham-Rowbottom, K. A. (2000). Underemployment and depression: Longitudinal relationships. *Journal of Health and Social Behavior*, *41*(4), 421 - 436.

Dudley, N. M., Orvis, K. A., Lebiecki, J. E., & Cortina, J. M. (2006). A meta-analytic investigation of conscientiousness in the prediction of job performance: Examining the intercorrelations and the incremental validity of narrow traits. *Journal of Applied Psychology*, *91*(1), 40 - 57.

Eagly, A. H., & Chaiken, S. (1993). *The psychology of attitudes*. Orlando, FL: Harcourt Brace Jovanovich College Publishers.

Ebner, N. C., Freund, A. M., & Baltes, P. B. (2006). Developmental changes in personal goal orientation from young to late adulthood: From striving for gains to maintenance and prevention of losses. *Psychology and Aging*, *21*(4), 664 - 678.

Eisenberg, N., Zhou, Q., Losoya, S. H., Fabes, R. A., Shepard, S. A., Murphy, B. C., . . . Cumberland, A. (2003). The relations of parenting, effortful control, and ego control to children's emotional expressivity. *Child Development*, *74*(3), 875 - 895.

Eisenberg, N., Zhou, Q., Spinrad, T. L., Valiente, C., Fabes, R. A., & Liew, J. (2005). Relations among positive parenting, children's effortful control, and externalizing problems: A three-wave longitudinal study. *Child Development*, *76*(5), 1055 - 1071.

Elliot, A. J. (2008). *Handbook of approach and avoidance motivation*. New York, NY: Psychology Press.

Engelkemeyer, S. M., & Marwit, S. J. (2008). Posttraumatic growth in bereaved parents. *Journal of Traumatic Stress*, *21*(3), 344 - 346.

Ennett, S. T., & Bauman, K. E. (1994). The contribution of influence and selection to adolescent peer group homogeneity: The case of adolescent cigarette smoking. *Journal of Personality and Social Psychology*, *67*(4), 653 - 663.

Epstein, S. (1991). Cognitive-experiential self theory: Implications for developmental pscyhology. In M. R. Gunnar & L. A. Sroufe (Eds.), *Self process and development: The Minnesota symposia on child development* (*pp. 79 - 123*) (Vol. 23). Hillsdale, NJ: Lawrence Erlbaum Associates.

Erez, A., & Judge, T. A. (2001). Relationship of core self-evaluation to goal setting motivation, and performance. *Journal of Applied Psychology*, *86*(6), 1270 - 1279.

Erikson, E. H. (1964). *Insight and responsibility*. New York: Norton.

Erikson, E. H. (1965). *Childhood and Society*. London: Penguin.

Erikson, E. H. (1968). *Identity: Youth and crisis*. New York: Norton.

Everson, S. A., Roberts, R. E., Goldberg, D. E., & Kaplan, G. A. (1998). Depressive symptoms and increased risk of stroke mortality over a 29-year period. *Archives of Internal Medicine*, *158*(10), 1133 - 1138.

Eysenck, H. J. (1967). *The biological basis of personality*. Springfield, IL: Charles C Thomas.

Eysenck, H. J., & Eysenck, M. W. (1985). *Personality and individual differences: A natural science approach*. New York: Plenum Press.

Fay, D., & Sonnentag, S. (2002). Rethinking the effects of stressors: A longitudinal study on personal initiative. *Journal of Occupational Health Psychology*, *7*(3), 221 - 234.

Feldman, D. C. (2003). The antecedents and consequences of early career indecision among young adults. *Human Resource Management Review*, *13*(3), 499 - 531.

Ferguson, C. J. (2010). A meta-analysis of normal and disordered personality across the life span. *Journal of Personality and Social Psychology*, *98*(4), 659 - 667.

Field, D., & Millsap, R. (1991). Personality in advanced old age: Continuity or change? *Journal of Gerontology: Psychological Science*, *46*(6), 299 - 308.

Finkel, E. J., & Campbell, W. K. (2001). Self-control and accommodation in close relationships: An interdependence analysis. *Journal of Personality and Social Psychology*, *81*(2), 263 - 277.

Fivush, R., & Nelson, K. (2004). Culture and language in the emergence of autobiographical memory. *Psychological Science*, *15*(9), 573 - 577.

Fleeson, W. (2001). Toward a structure- and process-integrated view of personality: Traits as density distribution of states. *Journal of Personality and Social Psychology*, *80*(6), 1011 - 1027.

Fleeson, W., Malanos, A. B., & Achille, N. M. (2002). An intra-individual process approach to the relationship between extraversion and positive affect: Is acting extraverted as 'good' as being extraverted? *Journal of Personality and Social Psychology*, *83*(6), 1409 - 1422.

Fletcher, J. M. (2013). The effects of personality traits on adult labor market outcomes: Evidence from siblings. *Journal of Economic Behavior and Organization*, *89*, 122 - 135.

Fraley, C., & Roberts, B. W. (2005). Patterns of continuity: A dynamic model for conceptualizing the stability of individual differences in psychological constructs across the life course. *Psychological Review*, *112*

(1), 60 - 74.

Fraley, R. C. (2004). *How to conduct behavioral research over the Internet: A beginners guide to HTML and CGI/Perl*. New York: Guilford Press.

Frese, M., Fay, D., Hilburger, T., Leng, K., & Tag, A. (1997). The concept of personal initiative: Operationalization, reliability and validity in two German samples. *Journal of Occupational and Organizational Psychology*, *70*(2), 139 - 161.

Freund, A. M., & Riediger, M. (2006). Goals as building blocks of personality and development in adulthood. In D. Mroczek & T. D. Little (Eds.), *Handbook of personality development* (*pp. 353 - 372*). Mahwah, NJ: Lawrence Erlbaum Associates.

Friedman, E. , & Havighurst, R. J. (1954). *The meaning of work and retirement*. Chicago: University of Chicago Press.

Friedman, H. S. (2000). Long-term relations of personality and health: Dynamisms, mechanisms, tropisms. *Journal of Personality*, *68* (6), 1089 - 1107.

Friedman, H. S. (2007). Personality, disease, and self-healing. In H. S. Friedman & R. C. Silver (Eds.), *Foundations of health psychology* (*pp. 172 - 199*). New York, NY: Oxford University Press.

Friedman, H. S., & Kern, M. L. (2014). Personality, well-being, and health. *Annual Review of Psychology*, *65*, 719 - 742.

Friedman, H. S., & Schustack, M. W. (2005). *Personality: Classic theories and modern research*. New York, NY: Pearson.

Friedman, H. S., Tucker, J. S., Tomlinson-Keasey, C., Schwartz, J. E., Wingard, D. L., & Criqui, M. H. (1993). Does childhood personality predict longevity? *Journal of Personality and Social Psychology*, *65* (1), 176 - 185.

Friedman, M., & Booth-Kewley, S. (1987). Personality, type A behavior, and coronary heart disease: The role of emotional expression. *Journal of Personality and Social Psychology*, *53*(4), 783 - 792.

Friedman, M., & Roseman, R. H. (1974). *Type A behavior and your heart*. New York, NY: Knopf.

Frost, T. F., & Clayson, D. E. (1991). The measurement of self-esteem, stress-related life events, and locus of control among unemployed and employed blue-collar workers. *Journal of Applied Social Psychology*, *21* (17), 1402 - 1417.

Fuller, B., & Marler, L. E. (2009). Change driven by nature: A meta-analytic review of the proactive personality literature. *Journal of Vocational*

Behavior, *75*(3), 329 - 345.

Fulton, A. S. (1997). Identity status, religious orientation, and prejudice. *Journal of Youth and Adolescence*, *26*(1), 1 - 11.

Funder, D. C. (1995). On the accuracy of personality judgment: A realistic approach. *Psychological Review*, *102*(4), 652 - 670.

Furman, W., Simon, V. A., Shaffer, L., & Bouchey, H. A. (2002). Adolescents' working models and styles for relationships with parents, friends, and romantic partners. *Child Development*, *73*(1), 241 - 255.

Furnham, A., & Bradley, A. (1997). Music while you work: The differential distraction of background music on the cognitive test performance of introverts and extroverts. *Applied Cognitive Psychology*, *11* (5), 445 - 455.

Furnham, A., Gunter, B., & Peterson, B. E. (1994). Television distraction and the performance of introverts and extraverts. *Applied Cognitive Psychology*, *8*(7), 705 - 711.

Galinsky, E., Bond, J. T., & Friedman, D. E. (1993). *The changing workforce: Highlights of the national study*. Washington, DC: Diane Publishing.

Gallagher, P., Fleeson, W., & Hoyle, R. (2011). A self-regulatory mechanism for personality trait stability: Contra-trait effort. *Social Psychological and Personality Science*, *2*(4), 335 - 342.

Gattis, K. S., Berns, S., Simpson, L. E., & Christensen, A. (2004). Birds of a feather or strange birds? Ties among personality dimensions, similarity, and marital quality. *Journal of Family Psychology*, *18* (4), 564 - 574.

Gianaros, P. J., Sheu, L. K., Matthews, K. A., Jennings, J. R., Manuck, S. B., & Hariri, A. R. (2008). Individual differences in stressor-evoked blood pressure reactivity vary with activation, volume, and functional connectivity of the amygdala. *Journal of Neuroscience*, *28*(4), 990 - 999.

Gilchrist, J. S. (2007). Cooperative behaviour in cooperative breeders: Costs, benefits, and communal breeding. *Behavioural Processes*, *76* (2), 100 - 105.

Gillespie, N. A., Evans, D. E., Wright, M. M., & Martin, N. G. (2004). Genetic simplex modeling of Eysenck's dimensions of personality in a sample of young Australian twins. *Twin Research*, *7*(6), 637 - 648.

Gleason, K. A., Jensen-Campbell, L. A., & Richardson, D. S. (2004). Agreeableness and aggression in adolescence. *Aggressive Behaviour*, *30* (1), 43 - 61.

Glenn, N. D. (1980). Values, attitudes, and beliefs. In O. G. Brim & J. Kagan (Eds.), *Constancy and change in human development* (*pp. 596 - 640*). Cambridge, MA: Harvard University Press.

Goldbacher, E. M., & Matthews, K. A. (2007). Are psychological characteristics related to risk of the meta-bolic syndrome? A review of the literature. *Annals of Behavioral Medicine*, *34*(3), 240 - 252.

Goldberg, L. R., & Saucier, G. (1995). So what do you propose we use instead? A reply to block. *Psychological Bulletin*, *117*(2), 221 - 225.

Goldsmith, H., Buss, A. H., Plomin, R., Rothbart, M. K., Thomas, A., Chess, S., & McCall, R. B. (1987). What is temperament? Four approaches. *Child Development*, *58*(2), 505 - 529.

Goodwin, R. D., & Friedman, H. S. (2006). Health status and the five-factor personality traits in a nationally representative sample. *Journal of Health Psychology*, *11*(5), 643 - 654.

Gosling, S. D. (2008). *Snoop: What your stuff says about you* (*Vol. 52*, *pp. 151 - 152*). New York: Basic Books.

Gosling, S. D., Ko, S. J., Mannarelli, T., & Morris, M. E. (2002). A room with a cue: Personality judgments based on offices and bedrooms. *Journal of Personality and Social Psychology*, *82*(3), 379 - 398.

Gosling, S. D., Rentfrow, P. J., & Swann Jr, W. B. (2003). A very brief measure of the big-five personality domains. *Journal of Research in Personality*, *37*(6), 504 - 528.

Gottdiener, J. S., Kop, W. J., Hausner, E., McCeney, M. K., Herrington, D., & Krantz, D. S. (2003). Effects of mental stress on flow-mediated brachial arterial dilation and influence of behavioral factors and hypercholesterolemia in subjects without cardiovascular disease. *American Journal of Cardiology*, *92*(6), 687 - 691.

Graham, J. E., Christian, L. M., & Kiecolt-Glaser, J. K. (2006). Stress, age, and immune function: Toward a lifespan approach. *Journal of Behavioral Medicine*, *29*(4), 389 - 400.

Grande, G., Romppel, M., Vesper, J., Schubmann, R., Glaesmer, H., & Herrmann-Lingen, C. (2011). Type D personality and all-cause mortality in cardiac patients: Data from a German cohort study. *Psychosomatic Medicine*, *73*(7), 548 - 556.

Granovetter, M. (1983). The strength of weak ties: A network theory revisited. *Sociological theory* (*Vol. 1*, *pp. 201 - 233*). New York: Wiley.

Greenwald, A. G., & Farnham, S. D. (2000). Using the implicit association test to measure self-esteem and self-concept. *Journal of Personality and Social Psychology*, *79*(6), 1022-1038.

Griffin, P. W., Mroczek, D., & Wesbecher, K. (2015). Personality development across the life span: Theory, research and application. In P. A. Lichtenberg, B. T. Mast, B. D. Carpenter & J. L. Wetherell (Eds.), *APA handbook of clinical geropsychology: History and status of the field and perspectives on aging*(*vol. 1, pp. 217-234*). New York: American Psychological Association.

Grolnick, W. S., & Ryan, R. M. (1989). Parent styles associated with children's self-regulation and competence in school. *Journal of Educational Psychology*, *81*(2), 143-154.

Grossmann, I., & Huynh, A. C. (2013). Where is the culture in social class? *Psychological Inquiry*, *24*(2), 112-119.

Guay, F., Marsh, H. W., & Boivin, M. (2003). Academic self-concept and academic achievement: Developmental perspectives on their causal ordering. *Journal of Educational Psychology*, *95*(1), 124-136.

Habermas, T., & De Silveira, C. (2008). The development of global coherence in life narratives across adolescence: Temporal, causal, and thematic aspects. *Developmental Psychology*, *44*(3), 707-721.

Hampson, S. E., Andrews, J. A., Barckley, M., Lichtenstein, E., & Lee, M. E. (2006). Personality traits, perceived risk, and risk-reduction behaviors: A further study of smoking and radon. *Health Psychology*, *25*(4), 530-536.

Hampson, S. E., & Friedman, H. S. (2008). Personality and health: A lifespan perspective. In O. P. John, R. W. Robins & L. A. Pervin (Eds.), *Handbook of personality: Theory and research* (*pp. 770-794*). New York: Guilford Press.

Hampson, S. E., Goldberg, L. R., Vogt, T. M., & Dubanoski, J. P. (2006). Forty years on: Teachers' assessments of children's personality traits predict self-reported health behaviors and outcomes at midlife. *Health Psychology*, *25*(1), 57-64.

Hampson, S. E., Goldberg, L. R., Vogt, T. M., & Dubanoski, J. P. (2007). Mechanisms by which childhood personality traits influence health status: Educational attainment and healthy behaviors. *Health Psychology*, *26*(1), 121-125.

Hansen, C. P. (1988). Personality characteristics of the accident involved employee. *Journal of Business and Psychology*, *2*(4), 346-365.

Hare, R. D., & Neumann, C. S. (2009). Psychopathy: Assessment and forensic implications. *Canadian Journal of Psychiatry*, *54*(12), 791 - 802.

Hariri, A. R., Mattay, V. S., Tessigore, A., Kolachana, B., Fera, F., Goldman, D., & Weinberger, D. R. (2002). Serotonin transporter genetic variation and the response of the human amygdala. *Science*, *297*(5580), 400 - 403.

Harris, J. A. (1995). Where is the child's environment? A group socialization theory of development. *Psychological Review*, *102*(3), 458 - 489.

Harter, S. (1997). The development of self representations. In W. Damon & N. Eisenberg (Eds.), *Handbook of child psychology* (*Vol. 3*, *pp. 553 - 618*). New York: Wiley.

Harter, S. (1998). The development of self-representations. In W. Damon & N. Eisenberg (Eds.), *Handbook of child psychology: Social, emotional, and personality development* (*5th edition*, *pp. 553 - 617*). New York: John Wiley & Sons, Inc.

Hartup, W. W. (1992). Peer relations in early and middle childhood. In V. B. V. Hasselt & M. Hersen (Eds.), *Handbook of social development: A lifespan perspective* (*pp. 257 - 281*). New York: Plenum.

Hatter, S., & Monsour, A. (1992). Developmental analysis of conflict caused by opposing attributes in the adolescent self-portrait. *Developmental Psychology*, *28*(2), 251 - 260.

Heller, D., Watson, D., & Ilies, R. (2004). The role of person versus situation in life satisfaction: A critical examination. *Psychological Bulletin*, *130*(4), 574 - 600.

Helson, R., Jones, C., & Kwan, V. S. (2002). Personality change over 40 years of adulthood: Hierarchical linear modeling analyses of two longitudinal samples. *Journal of Personality and Social Psychology*, *83*(3), 752 - 766.

Helson, R., & Klohnen, E. C. (1998). Affective coloring of personality from young adulthood to midlife. *Personality and Social Psychology Bulletin*, *24*(3), 241 - 252.

Helson, R., & Kwan, V. S. (2000). Personality change in adulthood: The big picture and processes in one longitudinal study. In S. E. Hampton (Ed.), *Advances in personality psychology* (*Vol. 1*, *pp. 77 - 106*). Hove, England: Psychology Press.

Helson, R., & Roberts, B. W. (1994). Ego development and personality change in adulthood. *Journal of Personality and Social Psychology*, *66*(5), 911 - 920.

Helson, R., Stewart, A. J., & Ostrove, J. (1995). Identity in three cohorts of midlife women. *Journal of Personality and Social Psychology*, *69*(3), 544 - 557.

Hennecke, M., Bleidorn, W., Denissen, J. J. A., & Wood, D. (2014). A three-part framework for self-regulated personality development across adulthood. *European Journal of Personality*, *28*(3), 289 - 299.

Herzberg, P. Y., Glaesmer, H., & Hoyer, J. (2006). Separating optimism and pessimism: A robust psychometric analysis of the Revised Life Orientation Test (LOT-R). *Psychological Assessment*, *18*(4), 433 - 438.

Herzhoff, K., & Tackett, J. L. (2012). Establishing construct validity for openness-to-experience in middle childhood: Contributions from personality and temperament. *Journal of Research in Personality*, *46*(3), 286 - 294.

Hill, P. L., & Roberts, B. W. (2011). The role of adherence in the relationship between conscientiousness and perceived health. *Health Psychology*, *30*(6), 797 - 784.

Hinde, R. A., Titmus, G., Easton, D., & Tamplin, A. (1985). Incidence of friendship and behavior toward strong associates versus nonassociates in preschoolers. *Child Development*, *56*(1), 234 - 245.

Hirsh, B. J., & Rapkin, B. D. (1987). The transition to junior high school: A longitudinal study of self-esteem, psychological symptomatology, school life, and social support. Special issue: Schools and development. *Child Development*, *58*(5), 1235 - 1243.

Hoffman, M. L. (1983). Affective and cognitive processes in moral internalization. In E. T. Higgins, D. Ruble & W. Hartup (Eds.), *Social cognition and social development: A sociocultural perspective* (*pp. 236 - 274*). New York: Cambridge University Press.

Hoffman, M. L. (2000). *Empathy and moral development: Implications for caring and justice*. New York: Cambridge University Press.

Hofstee, W. K. B. (1994). Who should own the definition of personality? *European Journal of Personality*, *8*(1), 149 - 162.

Hogan, J., Hogan, R., & Kaiser, R. B. (2010). Management derailment. In S. Zedeck (Ed.), *APA handbook of industrial and organizational psychology* (*Vol. 3, pp. 555 - 575*). Washington, DC: American Psychological Association.

Hogan, R. (1998). Reinventing personality. *Journal of Social and Clinical Psychology*, *17*(1), 1 - 10.

Hogan, R. , & Hogan, J. (2007). *Hogan personality inventory manual*. Tulsa, OK: Hogan Assessment Systems.

Hogan, R., & Brinkmeyer, K. (1994). *What do employers want?* Tulsa, OK: Hogan Assessment Systems.

Hogan, R., & Chamorro-Premuzic, T. (2015). Personality and career success. In M. Mikulincer & P. R. Shaver (Eds.), *APA handbook of personality and social psychology* (*Vol*. 4, *pp*. *619 - 637*). Washington, DC: American Psychological Association.

Hogan, R., & Kaiser, R. B. (2005). What we know about leadership? *Review of General Psychology*, *9*(2), 169 - 180.

Hogan, R., & Roberts, B. W. (2004). A socioanalytic model of maturity. *Journal of Career Assessment*, *12*(2), 207 - 217.

Holden, G. W., & Miller, P. C. (1999). Enduring and different: A meta-analysis of the similarity in parents' child rearing. *Psychological Bulletin*, *125*(2), 223 - 254.

Holland, J. L. (1997). *Making vocational choices: A theory of vocational personalities and work environments*. Psychological Assessment Resources.

Hooker, K., & McAdams, D. P. (2003). Personality reconsidered: A new agenda for aging research. *The Journals of Gerontology*, *Series B: Psychological Sciences and Social Sciences*, *58*(6), 296 - 304.

Hopwood, C. J., Donnellan, M. B., Blonigen, D. M., Krueger, R. F., McGue, M., Iacono, W. G., & Burt, S. A. (2011). Genetic and environmental influences on personality trait stability and growth during the transition to adulthood: A three-wave longitudinal study. *Journal of Personality and Social Psychology*, *100*(3), 545 - 556.

Houston, B. K., Babyak, M. A., Chesney, M. A., Black, G., & Ragland, D. R. (1997). Social dominance and 22-year all-cause mortality in men. *Psychosomatic Medicine*, *59*(1), 5 - 12.

Houston, B. K., Chesney, M. A., Black, G. W., Cates, D. S., & Hecker, M. L. (1992). Behavioral clusters and coronary heart disease risk. *Psychosomatic Medicine*, *54*(4), 447 - 461.

Howard, J. H., Rechnitzer, P. A., Cunningham, D. A., & Donner, A. P. (1986). Change in type A behavior a year after retirement. *The Gerontologist*, *26*(6), 643 - 649.

Hoyer, W. J., & Roodin, P. A. (2003). *Adult development and aging* (*5th edition*). New York, NY: McGraw-Hill Education.

Hoyle, R. H., Fejfar, M. C., & Miller, J. D. (2008). Personality and sexual risk taking: A quantitative review. *Journal of Personality*, *68*, 1203-1231.

Huang, C. (2010). Mean-level change in self-esteem from childhood through adulthood: Meta-analysis of longitudinal studies. *Review of General Psychology*, *14*(3), 251 - 260.

Hudson, N. W., Roberts, B. W., & Lodi-Smith, J. (2012). Personality trait development and social investment in work. *Journal of Research in Personality*, *46*(3), 334 - 344.

Huesmann, L. R., Eron, L. D., Lefkowitz, M. M., & Walder, L. O. (1984). Stability of aggression over time and generations. *Developmental Psychology*, *20*(6), 1120 - 1134.

Hultsch, D. F., & Plemons, J. K. (1979). Life events and life-span development. In P. Baltes & O. Brime (Eds.), *Life-span development and behavior*. New York: Academic Press.

Hurtz, G. M., & Donovan, J. J. (2000). Personality and job performance: The big five revisited. *Journal of Applied Psychology*, *85*(6), 869 - 879.

Hutteman, R., Hennecke, M., Orth, U., Reitz, A. K., & Specht, J. (2014). Developmental tasks as a framework to study personality development in adulthood and old age. *European Journal of Personality*, *28*(3), 267 - 278.

Ickes, W., Hutchison, J., & Mashek, D. (2004). Closeness as intersubjectivity: Social absorption and social individuation. In D. Mashek & A. Aron (Eds.), *The handbook of closeness and intimacy* (*pp. 357 - 373*). Mahwah, NJ: Erlbaum.

Ironson, G. H., O'Cleirigh, C., Weiss, A., Schneiderman, N., & Costa, P. T. (2008). Personality and HIV disease progression: Role of NEO-PI-R openness, extraversion, and profiles of engagement. *Psychosomatic Medicine*, *70*(2), 245 - 253.

Iwasa, H., Masui, Y., Gondo, Y., Inagaki, H., Kawaai, C., & Suzuki, T. (2008). Personality and all-cause mortality among older adults dwelling in a Japanese community: A five-year population-based prospective cohort study. *American Journal of Geriatric Psychiatry*, *16*(5), 399 - 405.

Jang, K. L., McCrae, R. R., Angleitner, A., Riemann, R., & Livesley, W. J. (1998). Heritability of facet-level traits in a cross-cultural twin sample: Support for a hierarchical model of personality. *Journal of Personality and Social Psychology*, *74*(6), 1556 - 1565.

Jensen-Campbell, L. A., Adams, R., Perry, D., Furdella, J. Q., Workman, K. A., & Egan, S. (2002). Agreeableness, extraversion, and peer relations in early adolescence: Winning friends and deflecting aggression. *Journal of Research in Personality*, *36*(3), 224 - 251.

Jensen-Campbell, L. A., Gleason, K. A., Adams, R., & Malcolm, K. T.

(2003). Interpersonal conflict, agreeableness, and personality development. *Journal of Personality*, *71*, 1059 - 1085.

Jensen-Campbell, L. A., Knack, J. M., & Rex-Lear, M. (2009). Personality and social relations. In P. J. Corr & G. Matthews (Eds.), *The Cambridge handbook of personality psychology* (*pp. 507 - 523*). New York, NY: Cambridge University Press.

Jensen-Campbell, L. A., Knack, J. M., Waldrip, A. M., & Campbell, S. D. (2007). Do big five personality traits associated with self-control influence the regulation of anger and aggression? *Journal of Research in Personality*, *41*(2), 403 - 424.

Jensen-Campbell, L. A., & Malcolm, K. T. (2007). The importance of conscientiousness in adolescent interpersonal relationships. *Personality and Social Psychology Bulletin*, *33*(3), 368 - 383.

John, O. P., Robins, R. W., & Pervin, L. A. (2008). *Handbook of personality: Theory and research*. New York, NY: Guilford Press.

Johnson, A. M., Vernon, P. A., & Feiler, A. R. (2008). Behavioral genetic studies of personality: An introduction and review of the results of 50+ years of research. In G. J. Boyle, G. Matthews & D. H. Saklofske (Eds.), *The SAGE handbook of personality theory and assessment: Personality theories and models* (*Vol. 1, pp. 145 - 173*). London, England: Sage.

Johnson, M. K., Kim, J. K., & Risse, G. (1985). Do alcoholic Korsakoff's syndrome patients acquire affective reactions? *Journal of Experimental Psychology: Learning, Memory, and Cognition*, *11*(1), 22 - 36.

Jokela, M., Kivimäki, M., Elovainio, M., & Keltikangas-Järvinen, L. (2009). Personality and having children: A two-way relationship. *Journal of Personality and Social Psychology*, *96*(1), 218 - 230.

Jonassaint, C. R., Boyle, S. H., Williams, R. B., Mark, D. B., Siegler, I. C., & Barefoot, J. C. (2007). Facets of openness predict mortality in patients with cardiac disease. *Psychosomatic Medicine*, *69*(4), 319 - 322.

Jonkmann, K., Thoemmes, F., Ludtke, O., & Trautwein, U. (2014). Personality traits and living arrangements in young adulthood: Selection and socialization. *Developmental Psychology*, *50*(3), 683 - 698.

Judge, T. A., Bono, J. E., Ilies, R., & Gerhardt, M. W. (2002). Personality and leadership: A qualitative and quantitative review. *Journal of Applied Psychology*, *87*(4), 765 - 780.

Judge, T. A., Heller, D., & Mount, M. K. (2002). Five-factor model of personality and job satisfaction: A meta-analysis. *Journal of Applied*

Psychology, *87*(3), 530 - 541.

Judge, T. A., Higgins, C. A., Thoresen, C. J., & Barrick, M. R. (1999). The big five personality traits, general mental ability, and aareer success across the life span. *Personnel Psychology*, *52*(3), 621 - 652.

Judge, T. A., LePine, J. A., & Rich, B. L. (2006). Loving yourself abundantly: Relationship of the narcissistic personality to self-and other perceptions of workplace deviance, leadership, and task and contextual performance. *Journal of Applied Psychology*, *91*(4), 762 - 776.

Kagan, J. (1984). *The nature of the child*. Cambridge, MA: Harvard University Press.

Kagan, J. (1994). *Galen's prophecy: Temperament in human nature*. New York: Basic Books.

Kagan, J., Arcus, D., & Snidman, N. (1993). The idea of temperament: Where do we go from here? In R. Plomin & G. E. McClearn (Eds.), *Nature, nurture and psychology* (*pp. 197 - 210*). Washington, DC: American Psychological Association.

Kagan, J., & Snidman, N. (1991). Infant predictors of inhibited and uninhibited profiles. *Psychological Science*, *2*(1), 40 - 44.

Kagawa-Singer, M. (2000). Improving the validity and generalizability of studies with underserved U. S. populations expanding the research paradigm. *Annals of Epidemiology*, *10*(8), S92 - S103.

Kaiser, R. B., & Hogan, R. (2007). The dark side of discretion: Leader personality and organizational decline. In R. Hooijberg, J. Hunt, J. Antonakis, K. Boal & N. Lane (Eds.), *Being there even when you are not* (*Vol. 4, pp. 173 - 193*). Emerald Group Publishing Limited.

Kandler, C. (2012). Nature and nurture in personality development: The case of neuroticism and extraversion. *Current Directions in Psychological Science*, *21*(5), 290 - 296.

Kandler, C., Bleidorn, W., Riemann, R., Spinath, F. M., Thiel, W., & Angleitner, A. (2010). Sources of cumulative continuity in personality: A longitudinal multiple-rater twin study. *Journal of Personality and Social Psychology*, *98*(6), 995 - 1008.

Kandler, C., Riemann, R., Spinath, F. M., & Angleitner, A. (2010). Sources of variance in personality facets: A multiple-rater twin study of self-peer, peer-peer, and self-self (dis)agreement. *Journal of Personality*, *78*(5), 1565 - 1594.

Karney, B. R., & Bradbury, T. N. (1995). The longitudinal course of marital quality and stability: A review of theory, methods and research.

Psychological Bulletin, *118*(1), 3 - 34.

Kasen, S., Chen, H., Sneed, J., Crawford, T., & Cohen, P. (2006). Social role and birth cohort influences on gender-linked personality traits in women: A 20-year longitudinal analysis. *Journal of Personality and Social Psychology*, *91*(5), 944 - 958.

Kaufman, J. (2011). Individual differences in creativity. In T. Chamorro-Premuzic, S. V. Stumm & A. Furnham (Eds.), *The Wiley-Blackwell handbook of individual differences* (*pp. 679 - 697*). Singapore: Blackwell - Wiley.

Keltner, D. (1996). Facial expressions of emotion and personality. In C. Magai & S. H. McFadden (Eds.), *Handbook of emotion, adult devleopment, and aging* (*pp. 385 - 401*). San Diego, CA: Academic Press.

Kemeny, M. E. (2007). Psychoneuroimmunology. In H. S. Friedman & R. C. Silver (Eds.), *Foundations of health psychology* (*pp. 92 - 116*). New York, NY: Oxford University Press.

Kenny, D. A., Kashy, D. A., & Cook, W. L. (2006). *Dyadic data analysis*. New York, NY: Guilford Press.

Kern, M. L., & Friedman, H. S. (2008). Do conscientious individuals live longer? A quantitative review. *Health Psychology*, *27*(5), 505 - 512.

Kerr, M., Lambert, W. W., Stattin, H., & Klackenberg-Larsson, I. (1994). Stability of inhibition in a swedish longitudinal sample. *Child Development*, *65*(1), 138 - 146.

Kessler, S. R., Bandelli, A. C., Spector, P. E., Borman, W. C., Nelson, C. E., & Penney, L. M. (2010). Re-examining machiavelli: A three-dimensional model of machiavellianism in the workplace. *Journal of Applied Social Psychology*, *40*(8), 1868 - 1896.

Kim, E. S., Park, N., & Peterson, C. (2011). Dispositional optimism protects older adults from stroke: The Health and Retirement Study. *Stroke*, *42*(10), 2855 - 2859.

Kim, J. E., & Moen, P. (2002). Retirement transitions, gender, and psychological well-being a life-course, ecological model. *The Journals of Gerontology Series B: Psychological Sciences and Social Sciences*, *57*(3), 212 - 222.

Kish-Gephart, J., Harrison, D. A., & Trevino, L. K. (2010). Bad apples, bad cases, and bad barrels: Meta-analytic evidence about sources of unethical decisions at work. *Journal of Applied Psychology*, *95*(1), 1 - 31.

Knol, M. J., Twisk, J. W., Beekman, A. T., Heine, R. J., Snoek, F. J., & Pouwer, F. (2006). Depression as a risk factor for the onset of type 2 diabetes mellitus: A meta-analysis. *Diabetologia*, *49*(5), 837 - 845.

Kochanska, G. (1993). Toward a synthesis of parental socialization and child temperament in early development of conscience. *Child Development*, *64*(2), 325 - 347.

Kochanska, G., Aksan, N., & Carlson, J. J. (2005). Temperament, relationships, and young children's receptive cooperation with their parents. *Developmental Psychology*, *41*(4), 648 - 660.

Kochanska, G., Devet, K. , & Goldman, M. (1994). Maternal reports of conscience development and temperament in young children. *Child Development*, *65*(3), 852 - 868.

Kochanska, G., Friesenberg, A. E., Lange, L. A., & Martel, M. M. (2004). Parents' personality and infants' temperament as contributors to their emerging relationship. *Journal of Personality and Social Psychology*, *86*(5), 744 - 759.

Kochanska, G., & Knaack, A. (2003). Effortful control as a personality characteristic of young children: Antecedents, correlates, and consequences. *Journal of personality*, *71*(6), 1087 - 1112.

Kokko, K., & Pulkkenen, L. (2000). Aggression in childhood and long-term unemployment in adulthood: A cycle of maladaptation and some protective factors. *Developmental Psycohlogy*, *36*(4), 463 - 472.

Korten, A. E., Jorm, A. F., & Jiao, Z. (1999). Health, cognitive, and psychosocial factors as predictors of mortality in an elderly community sample. *Journal of Epidemiology and Community Health*, *53*(2), 83 - 88.

Kosloski, K. (1986). Isolating age, period, and cohort effects in developmental research: A critical review. *Research on Aging*, *8*(4), 460 - 479.

Kowaz, A. M., & Marcia, J. E. (1991). Development and validation of a measure of eriksonian industry. *Journal of Personality and Social Psychology*, *60*(3), 390 - 397.

Krasner, M. S., Epstein, R. M. , Beckman, H. , & Suchman, A. L. (2009). Association of an educational program in mindful communication with burnout, empathy, and attitudes among primary care physicians. *Journal of the American Medical Association*, *302*(12), 1284 - 1293.

Krueger, R. F., South, S., Johnson, W., & Iacono, W. (2008). The heritability of personality is not always 50%: Gene-environment interactions and correlations between personality and parenting. *Journal of Personality*, *76*(6), 1485 - 1522.

Kuhn, M. H., & McPartland, T. S. (1954). An empirical investigation of self-attitudes. *American Sociological Review*, *19*(1), 68 - 76.

Kunzmann, U., & Baltes, P. B. (2003). Wisdom-related knowledge: Affective, motivational, and interpersonal correlates. *Personality and Social Psychology Bulletin*, *29*(9), 1104 - 1119.

L'Abate, L., & Bryson, C. H. (1994). *A theory of personality development*. New York, NY: John Wiley & Sons, Inc.

Löckenhoff, C. E., Terracciano, A., & Costa, P. T. (2009). Five-factor model personality traits and the retirement transition: Longitudinal and cross-sectional associations. *Psychology and Aging*, *24*(3), 722.

Labouvie-Vief, G. (1992). A neo-Piagetian perspective on adult cognitive development. In R. J. Sternberg & C. A. Berg (Eds.), *Intellectual development* (*pp. 197 - 228*). Cambridge, MA: Cambridge University press.

Labouvie-Vief, G., Chiodo, L. M., Goguen, L. A., & Diehl, M. (1995). Representations of self across the life span. *Psychology and Aging*, *10*(3), 404 - 415.

Labouvie-Vief, G., Orwoll, L., Murphey, D. A., Chiodo, L., Krueger, C., Goguen, L., . . . Schreiber, S. M. (1994). *Self and others in emotional development: A coding manual*. Unpublished coding manual, Wayne State University, Detroit, MI.

Lang, F. R., Staudinger, U. M., & Carstensen, L. L. (1998). Perspectives on socioemotional selectivity in late life: How personality and social context do (and do not) make a difference. *The Journals of Gerontology, Series B: Psychological Sciences and Social Sciences*, *53*(1), 21 - 30.

Lang, F. R., Weiss, D., Gerstorf, D., & Wagner, G. G. (2013). Forecasting life satisfaction across adulthood: Benefits of seeing a dark future? *Psychology and Aging*, *28*(1), 249 - 261.

Lansford, J. E., Criss, M. M., Pettit, G. S., Dodge, K. A., & Bates, J. E. (2003). Friendship quality, peer group affiliation, and peer antisocial behavior as moderators of the link between negative parenting and adolescent externalizing behavior. *Journal of Research on Adolescence*, *13*(2), 161 - 184.

Larson, R. W., & Gillman, S. (1999). Transmission of emotions in the daily interactions of single-mother families. *Journal of Marriage and the Family*, *61*(1), 21 - 37.

Le, H., Oh, In-Sue., Robbins, S. B., Ilies, R., Holland, E., & Westrick,

P. (2011). Too much of a good thing: Curvilinear relationships between personality traits and job performance. *Journal of Applied Psychology*, *96* (1), 113 - 133.

Lehmann, R., Denissen, J. J., Allemand, M., & Penke, L. (2013). Age and gender differences in motivational manifestations of the big five from age 16 to 60. *Developmental Psychology*, *49*(2), 365 - 383.

Lehnart, J., Neyer, F. J., & Eccles, J. (2010). Long-term effects of social investment: The case of partnering in young adulthood. *Journal of Personality*, *78*(2), 639 - 670.

Leserman, J. (2008). Role of depression, stress, and trauma in HIV disease progression. *Psychosomatic Medicine*, *70*(5), 539 - 545.

Levinson, D. J. (1986). A conception of adult development. *American Psychologist*, *4*(1), 3 - 13.

Lewis, M., & Spanier, G. (1979). Theorizing about the quality and stability of marriage. In W. R. Burr, R. Hill, F. I. Nye & I. Reiss (Eds.), *Contemporary theories about the family*. New York: Free press.

Li, W. D., Fay, D., Frese, M., Harms, P. D., & Gao, X. Y. (2014). Reciprocal relationship between proactive personality and work characteristics: A latent change score approach. *Journal of Applied Psychology*, *99*(5), 948 - 965.

Liu, M., & Huang, J. L. (2015). Cross-cultural adjustment to the United States: The role of contextualized extraversion change. *Frontiers in Psychology*, *6*, 1650.

Lobel, M., DeVincent, C. J., Kaminer, A., & Meyer, B. A. (2000). The impact of prenatal maternal stress and optimistic disposition on birth outcomes in medically high-risk women. *Health Psychology*, *19* (6), 544 - 553.

Locke, K. D. (2009). Aggression, narcissism, self-esteem, and the attribution of desirable and humanizing traits to self versus others. *Journal of Research in Personality*, *43*(1), 99 - 102.

Loehlin, J. C., & Martin, N. G. (2001). Age changes in personality traits and their heritabilities during the adult years: Evidence from the Australian twin registry samples. *Personality and Individual Differences*, *30*(7), 1147 - 1160.

Loevinger, J. (1976). *Ego development*. San Francisco: Jossey-Bass.

Lovallo, W. R. (2011). Do low levels of stress reactivity signal poor states of health? *Biological Psychology*, *86*(2), 121 - 128.

Lowell, K. E., & Conley, J. J. (1987). Personality and compatibility: A prospective analysis of marital stability and marital satisfaction. *Journal of Personality and Social Psychology*, *52*(1), 27 - 40.

Lubbers, M. J., Van Der Werf, M. P. C., Kuyper, H., & Offringa, G. J. (2006). Predicting peer acceptance in Dutch youth: A multilevel analysis. *Journal of Early Adolescence*, *26*(1), 4 - 35.

Lucas, R. E. (2007). Adaptation and the set-point model of subjective well-being: Does happiness change after major life events? *Current Directions in Psychological Science*, *16*(2), 75 - 79.

Lucas, R. E., & Donnellan, M. (2011). Personality development across the life span: Longitudinal analyses with a national sample from Germany. *Journal of Personality and Social Psychology*, *101*(4), 847 - 861.

Lucas, R. E., & Donnellan, M. B. (2009). Age differences in personality: Evidence from a nationally representative Australian sample. *Developmental Psychology*, *45*(5), 1353 - 1363.

Luhmann, M., Hofmann, W., Eid, M., & Lucas, R. E. (2012). Subjective well-being and adaptation to life events: A meta-analysis. *Journal of Personality and Social Psychology*, *102*(3), 592 - 615.

Luhmann, M., Orth, U., Specht, J., Kandler, C., & Lucas, R. E. (2014). Studying changes in life circumstances and personality: It's about time. *European Journal of Personality*, *28*(3), 256 - 266.

Lukaszewski, A. W., & Roney, J. R. (2010). Kind toward whom? Mate preferences for personality traits are target specific. *Evolution and Human Behavior*, *31*(1), 29 - 38.

Luthar, S. S. (2006). Resilience in development: A synthesis of research across five decades. *Developmental Psychopathology*, *Second Edition* (pp. 739 - 795).

Lytton, H. (1990). Child and parent effects in boy's conduct disorders: A reinterpretation. *Developmental Psycohlogy*, *26*(5), 683 - 697.

Lyubomirsky, S., King, L., & Diener, E. (2005). The benefits of frequent positive affect: Does happiness lead to success? *Psychological Bulletin*, *131*(6), 803 - 855.

Mõttus, R., Johnson, W., & Deary, I. J. (2012). Personality traits in old age: Measurement and rank-order stability and some mean-level change. *Psychology and Aging*, *27*(1), 243 - 249.

Maccoby, E. E., & Martin, J. A. (1983). Socialization in the context of the family: Parent-child interaction. In P. H. Mussen & E. M. Hetherington (Eds.), *Handbook of children psychology: Socialization, personality, and social development (4th edition, pp. 1 - 101)*. New York: Wiley.

Magnusson, D. (1992). Individual development: A longitudinal perspective. *European Journal of Personality*, *6*(2), 119-138.

Magnusson, D., & Torestad, B. (1993). A holistic view of personality: A model revisited. *Annual Review of Psychology*, *44*(1), 427-452.

Malouff, J. M., Thorsteinsson, E., Schutte, N., Navjot, B., & Rooke, S. (2010). The five-factor model of personality and relationship satisfaction of intimate partners: A meta-analysis. *Journal of Research in Personality*, *44*(1), 124-127.

Marcia, J. E. (1966). Development and validation of ego-identity status. *Journal of Personality and Social Psychology*, *3*(5), 551-558.

Markland, S. R., & Nelson, E. S. (1994). The relationship between familial conflict and the identity of young adults. *Journal of Divorce and Remarriage*, *20*(3-4), 193-209.

Markstrom, C. A., Sabino, V. M., Turner, B. J., & Berman, R. C. (1997). The psychosocial inventory of ego strengths: Development and validation of a new Eriksonian measure. *Journal of Youth and Adolescence*, *26*(6), 705-732.

Markus, H., & Kunda, Z. (1986). Stability and malleability of the self-concept. *Journal of Personality and Social Psychology*, *51*(4), 858-866.

Marshall, T. C., Lefringhausen, K., & Ferenczi, N. (2015). The big five, self-esteem, and narcissism as predictors of the topics people write about in facebook status updates. *Personality and Individual Differences*, *85*, 35-40.

Martin, P., & Smyer, M. A. (1990). The experience of micro-and macroevents: A life span analysis. *Research on Aging*, *12*(3), 294-310.

Martin, R. P., Wisenbaker, J., & Huttunen, M. (1994). Review of factor analytic studies of temperament measures based on Thomas-Chess structural model: Implications for the big five. In C. F. Halverson, G. A. Kohnstamm & R. P. Martin (Eds.), *The developing structure of temperament and personality from infancy to adulthood* (*pp. 157-172*). Hillsdale, NJ: Erlbaum.

Masling, J., O'Neill, R., & Katkin, E. S. (1982). Autonomic arousal, interpersonal climate, and orality. *Journal of Personality and Social Psychology*, *42*(3), 529-534.

Matthews, K. A., Raikkonen, K., Sutton-Tyrrell, K., & Kuller, L. H. (2004). Optimistic attitudes protect against progression of carotid atherosclerosis in healthy middle-aged women. *Psychosomatic Medicine*, *66*(5), 640-644.

McAdams, D. P., Aubin, E., & Logan, R. L. (1993). Generativity among young, midlife, and older adults. *Psychology and Aging*, *8*(2), 221 - 230.

McAdams, D. P., & Olson, B. D. (2010). Personality development: Continuity and change over the life course. *Annual Review of Psychology*, *61*(61), 517 - 542.

McAdams, D. P. (2006). The redemptive self: Generativity and the stories Americans live by. *Research in Human Development*, *3*(2 - 3), 81 - 100.

McCabe, K. O., & Fleeson, W. (2012). What is extraversion for? Integrating trait and motivational perspectives and identifying the purpose of extraversion. *Psychological Science*, *23*(12), 1498 - 1505.

McCall, M. W., & Lombardo, M. M. (1983). *Off the track: Why and how successful executives get derailed*. Greensboro, NC: Center for Creative Leadeship.

McCrae, R. R., & Costa, P. T. (1996). Toward a new generation of personality theories: Theoretical contexts for the five-factor model. In J. S. Wiggins (Ed.), *The five-factor model of personality: Theoretical perspectives*(*pp. 51 - 87*). New York: Guilford Press.

McCrae, R. R., Costa, P. T., De Lima, M. P., Simões, A., Ostendorf, F., Angleitner, A., . . . Barbaranelli, C. (1999). Age differences in personality across the adult life span: Parallels in five cultures. *Developmental Psychology*, *35*(2), 466 - 477.

McCrae, R. R., & Costa, P. T. (1990). *Personality in adulthood*. New York: Guilford Press.

McCrae, R. R., & Costa, P. T. (2008). The five-factor theory of personality. In O. P. John, R. W. Robins & L. A. Pervin (Eds.), *Handbook of personality: Theory and research* (*3rd ed., pp. 159 - 181*). New York: Guilford Press.

McCrae, R. R., Costa, P. T., Ostendorf, F., Angleitner, A., Hrebickova, M., Avia, M. D., . . . Smith, P. B. (2000). Nature over nurture: Temperament, personality, and life span development. *Journal of Personality and Social Psychology*, *78*(1), 173 - 186.

McCrae, R. R., & John, O. P. (1992). An introduction to the five-factor model and its applications. *Journal of Personality*, *60*(2), 175 - 215.

McEwen, B. S. (1998). Stress, adaptation and disease: Allostasis and allostatic load. *Annals of the New York Academy of Sciences*, *840* (1), 33 - 44.

McGue, M., Bacon, S., & Lykken, D. T. (1993). Personality stability and change in early adulthood: A behavioral genetic analysis. *Developmental*

Psycohlogy, *29*(1), 96 - 109.

McKee-Ryan, F., Song, Z., Wanberg, C. R., & Kinicki, A. J. (2005). Psychological and physical well-being during unemployment: A meta-analytic study. *Journal of Applied Psychology*, *90*(1), 53 - 76.

McPherson, M., Smith-Lovin, L., & Cook, J. M. (2001). Birds of a feather: Homophily in social networks. *Annual Review of Sociology*, *27*, 415 - 444.

Meszaros, K., Lenzinger, E., & Hornik, K. (1999). The tridimensional personality questionnaire as a predictor for replace in detoxified alcohol dependents. *Alcoholism: Clinical and Experimental Research*, *23* (3), 483 - 486.

Mikulincer, M., & Shaver, P. R. (2007). Boosting attachment security to promote mental health, prosocial values, and inter-group tolerance. *Psychological Inquiry*, *18*(3), 139 - 156.

Miller, J. D., & Lynam, D. (2001). Structural models of personality and their relation to antisocial behavior: A meta-analytic review. *Criminology*, *39*(4), 765 - 798.

Miller, J. D., Lynam, D., Zimmerman, R., Logan, T., Leukefeld, C., & Clayton, R. (2004). The utility of the five-factor model in understanding risky sexual behavior. *Personality and Individual Differences*, *36* (7), 1611 - 1626.

Miller, S. A. (1998). *Developmental research methods*. Upper Saddle River, NJ: Prentice-Hall.

Miller, T. Q., Smith, T. W., Turner, C. W., Guijarro, M. L., & Hallet, A. J. (1996). A meta-analytic review of research on hostility and physical health. *Psychological Bulletin*, *119*(2), 322 - 348.

Miller, T. Q., Turner, C. W., Tindale, R. S., Posavac, E. J., & Dugoni, B. L. (1991). Reasons for the trend toward null findings in research on type a behavior. *Psychological Bulletin*, *110*(3), 469 - 485.

Mischel, W., & Shoda, Y. (1995). A cognitive-affective system theory of personality: Reconceptualizing situations, dispositions, dynamics, and invariance in personality structure. *Psychological Review*, *102* (2), 246 - 268.

Moffitt, T. E., Arseneault, L., Belsky, D., Dickson, N., Hancox, R. J., Harrington, H., . . . Caspi, A. (2011). A gradient of childhood self-control predicts health, wealth, and public safety. *Proceedings of the National Academy of Sciences of the United States of America*, *108* (7), 2693 - 2698.

Morf, C. C., & Rhodewalt, F. (2001). Unraveling the paradoxes of narcissism: A dynamic self-regulatory processing model. *Psychological Inquiry*, *12*(4), 177-196.

Morgeson, F. P., Campion, M. A., Dipboye, R. L., Hollenbeck, J. R., Murphy, K., & Schmitt, N. (2007). Reconsidering the use of personality tests in personnel selection contexts. *Personnel Psychology*, *60* (3), 683-729.

Morizot, J., & Le Blanc, M. (2005). Searching for a developmental typology of personality and its relations to antisocial behavior: A longitudinal study of a representative sample of men. *Journal of Personality*, *73* (1), 139-182.

Morris, A. S., Silk, J. S., Steinberg, L., Sessa, F. M., Avenevoli, S., & Essex, M. J. (2002). Temperamental vulnerability and negative parenting as interacting predictors of child adjustment. *Journal of Marriage and Family*, *64*(2), 461-471.

Morris, T., & Greer, S. A. (1980). A "Type C" for cancer? Low trait anxiety in the pathogenesis of breast cancer. *Cancer Detection and Prevention*, *3*(1), 102.

Morrison, E. W., & Phelps, C. C. (1999). Taking charge at work: Extrarole efforts to initiate workplace change. *Academy of Management Journal*, *42* (4), 403-419.

Moscoso, S., & Salgado, J. F. (2004). "Dark side" personality styles as predictors of task, contextual, and job performance. *International Journal of Selection and Assessment*, *12*(4), 356-362.

Mroczek, D. K., & Almeida, D. M. (2004). The effect of daily stress, personality, and age on daily negative mood. *Journal of Personality*, *72* (2), 355-378.

Mroczek, D. K., & Spiro, A. (2003). Modeling intraindividual change in personality traits: Findings from the Normative Aging Study. *The Journals of Gerontology, Series B: Psychological Sciences and Social Sciences*, *58*(3), 153-165.

Mroczek, D. K., & Spiro, A. (2007). Personality change influences mortality in older men. *Psychological Science*, *18*(5), 371-376.

Mroczek, D. K., Spiro, A., Griffin, P. W., Neupert, S., Schaie, K. W., & Carstensen, L. L. (2006). Social influences on adult personality, self-regulation and health. In L. L. Carstensen & K. W. Schaie (Eds.), *Social structures, aging and self-regulation* (*pp. 70-122*). New York, NY: Springer.

Mroczek, D., & Little, T. D. (2006). *Handbook of personality development*. Mahwah, NJ: Erlbaum.

Mueller, G., & Plug, E. (2006). Estimating the effect of personality on male and female earnings. *ILR Review*, *60*(1), 3-22.

Murray, H. A. (1943). *Thematic apperception test manual*. Cambridge, MA: Harvard University Press.

Myrtek, M. (2001). Meta-analyses of prospective studies on coronary heart disease, type A personality, and hostility. *International of Journal of Cardiology*, *79*(2-3), 245-251.

Neff, L. A., & Karney, B. R. (2005). To know you is to love you: The implications of global adoration and specific accuracy for marital relationships. *Journal of Personality and Social Psychology*, *88* (3), 480-497.

Nesselroade, J. R., & Baltes, P. B. (1974). Adolescent personality development and historical change: 1970 - 1972. *Monographs of the Society for Research in Child Development*, *39*(1), 1-80.

Nettle, D. (2006). The evolution of personality variation in humans and other animals. *American Psychologist*, *61*(6), 622-631.

Neugarten, B. L., & Datan, N. (1973). Sociological perspectives on the life cycle. In P. B. Baltes & K. W. Schaie (Eds.), *Life-span developmental psychology: Personality and socialization* (*pp*. *53* - *69*). New York: Academic Press.

Newman, J. D., Davidson, K. W., Shaffer, J. A., Schwartz, J. E., Chaplin, W., Kirkland, S., & Shimbo, D. (2011). Observed hostility and the risk of incident ischemic heart disease: A prospective population study from the 1995 Canadian Nova Scotia Health Survey. *Journal of the American College of Cardiology*, *58*(12), 1222-1228.

Newton, T. L. (2009). Cardiovascular functioning, personality, and the social world: The domain of hierarchical power. *Neuroscience and Biobehavioral Reviews*, *33*(2), 145-159.

Neyer, F. J., & Lehnart, J. (2007). Relationships matter in personality development: Evidence from an 8-year longitudinal study across young adulthood. *Journal of Personality*, *75*(3), 535-568.

Ng, F. F., Kenney-Benson, G. A., & Pomerantz, E. M. (2004). Children's achievement moderates the effects of mothers' use of control and autonomy support. *Child Development*, *75*(3), 764-780.

Nicholson, A., Kuper, H., & Hemingway, H. (2006). Depression as an aetiologic and prognostic factor in coronary heart disease: A meta-analysis of 6,362 events among 146, 538 participants in 54 observational studies. *European Heart Journal*, *27*(23), 2763 - 2774.

Nicholson, N. (1998). Personality and entrepreneurial leadership: A study of the heads of the UK's most successful independent companies. *European Management Journal*, *16*(5), 529 - 539.

Nicholson, N., Soane, E., Fenton-O'Creevy, M., & Willman, P. (2005). Personality and domain-specific risk taking. *Journal of Risk Research*, *8*(2), 157 - 176.

Norem, J. K., & Cantor, N. (1986). Defensive pessimism: Harnessing anxiety as motivation. *Journal of Personality and Social Psychology*, *51*(6), 1208 - 1217.

Nurmi, J. E., Pulliainen, H., & Salmela-Aro, K. (1992). Age differences in adults control beliefs related to life goals and concerns. *Psychology and Aging*, *7*(2), 194 - 196.

O'Boyle, E. H., Forsyth, D. R., Banks, G. C., & McDaniel, M. A. (2012). A meta-analysis of the dark triad and work behavior: A social exchange perspective. *Journal of Applied Psychology*, *97*(3), 557 - 579.

O'Cleirigh, C., Ironson, G., Weiss, A., & Costa, P. T. (2007). Conscientiousness predicts disease progression (CD4 number and viral load) in people living with HIV. *Health Psychology*, *26*(4), 473 - 480.

Ones, D. S., Dilchert, S., Viswesvaran, C., & Judge, T. A. (2007). In support of personality assessment in organizational settings. *Personnel Psychology*, *60*(4), 995 - 1027.

Ones, D. S., Viswesvaran, C., & Reiss, A. D. (1996). Role of social desirability in personality testing for personnel selection: The red herring. *Journal of Applied Psychology*, *81*(6), 660 - 679.

Organ, D. W., Podsakoff, P. M., & MacKenzie, S. B. (2005). *Organizational citizenship behavior: Its nature, antecedents, and consequences*. Thousand Oaks, CA: Sage Publications.

Organ, D. W., & Ryan, K. (1995). A meta-analytic review of attitudinal and dispositional predictors of organizational citizenship behavior. *Personnel Psychology*, *48*(4), 775 - 802.

Organ, D. W. (1988). *Organizational citizenship behavior: The good soldier syndrome*. Lexington: Lexington Books.

Orlofsky, J. L. (1976). Intimacy status: Relationship to interpersonal perception. *Journal of Youth and Adolescence*, *5*(1), 73 - 88.

Ormel, J., Riese, H., & Rosmalen, J. G. M. (2012). Interpreting neuroticism scores across the adult life course: Immutable or experiencedependent set points of negative affect? *Clinical Psychology Review*, *32* (1), 71-79.

Orth, U., Maes, J., & Schmitt, M. (2015). Self-esteem development across the life span: A longitudinal study with a large sample from Germany. *Developmental Psychology*, *51*(2), 248-259.

Orth, U., Robins, R. W., & Widaman, K. F. (2012). Life-span development of self-esteem and its effects on important life outcomes. *Journal of Personality and Social Psychology*, *102*(6), 1271-1288.

Orth, U., Trzesniewski, K. H., & Robins, R. W. (2010). Self-esteem development from young adulthood to old age: A cohort-sequential longitudinal study. *Journal of Personality and Social Psychology*, *98*(4), 645-658.

Osberg, T. M. (1999). Comparative validity of the MMPI-2 Wiener-Harmon subtle-obvious scales in male prison inmates. *Journal of Personality Assessment*, *72*(1), 36-48.

Ott, C. H., Sanders, S., & Kelber, S. T. (2007). Grief and personal growth experience of spouses and adult-child caregivers of individuals with Alzheimer's disease and related dementias. *The Gerontologist*, *47*(6), 798-809.

Ozer, D. J., & Gjerde, P. F. (1989). Patterns of personality consistency and change from childhood through adolescence. *Journal of Personality*, *57* (2), 483-507.

Paris, R., & Helson, R. (2002). Early mothering experience and personality change. *Journal of Family Psychology*, *16*(2), 172-185.

Parke, R. D., O'Neil, R., Spitzer, S., Isley, S., Welsh, M., Wang, S., . . . Cupp, R. (1997). A longitudinal assessment of sociometric stability and the behavioral correlates of children's social acceptance. *Merrill-Palmer Quarterly*, *43*(4), 635-662.

Parker, P. D., Ludtke, O., Trautwein, U., & Roberts, B. W. (2012). Personality and relationship quality during the transition from high school to early adulthood. *Journal of Personality*, *80*(4), 1061-1089.

Pasupathi, M., Staudinger, U. M., & Baltes, P. B. (2001). Seeds of wisdom: Adolescents' knowledge and judgment about difficult life problems. *Developmental Psychology*, *37*(3), 351-361.

Paulhus, D. L. (1991). Measurement and control of response bias. In J. P. Robinson, P. R. Shaver & L. S. Wrightsman (Eds.), *Measures of personality and social psychological attitudes* (*pp. 17-59*). New York: Academic Press.

Paulhus, D. L., & Trapnell, P. D. (1998). Typological measures of shyness: Additive, interactive, and categorical. *Journal of Research in Personality*, *32*(2), 183 - 201.

Paulhus, D. L., & Vazire, S. (2007). The self-report method. In R. W. Robins, R. C. Fraley & R. F. Krueger (Eds.), *Handbook of research method in personality psychology* (*pp. 224 - 239*). New York: Guilford Press.

Paunonen, S. V., & Ashton, M. C. (2001). Big five factors and facets and the prediction of behavior. *Journal of Personality and Social Psychology*, *81*(3), 524 - 539.

Pedersen, S. S., & Denollet, J. (2003). Type D personality, cardiac events, and impaired quality of life: A review. *European Journal of Cardiovascular Prevention and Rehabilitation*, *10*(4), 241 - 248.

Pennebaker, J. W., & Stone, L. D. (2003). Words of wisdom: Language use over the life span. *Journal of Personality and Social Psychology*, *85*(2), 291 - 301.

Penningroth, S. L., & Scott, W. D. (2012). Age-related differences in goals: Testing predictions from selection, optimization, and compensation theory and socioemotional selectivity theory. *International Journal of Aging and Human Development*, *74*(2), 87 - 111.

Pervin, L. A. (2003). *The science of personality* (*2nd edition*). New York: Oxford University Press.

Pervin, L. A., & John, O. P. (1999). *Handbook of personality: Theory and research* (*2nd edition*). New York: Guilford Press.

Peterson, B. E., & Duncan, L. E. (2007). Midlife women's generativity and authoritarianism: Marriage, motherhood, and 10 years of aging. *Psychology and Aging*, *22*(3), 411 - 419.

Pettit, G. S., Bates, J. E., & Dodge, K. A. (1997). Supportive parenting, ecological context, and children's adjustment: A seven-year longitudianl study. *Child Development*, *68*(5), 908 - 923.

Piedmont, R. L. (2001). Cracking the plaster cast: Big five personality change during intensive outpatient counseling. *Journal of Research in Personality*, *35*(4), 500 - 520.

Plomin, R., Chipuer, H. M., & Neiderhiser, J. M. (1994). Behavioral genetic evidence for the importance of nonshared environment. In E. M. Hetherington, D. Reiss & R. Plomin (Eds.), *Separate social worlds of siblings: The impact of non-shared environment on development* (*pp. 1 - 31*). Hillsdale, NJ: Erlbaum.

Plomin, R., & Daniel, D. (1987). Childrenin the same family are very different, but why? *Behavioral and Brain Science*, *10*(1), 44-59.

Plomin, R., DeFries, J. C., & Leohlin, J. C. (1977). Genotype-environment interaction and correlation in the analysis of human behavior. *Psychological Bulletin*, *84*(2), 309-322.

Podsakoff, N. P., LePine, J. A., & LePine, M. A. (2007). Differential challenge stressor-hindrance stressor relationships with job attitudes, turnover intentions, turnover, and withdrawal behavior: A meta-analysis. *Journal of Applied Psychology*, *92*(2), 438-454.

Pollak, J. M. (1979). Obsessive-compulsive personality: A review. *Psychological Bulletin*, *86*(2), 225-241.

Pomerantz, E. M. (2001). Parent child socialization: Implications for the development of depressive symptoms. *Journal of Family Psychology*, *15*(3), 510-525.

Pomerantz, E. M., & Ruble, D. N. (1998). The role of maternal control in the development of sex differences in child self-evaluative factors. *Child Development*, *69*(2), 458-478.

Pomerantz, E. M., & Thompson, R. A. (2007). Parents' role in children's personality development: The psychological resource principle. In P. John, R. W. Robins & L. A. Pervin (Eds.), *Handbook of personality: Theory and research* (*pp. 351-374*). New York: Guilford Press.

Pomerantz, E. M., Wang, Q., & Ng, F. Y. (2005). Mothers' affect in the homework context: The importance of staying positive. *Developmental Psychology*, *41*(2), 414-427.

Pulkki-Råback, L., Elovainio, M., Kivimäki, M., Raitakari, O. T., & Keltikangas-Järvinen, L. (2005). Temperament in childhood predicts body mass in adulthood: The cardiovascular risk in young finns study. *Health Psychology*, *24*(3), 307-315.

Räikkönen, K., Matthews, K. A., & Salomon, K. (2003). Hostility predicts metabolic syndrome risk factors in children and adolescents. *Health Psychology*, *22*(3), 279-286.

Räikkönen, K., Matthews, K. A., Sutton-Tyrrell, K., & Kuller, L. H. (2004). Trait anger and the metabolic syndrome predict progression of carotid atherosclerosis in healthy middle-aged women. *Psychosomatic Medicine*, *66*(6), 903-908.

Rasch, R., Shen, W., Davies, S. E., & Bono, J. (2008). *The development of a taxonomy of ineffective leadership behaviors*. Paper presented at the 23rd annual conference of the Society for Industrial and Organizational

Psychology, San Francisco, CA.

Raskin, R., & Hall, C. S. (1981). The narcissistic personality inventory: Alternative form reliability and further evidence of construct validity. *Journal of Personality Assessment*, *45*(2), 159 - 162.

Rasmussen, H. N., Scheier, M. F., & Greenhouse, J. B. (2009). Optimism and physical health: A meta-analytic review. *Annals of Behavioral Medicine*, *37*(3), 239 - 256.

Read, S., Vogler, G. P., Pedersen, N. L., & Johansson, B. (2006). Stability and change in genetic and environmental components of personality in old age. *Personality and Individual Differences*, *40* (8), 1637 - 1647.

Reiss, D., Neiderhiser, J. M., Hertherington, E. M., & Plomin, R. (2000). *The relationship code: Deciphering genetic and social influences on adolescent development*. London: Harvard University Press.

Reitz, A. K., Motti-Stefanidi, F., & Asendorpf, J. B. (2014). Mastering developmental transitions in immigrant adolescents: The longitudinal interplay of family functioning, developmental and acculturative tasks. *Developmental Psychology*, *50*(3), 754 - 765.

Reitz, A. K., Zimmermann, J., Hutteman, R., Specht, J., & Neyer, F. J. (2014). How peers make a difference: The role of peer groups and peer relationships in personality development. *European Journal of Personality*, *28*(3), 279 - 288.

Reynolds, K. J., Turner, J. C., Branscombe, N. R., Mavor, K. I., Bizumic, B., & Subašić, E. (2010). Interactionism in personality and social psychology: An integrated approach to understanding the mind and behaviour. *European Journal of Personality*, *24*(5), 458 - 482.

Rholes, W. S., Newman, L. S., & Ruble, D. N. (1990). Understanding self and other: Developmental and motivational aspects of perceiving others in terms of invariant dispositions. In E. T. Higgins & R. M. Sorrentina (Eds.), *Handbook of motivation and cognition: Foundations of social behavior* (*Vol. 2, pp. 369 - 407*). New York: Guilford Press.

Riediger, M., & Freund, A. M. (2008). Me against myself: Motivational conflicts and emotional devleopment in adulthood. *Psychology and Aging*, *23*(3), 479 - 494.

Riemann, R., Angleitner, A., & Strelau, J. (1997). Genetic and environmental influences on personality: A study of twins reared together using self and peer report NEO-FFI scales. *Journal of Personality*, *65*(3), 449 - 475.

Riese, H., Snieder, H., Jeronimus, B. F., Korhonen, T., Rose, R. J., Kaprio, J., & Ormel, J. (2014). Timing of stressful life events affects stability and change of neuroticism. *European Journal of Personality*, *28*(2), 193 - 200.

Roberts, B. W. (1997). Plaster or plasticity: Are adult work experiences associated with personality change in women? *Journal of Personality*, *65*(2), 205 - 232.

Roberts, B. W. (2007). Contextualizing personality psychology. *Journal of Personality*, *75*(6), 1071 - 1082.

Roberts, B. W., & Bogg, T. (2004). A longitudinal study of the relationships between conscientiousness and the social environmental factors and substance use behaviors that influence health. *Journal of Personality*, *72*(2), 325 - 354.

Roberts, B. W., Caspi, A., & Moffitt, T. E. (2001). The kids are alright: Growth and stability in personality development from adolescence to adulthood. *Journal of Personality and Social Psychology*, *81*(4), 670 - 683.

Roberts, B. W., Caspi, A., & Moffitt, T. E. (2003). Work experiences and personality development in young adulthood. *Journal of Personality and Social Psychology*, *84*(3), 582 - 593.

Roberts, B. W., & Chapman, C. N. (2000). Change in dispositional well-being and its relation to role quality: A 30-year longitudinal study. *Journal of Research in Personality*, *34*(1), 26 - 41.

Roberts, B. W., & DelVecchio, W. F. (2000). The rank-order consistency of personality traits from childhood to old age: A quantitative review of longitudinal studies. *Psychological Bulletin*, *126*(1), 3 - 25.

Roberts, B. W., Harms, P. D., Caspi, A., & Moffitt, T. E. (2007). Predicting the counterproductive employee in a child-to-adult prospective study. *Journal of Applied Psychology*, *92*(5), 1427 - 1436.

Roberts, B. W., & Helson, R. (1997). Changes in culture, changes in personality: The influence of individualism in a longitudinal study of women. *Journal of Personality and Social Psychology*, *72*(3), 641 - 651.

Roberts, B. W., Helson, R., & Klohnen, E. C. (2002). Personality development and growth in women across 30 years: Three perspectives. *Journal of Personality*, *70*(1), 79 - 102.

Roberts, B. W., & Jackson, J. J. (2008). Sociogenomic personality psychology. *Journal of Personality*, *76*(6), 1523 - 1544.

Roberts, B. W., Kuncel, N. R., Shiner, R., Caspi, A., & Goldberg, L. R.

(2007). The power of personality: The comparative validity of personality traits, socio-economic status, and cognitive ability for predicting important life outcomes. *Perspectives in Psychological Science*, *2*(4), 313 - 345.

Roberts, B. W., & Mroczek, D. (2008). Personality trait change in adulthood. *Current Directions in Psychological Science*, *17*(1), 31 - 35.

Roberts, B. W., O'Donnell, M., & Robins, R. W. (2004). Goal and personality trait development in emerging adulthood. *Journal of Personality and Social Psychology*, *87*(4), 541 - 550.

Roberts, B. W., & Pomerantz, E. M. (2004). On traits, situations, and their integration: A developmental perspective. *Personality and Social Psychology Review*, *8*(4), 402 - 416.

Roberts, B. W., Walton, K., Bogg, T., & Caspi, A. (2006). De-investment in work and non-normative personality trait change in young adulthood. *European Journal of Personality: Published for the European Association of Personality Psychology*, *20*(6), 461 - 474.

Roberts, B. W., Walton, K. E., & Viechtbauer, W. (2006). Patterns of mean-level change in personality traits across the life course: A meta-analysis of longitudinal studies. *Psychological Bulletin*, *132*(1), 1 - 25.

Roberts, B. W., Wood, D., & Caspi, A. (2008). The development of personality traits in adulthood. In O. P. John, R. W. Robins & L. A. Pervin (Eds.), *Handbook of personality: Theory and research* (*Vol. 3, pp. 375 - 398*). New York: Guilford Press.

Roberts, B. W., Wood, D., & Smith, J. L. (2005). Evaluating five factor theory and social investment perspectives on personality trait development. *Journal of Research in Personality*, *39*(1), 166 - 184.

Roberts, R. E. L., & Bengtson, V. L. (1996). Affective ties to parents in early adulthood and self-esteem across 20 years. *Social Psychology Quarterly*, *59*(1), 96 - 106.

Robins, R. W., Caspi, A., & Moffitt, T. E. (2000). Two personalities, one relationship: Both partners' personality traits shape the quality of their relationship. *Journal of Personality and Social Psychology*, *79* (2), 251 - 259.

Robins, R. W., Caspi, A., & Moffitt, T. E. (2002). It's not just who you're with, it's who you are: Personality and relationship experiences across multiple relationships. *Journal of Personality*, *70*(6), 925 - 964.

Robins, R. W., Trzesniewski, K. H., & Hendin, H. M. (2001). Measuring global self-esteem: Construct validation of a single-item measure and the rosenberg self-esteem scale. *Personality and Social Psychology Bulletin*, *27*(2), 151 - 161.

Robinson, J. A., & Taylor, L. R. (1998). Autobiographical memory and self-narratives: A tale of two stories. In C. P. Thompson, D. G. Herrmann, D. Bruce, J. D. Read, D. G. Payne & M. P. Toglia (Eds.), *Autobiographical memory: Theoretical and applied perspectives* (*pp. 125 - 143*). London: Lawrence Erlbaum.

Robinson, K., Schmidt, T., & Teti, D. M. (2005). Issues in the use of longitudinal and cross-sectional designs. In D. M. Teti (Ed.), *Handbook of research methods in developmental science*. Oxford, UK: Blackwell.

Ronka, A., Oravala, S., & Pulkkinen, L. (2003). Conceiving the past and future. *Personality and Social Psychology Bulletin*, *7*, 807 - 818.

Rose, A. J., Swenson, L. P., & Waller, E. M. (2004). Overt and relational aggression and perceived popularity: Developmental differences in concurrent and prospective relations. *Developmental Psychology*, *40*(3), 378 - 387.

Roseman, R. H., Friedman, M., Straus, R., Wurm, M., Kositcheck, R., Hahn, W. et al. (1964). A predictive study of coronary disease: The western collaborative group study. *Journal of the American Medical Association*, *189*(1), 15 - 22.

Rosenberg, M. (1965). *Society and the adolescent self-image*. Princeton: Princeton University Press.

Rothbart, M. K. (2011). *Becoming who we are: Temperament and personality in development*. New York: Guilford Press.

Rothbart, M. K., & Ahali, S. A. (1994). Temperament and the development of personality. *Journal of Abnormal Psychology*, *103*(1), 55 - 66.

Rothbart, M. K., & Bates, J. E. (2007). Temperament. In G. N. Eisenber, W. Damon & M. R. Lerner (Eds.), *Handbook of child psychology*, *Volume 3: Social, emotional and personality development*. New York: John Wiley & Sons, Inc.

Rotter, J. B. (1966). Generalized expectancies for internal versus external control of reinforcement. *Psychological Monographs: General and Applied*, *80*(1), 1 - 28.

Rowe, D. C. (1995). Evolution, mating effort, and crime. *Behavioral and Brain Science*, *18*(3), 573 - 574.

Rutledge, T., & Hogan, B. E. (2002). A quantitative review of prospective evidence linking psychological factors with hypertension development. *Psychosomatic Medicine*, *64*(5), 758 - 766.

Rutledge, T., Reis, V. A., Linke, S. E., Greenberg, B. H., & Mills, P. J. (2006). Depression in heart failure: A meta-analytic review of prevalence, intervention effects, and associations with clinical outcomes. *Journal of the American College of Cardiology*, *48*(8), 1527-1537.

Rutter, M., Moffitt, T. E., & Caspi, A. (2006). Gene-environment interplay and psychopathology: Multiple varieties but real effects. *Journal of Child Psychology and Psychiatry*, *47*(3-4), 226-261.

Rutter, M., Silberg, J., O'Connor, T., & Simonoff, E. (1999). Genetics and child psychiatry: I Advances in quantitative and molecular genetics. *The Journal of Child Psychology and Psychiatry and Allied Disciplines*, *40*(1), 3-18.

Ryan, R. M., & Deci, E. L. (2001). On happiness and human potentials: A review of research on hedonic and eudaimonic well-being. *Annual Review of Psychology*, *52*(1), 141-166.

Ryckman, R. M. (2012). *Theories of personality*. Cambridge, MA: Wadsworth Publishing.

Ryder, R. G. (1967). Birth to maturity revised: A canonical analysis. *Journal of Personality and Social Psychology*, *1*, 168-172.

Ryff, C. D., & Keyes, C. L. (1995). The structure of psychological well-being revisited. *Journal of Personality and Social Psychology*, *69*(4), 719-727.

Sackett, P. R., & DeVore, C. J. (2001). Counterproductive behaviours at work. In N. Anderson, D. S. Ones, H. K. Sinangil & C. Viswesvaran (Eds.), *Handbook of industrial, work and organizational psychology* (*pp. 145-164*). London, UK: Sage Publications.

Sadler, P., Ethier, N., & Woody, E. (2011). Interpersonal complementarity. In L. M. Horowitz & S. N. Strack (Eds.), *Handbook of interpersonal psychology: Theory, research, assessment, and therapeutic interventions* (*pp. 123-142*). New York: Wiley.

Salgado, J. F. (2003). Predicting job performance using FFM and non-FFM personality measures. *Journal of Occupational and Organizational Psychology*, *76*(3), 323-346.

Sanford, R. N. (1962). *The American college*. New York: Wiley.

Santor, D. A., & Zuroff, D. C. (1994). Depressive symptoms: Effects of negative affectivity and failing to accept the past. *Journal of Personality Assessment*, *63*(2), 294-312.

Sapir, E. (1934). Personality. *Encyclopedia of the Social Sciences*, *12*, 85-88.

Schaie, K. W. (1965). A general model for the study of developmental problems. *Psychological Bulletin*, *64*(2), 92 - 107.

Schaie, K. W. (1977). Quasi-experimental designs in the psychology of aging. In J. E. Birren & K. W. Schaie (Eds.), *Handbook of the psychology of aging* (*Vol. 1*, *pp. 39 - 69*). New York: Van Nostrand.

Schaie, K. W. (1996). Intellectual development in adulthood. In J. E. Birren & K. W. Schaie (Eds.), *Handbook of the psychology of aging* (*4th edition*, *pp. 232 - 249*). New York: McGraw-Hill.

Schaie, K. W., & Caskie, G. I. L. (2005). Methodological issues in aging research. In D. M. Teti (Ed.), *Handbook of research methods in developmental science* (*pp. 21 - 39*). Oxford, UK: Blackwell.

Schaie, K. W., & Willis, S. L. (1991). Adult personality and psychomotor performance: Cross-sectional and longitudinal analyses. *Journal of Gerontology: Psychological Science*, *46*(6), 275 - 284.

Schaie, K. W., & Willis, S. L. (2002). *Adult development and aging* (*5th ed.*). Boston: Pearson Education.

Scheier, M. F., Matthews, K. A., Owens, J. F., Schulz, R., Bridges, M. W., Magovern, G. J., & Carver, C. S. (1999). Optimism and rehospitalization after coronary artery bypass graft surgery. *Archives of Internal Medicine*, *159*(8), 829 - 835.

Schmitt, D. P. (2004). The big five related to risky sexual behaviour across 10 world regions: Differential personality associations of sexual promiscuity and relationship infidelity. *European Journal of Personality*, *18* (4), 301 - 319.

Schmitt, D. P., & Buss, D. M. (2000). Sexual dimensions of personal description: Beyond or subsumed by the big five? *Journal of Research in Personality*, *34*(2), 141 - 177.

Scholte, R. H. J., Van Aken, M. A. G., & Van Lieshout, C. F. M. (1997). Adolescent personality factors in self-ratings and peer nominations and their prediction of peer acceptance and peer rejection. *Journal of Personality Assessment*, *69*(3), 534 - 554.

Schraw, G., & Dennison, R. S. (1994). Assessing metacognitive awareness. *Contemporary Educational Psychology*, *19*(4), 460 - 475.

Schroots, J. J. F., & Assink, M. H. J. (2005). Portraits of life: Patterns of events over the lifespan. *Journal of Adult Development*, *12* (4), 183 - 198.

Schulz, R., Bookwala, J., Knapp, J. E., Scheier, M., & Williamson, G. M. (1996). Pessimism, age, and cancer mortality. *Psychology and Aging*,

11(2), 304 - 309.

Schwartz, D., Dodge, K. A., Pettit, G. S., & Bates, J. E. (2000). Friendship as a moderating factor in the pathway between early harsh home environment and later victimization in the peer group. *Developmental Psychology*, *36*(5), 646 - 662.

Schwartz, N., & Sudman, S. (1996). *Answering questions: Methodology for determining cognitive and communicative processes in survey research*. San Francisco: Jossey-Bass.

Scott, L. N., Levy, K. N., & Pincus, A. L. (2009). Adult attachment, personality traits, and borderline personality disorder features in young adults. *Journal of Personality Disorders*, *23*(3), 258 - 280.

Segerstrom, S. C., & Miller, G. E. (2004). Psychological stress and the human immune system: A meta-analytic study of 30 years of inquiry. *Psychological Bulletin*, *130*(4), 601 - 630.

Segerstrom, S. C., & Smith, T. W. (2006). Physiological pathways from personality to health: The cardio-vascular and immune systems. In M. Vollrath (Ed.), *Handbook of personality and health* (*pp. 175 - 194*). New York: Wiley.

Seibert, S. E., & Kraimer, M. L. (2001). The five-factor model of personality and career success. *Journal of Vocational Behavior*, *58*(1), 1 - 21.

Selfhout, M., Burk, W., Branje, S., Denissen, J., Van Aken, M., & Meeus, W. (2010). Emerging late adolescent friendship networks and big five personality traits: A social network approach. *Journal of Personality*, *78*(2), 509 - 538.

Settersten, R. A., & Mayer, K. U. (1997). The measurement of age, age structuring, and the life course. *Annual Review of Sociology*, *23*(1), 233 - 261.

Shackelford, T. K., Besser, A., & Goetz, A. T. (2008). Personality, marital satisfaction, and probability of marital infidelity. *Individual Differences Research*, *6*(1), 13 - 25.

Sheldon, K. M., Cheng, C., & Hilpert, J. (2011). Understanding well-being and optimal functioning: Applying the multilevel personality in context (MPIC) model. *Psychological Inquiry*, *22*(1), 1 - 16.

Shiner, R. L., & Caspi, A. (2003). Personality differences in childhood and adolescence: Measurement, development, and consequences. *Journal of Child Psychology and Psychiatry*, *44*(1), 2 - 32.

Shiner, R. L., & Masten, A. S. (2012). Childhood personality as a harbinger of competence and resilience in adulthood. *Development and Psychopathology*, *24*(2), 507-528.

Siegler, I. C., Feaganes, J. R., & Rimer, B. K. (1995). Predictors of adoption of mammography in women under age 50. *Health Psychology*, *14*(3), 274-278.

Simanowitz, V., & Pearce, P. (1998). *Personality development*. Berkshire, UK: Open University Press.

Simpson, J. A., Collins, W. A., Tran, S., & Haydon, K. C. (2007). Attachment and the experience and expression of emotions in romantic relationships: A developmental perspective. *Journal of Personality and Social Psychology*, *92*(2), 355-367.

Singer, J. D., & Willett, J. B. (2003). *Applied longitudinal data analysis*. New York: Oxford University Press.

Skinner, E., Johnson, S., & Snyder, T. (2005). Six dimensions of parenting: A motivational model. *Parenting: Science and Practice*, *5*(2), 175-235.

Slugoski, B. R., Marcia, J. E., & Koopman, R. F. (1984). Cognitive and social interactional characteristics of ego identity statuses in college. *Journal of Personality and Social Psychology*, *47*(3), 646-661.

Smith, J. L., & Baltes, P. B. (1997). Profiles of psychological functioning in the old and oldest old. *Psychology and Aging*, *12*(3), 458-472.

Smith, P. B., Bond, M. H., & Kagitcibasi, C. (2006). *Understanding social psychology across cultures: Living and working in a changing world*. Thousand Oaks: Sage.

Smith, T. W., Uchino, B. N., Berg, C. A., Florsheim, P., Pearce, G., Hawkins, M., & Yoon, H. C. (2007). Hostile personality traits and coronary artery calcification in middle-aged and older married couples: Different effects for self-reports versus spouse-ratings. *Psychosomatic Medicine*, *69*(5), 441-448.

Smith, T. W., Uchino, B. N., Berg, C. A., Florsheim, P., Pearce, G., Hawkins, M., & Yoon, H. C. (2008). Associations of self-reports versus spouse ratings of negative affectivity, dominance, and affiliation with coronary artery disease: Where should we look and who should we ask when studying personality and health? *Health Psychology*, *27*(6), 676-684.

Smith, T. W., Williams, P. G., & Segerstrom, S. C. (2015). Personality and physical health. In M. Mikulincer & P. R. Shaver (Eds.), *APA handbook of personality and social psychology: Personality and individual differences*. Washington, DC: American Psychological Association.

Snarey, J. (1993). *How fathers care for the next generation: A four-decade study*. Cambridge, MA: Havard University Press.

Snarey, J., Son, L., Kuehne, V. S., Hauser, S., & Vaillant, G. (1987). The role of parenting in men's psychosocial development: A longitudinal study of early adulthood infertality and midlife generativity. *Developmental Psychology*, *23*(4), 593 - 603.

Soskin, D. P., Carl, J. R., Alpert, J., & Fava, M. (2012). Antidepressant effects on emotional temperament: Toward a biobehavioral research paradigm for major depressive disorder. *CNS Neuroscience and Therapeutics*, *18*(6), 441 - 451.

Soto, C. J., John, O. P., Gosling, S. D., & Potter, J. (2011). Age differences in personality traits from 10 to 65: Big five domains and facets in a large cross-sectional sample. *Journal of Personality and Social Psychology*, *100*(2), 330 - 348.

Specht, J., Egloff, B., & Schmukle, S. C. (2011). Stability and change of personality across the life course: The impact of age and major life events on mean-level and rank-order stability of the big five. *Journal of Personality and Social Psychology*, *101*(4), 862 - 882.

Spengler, M., Gottschling, J., & Spinath, F. M. (2012). Personality in childhood: A longitudinal behavior genetic approach. *Personality and Individual Differences*, *53*(4), 411 - 416.

Sprecher, S., & Regan, P. C. (2002). Liking some things (in some people) more than others: Partner preferences in romantic relationships and friendships. *Journal of Social and Personal Relationships*, *19* (4), 463 - 481.

Srivastava, S., McGonigal, K. M., Richards, J. M., Bulter, E. A., & Gross, J. J. (2006). Optimism in close relationships: How seeing things in a positive light makes them so. *Journal of Personality and Social Psychology*, *91*(1), 143 - 153.

Sroufe, L. A., Carlson, E., & Shulman, S. (1993). Individuals in relationships: Development from infancy. In D. C. Funder, R. D. Parke, C. Tomlinson-Keasey & K. Widaman (Eds.), *Studying lives through times* (*pp. 315 - 342*). Washington, DC: American Psychological Association.

Staudinger, U. M. (1999). Older and wiser? Integrating results from a psychological approach to the study of wisdom. *International Journal of Behavioral Development*, *23*, 641 - 664.

Staudinger, U. M., Dörner, J., & Mickler, C. (2005). Wisdom and personality. In R. Sternberg & J. Jordan (Eds.), *Handbook of wisdom* (*pp. 191 -219*). New York: Cambridge University Press.

Staudinger, U. M., Kessler, E. M., & Dörner, J. (2006). Wisdom in social context. *Social structures, aging, and self-regulation in the elderly*, 33 - 54.

Staudinger, U. M., Lopez, D. F., & Baltes, P. B. (1997). The psychometric location of wisdom-related performance: Intelligence, personality, and more? *Personality and Social Psychology Bulletin*, *23* (11), 1200 - 1214.

Staudinger, U. M., Smith, J., & Baltes, P. B. (1992). Wisdom-related knowledge in a life review task: Age differences and the role of professional specialization. *Psychology and Aging*, *7*(2), 271 - 281.

Stein, J. A. , & Newcomb, M. D. (1999). Adult outcomes of adolescent conventional and agentic orientations: A 20-year longitudinal study. *Journal of Eearly Adolesence*, *19*(1), 39 - 65.

Stephens, N. M., Markus, H. R., & Fryberg, S. A. (2012). Social class disparities in health and education: Reducing inequality by applying a sociocultural self model of behavior. *Psychological Review*, *119* (4), 723 - 744.

Steptoe, A., Wright, C., Kunz-Ebrecht, S. R., & Iliffe, S. (2006). Dispositional optimism and health behaviour in community-dwelling older people: Associations with healthy ageing. *British Journal of Health Psychology*, *11*(1), 71 - 84.

Steunenberg, B., Twisk, J. W. R., Beekman, A. T. F., Deeg, D. J. H., & Kerkhof, A. J. F. M. (2005). Stability and change of neuroticism in aging. *Journals of Gerontology: Psychological Sciences*, *60*(1), 27 - 33.

Stuhlmacher, A. F., Briggs, A. L., & Cellar, D. F. (2009). Workplace safety and personality. In P. J. Corr & G. Matthews (Eds.), *The Cambridge handbook of personality psychology*. New York: Cambridge University Press.

Suh, E., Diener, E., & Fujita, F. (1996). Events and subjective wellbeing: Only recent events matter. *Journal of Personality and Social Psychology*, *70*(5), 1091 - 1102.

Suls, J., & Bunde, J. (2005). Anger, anxiety, and depression as risk factors for cardiovascular disease: The problems and implications of overlapping affective dispositions. *Psychological Bulletin*, *131*(2), 260 - 300.

Suls, J., & Martin, R. (2005). The daily life of the garden-variety neurotic: Reactivity, stress exposure, mood spillover, and maladaptive coping.

Journal of Personality, *73*(6), 1485 - 1510.

Suls, J., Martin, R., & David, J. P. (1998). Person-environment fit and its limits: Agreeableness, neuroticism, and emotional reactivity to interpersonal conflict. *Personality and Social Psychology Bulletin*, *24*(1), 88 - 98.

Sundstrom, E. D., Lounsbury, J. W., Gibson, L. W., & Huang, J. L. (2015). Personality traits and career satisfaction in training and development occupations: Toward a distinctive T & D Personality profile. *Human Resource Development Quarterly*, *27*(1), 13 - 40.

Sutin, A. R., & Costa, P. T. (2010). Reciprocal influences of personality and job characteristics across middle adulthood. *Journal of Personality*, *78*(1), 257 - 288.

Sutin, A. R., Costa, P. T., Miech, R., & Eaton, W. W. (2009). Personality and career success: Concurrent and longitudinal relations. *European Journal of Personality: Published for the European Association of Personality Psychology*, *23*(2), 71 - 84.

Swann, W. B., Pelham, B. W., & Krull, D. S. (1989). Agreeable fancy or disagreeable truth? Reconciling self-enhancement and self-verification. *Journal of Personality and Social Psychology*, *57*(5), 782 - 791.

Tarter, R. E., Sambrano, S., & Dunn, M. G. (2002). Predictor variables by developmental stages: A center for substance abuse prevention multisite study. *Psychology of Addictive Behaviors*, *16*(4), S3 - S4.

Taylor, S. E. (2009). *Health psychology (7th edition)*. New York: McGraw-Hill Education.

Temoshok, L., & Dreher, A. W. (1992). *The type C connection*. New York: Random House.

Terracciano, A., Lockenhoff, C. E., Zonderman, A. B., Ferrucci, L., & Costa, P. T. (2008). Personality predictors of longevity: Activity, emotional stability, and conscientiousness. *Psychosomatic Medicine*, *70*(6), 621 - 627.

Terraciano, A., Costa, P. T., & McCrae, R. R. (2006). Personality plasticity after age 30. *Personality and Social Psychology Bulletin*, *32*(8), 999 - 1009.

Tesser, A. (1993). The importance of heritability in psychological research: The case of attitudes. *Psychological Review*, *100*(1), 129 - 142.

Thériault, J. (1994). Retirement as a psychosocial transition: Process of adaptation to change. *The International Journal of Aging and Human Development*, *38*(2), 153 - 170.

Thomas, A., & Chess, S. (1977). *Temperment and development*. New York: Brunner.

Thomas, A., Chess, S., & Birch, H. (1968). *Temperament and behaviors: Disorders in Children*. New York: New York University Press.

Thompson, R. A. (2006). Conversation and developing understanding: Introduction to the special issue. *Merrill-Palmer Quarterly*, *52* (1), 1-16.

Tomkins, S. S. (1979). Script theory: Differential magnification of affects. In H. E. Howe & R. A. Dienstbier (Eds.), *Nebraska symposium on motivation* (*Vol. 26*, *pp. 201-236*). Lincoln: University of Nebraska Press.

Tonry, M. H., Ohlin, L. E., & Farrington, D. P. (1991). *Human development and criminal behavior: New ways of advancing knowledge*. New York: Springer-Verlag.

Tornau, K., & Frese, M. (2013). Construct clean-up in proactivity research: A meta-analysis on the nomological net of work-related proactivity concepts and their incremental validities. *Applied Psychology*, *62* (1), 44-96.

Trzesniewski, K. H., Donnellan, M. B., & Robins, R. W. (2003). Stability of self-esteem across the life span. *Journal of Personality and Social Psychology*, *84* (1), 205-220.

Tubre, T., Edwards, B. D., Zyphur, M., & Warren, C. (2006). *Predicting aggressive driving using the five-factor model personality variables*. Paper presented at the annual meeting of the Society for Industrial/Organizational Psychology, Dallas, TX, April 2006.

Turkheimer, E., Haley, A., Waldron, M., D'Onofrio, B., & Gottesman, II. (2003). Socioeconomic status modifies heritability of IQ in young children. *Psychological Science*, *14* (6), 623-628.

Twenge, J. M. (2001). Birth cohort changes in extraversion: A cross-temporal meta-analysis, 1966 - 1993. *Personality and Individual Differences*, *30* (5), 735-748.

Uchino, B. N., Smith, T. W., Holt-Lunstead, J., Campo, R. A., & Reblin, M. (2007). Stress and illness. In J. T. Cacioppo, L. G. Tassinary & G. G. Bertson (Eds.), *Handbook of psychophysiology* (*pp. 608-632*). New York: Cambridge University Press.

Urberg, K. A., Degirmencioglu, S. M., & Pilgrim, C. (1997). Close friend and group influence on adolescent cigarette smoking and alcohol use. *Developmental Psychology*, *33* (5), 834-844.

Vaidya, J. G., Gray, E. K., Haig, J. R., Mroczek, D. K., & Watson, D. (2008). Differential stability and individual growth trajectories of big five and affective traits during young adulthood. *Journal of Personality*, *76*(2), 267 - 304.

Vaillant, G. E., & McCullough, L. (1998). The role of ego mechanisms of defense in the diagnosis of personality disorders. In J. W. Barren (Ed.), *Making diagnosis meaningful: Enhancing evaluation and treatment of psychologcial disorder* (*pp. 119 - 158*). Washington, DC: American Psychological Assocation.

Van Aken, M. A., Denissen, J. J, Branje, S. J., Dubas, J. S., & Goossens, L. (2006). Midlife concerns and short-term personality change in middle adulthood. *European Journal of Personality: Published for the European Association of Personality Psychology*, *20*(6), 497 - 513.

Van Lieshout, C. F. M. (2006). Lifespan development of personality and developmental outcome domains. *European Journal of Personality: Published for the European Association of Personality Psychology*, *20*(6), 515 - 524.

Vanderwater, D. A., & McAdams, D. P. (1989). Generativity and Erikson's belief in the species. *Journal of Research in Personality*, *23* (4), 435 - 449.

Vandewater, E. A., & Stewart, A. J. (1998). Making commitments, creating lives: Linking women's roles and personality at midlife. *Psychology of Women Quarterly*, *22*(4), 717 - 738.

Vangelisti, A. L., & Maguire, K. (2002). Hurtful messages in family relationships: When the pain lingers. In J. H. Harvey & A. Wenzel (Eds.), *A clinician's guide to maintaining and enhancing close relationships*(*pp. 43 - 62*). Mahwah, NJ: Erlbaum.

Vazire, S. (2006). Informant reports: A cheap, fast, and easy method for personality assessment. *Journal of Research in Personality*, *40* (5), 472 - 481.

Vazire, S., & Gosling, S. D. (2004). E-Perceptions: Personality impression based on personal websites. *Journal of Personality and Social Psychology*, *87*(1), 123 - 132.

Vernon, P. A., Jang, K. L., Harris, J. A., & McCarthy, J. M. (1997). Environmental predictors of personality differences: A twin and sibling study. *Journal of Personality and Social Psychology*, *72*(1), 177 - 183.

Viken, R. J. , Rose, R. J., Kaprio, J., & Koskenvuo, M. (1994). A developmental genetic analysis of adult personality: Extraversion and neuroticism from 18 to 59 years of age. *Journal of Personality and Social Psychology*, *66*(4), 722 - 730.

Wachs, T. D. (1994). Fit, context, and the transition between temperament and personality. In C. E. Halverson, G. A. Kohnstamm & R. P. Martin (Eds.), *The developing structure of temperament and personality from infancy to adulthood* (*pp. 209 - 220*). Hillsdale, NJ: Erlbaum.

Wachs, T. D. (1999). Celebrating complexity: Conceptualization and assessment of the environment. In S. L. Friedman & T. D. Wachs (Eds.), *Measuring environment across the life span* (*pp. 357 - 392*). Washington, DC: American Psychological Association.

Wagner, J., Lüdtke, O., Jonkmann, K., & Trautwein, U. (2013). Cherish yourself: Longitudinal patterns and conditions of self-esteem change in the transition to young adulthood. *Journal of Personality and Social Psychology*, *104*(1), 148 - 163.

Walls, T. A., & Kollat, S. H. (2006). Agency to agentic personalities: The early to middle childhood gap. In D. Mroczek & T. D. Little (Eds.), *Handbook of personality development* (*pp. 231 - 244*). Mahwah, NJ: Erlbaum.

Wang, Q. (2004). The emergence of cultural self-construct: Autobiographical memory and self-description in American and Chinese children. *Developmental Psychology*, *40*(1), 3 - 15.

Wang, Q. (2006). Culture and the development of self-knowledge. *Current Directions in Psychological Science*, *15*(4), 182 - 187.

Wang, Q., Pomerantz, E. M., & Chen, H. (2007). The role of parents' control in early adolescents' psychological functioning: A longitudinal investigation in the United States and China. *Child Development*, *78*(5), 1592 - 1610.

Watson, D., & Clark, L. A. (1993). Behavioral disinhibition versus constraint: A dispositional perpective. In D. M. Wegner & J. W. Pennebaker (Eds.), *Handbook of mental control* (*pp. 506 - 527*). Upper Saddle River, NJ: Prentice Hill.

Watson, D., Klohnen, E. C., Casillas, A., Nussimms, E., Haig, J., & Berry, D. S. (2004). Match makers and deal breakers: Analyses of assortative mating in newlywed couples. *Journal of Personality*, *72*(5), 1029 - 1068.

Weiss, A., & Costa, P. T. (2005). Domain and facet personality predictors of all-cause mortality among medicare patients aged 65 to 100. *Psychosomatic Medicine*, *67*(5), 724 - 733.

Weiss, B., Dodge, K. A., Bates, J. E., & Pettit, G. S. (1992). Some consequences of early harsh discipline: Child aggression and a maladaptive social information processing style. *Child Development*, *63*(6), 1321 - 1335.

Weisz, J. R., Sweeney, L., Proffitt, V., & Carr, T. (1993). Control-related beliefs and self-reported depressive symptoms in late childhood. *Journal of Abnormal Psychology*, *102*(3), 411 - 418.

Whitbourne, S. K. (1986). *The me I know: A study of adult identity*. New York: Springer-Verlag.

Whitbourne, S. K., Zuschlag, M. K., Elliot, L. B., & Waterman, A. S. (1992). Psychosocial development in adulthood: A 22-year sequential study. *Journal of Personality and Social Psychology*, *63*(2), 260 - 271.

Whitehead, D. L., Perkins-Porras, L., Strike, P. C., Magid, K., & Steptoe, A. (2007). Cortisol awakening response is elevated in acute coronary syndrome patients with type-D personality. *Journal of Psychosomatic Research*, *62*(4), 419 - 425.

Whiteman, M. C. (2006). Personality, cardiovascular disease and public health. In M. E. Vollrath (Ed.), *Handbook of personality and health* (*pp. 13 - 34*). John Wiley & Sons, Ltd.

Wiest, M., Schuz, B., Webster, N., & Wurm, S. (2011). Subjective well-being and mortality revisited: Differential effects of cognitive and emotional facets of well-being on mortality. *Health Psychology*, *30*(6), 728 - 735.

Wigfield, A., Eccles, J., Schiefele, U., Roeser, R., & Davis-Kean, P. (2006). Development of achievement motivation. In W. D. N. Eisenberg & R. M. Lerner (Eds.), *Handbook of child psychology: Social, emotional, and personality development* (*pp. 933 - 1002*). New York: John Wiley & Sons, Inc.

Wille, B., & De Fruyt, F. (2014). Vocations as a source of identity: Reciprocal relations between big five personality traits and RIASEC characteristics over 15 years. *The Journal of Applied Psychology*, *99*(2), 262 - 281.

Williams, P. G., Rau, H. K., Cribbet, M. R., & Gunn, H. E. (2009). Openness to experience and stress regulation. *Journal of Research in Personality*, *43*(5), 777 - 784.

Williams, P. G., Smith, T. W., Gunn, H. E., & Uchino, B. N. (2011). Personality and stress: Individual differences in exposure, reactivity, recovery, and restoration. In R. Contrada & A. Baum (Eds.), *Handbook of stress science: Biology, psychology, and health* (*pp. 231 - 245*). New York: Springer.

Williams, P. G., Suchy, Y., & Kraybill, M. L. (2010). Five-factor model personality traits and executive functioning among older adults. *Journal of Research in Personality*, *44*(4), 485 - 491.

Williams, R. B., Barefoot, J. C., Blumenthal, J. A., Helms, M. J., Luecken, L., Pieper, C. F., . . . Suarez, E. C. (1997). Psychosocial correlates of job strain in a sample of working women. *Archives of General Psychiatry*, *54*(6), 543 - 548.

Williamson, D. F., Thompson, T. J., Anda, R. F., Dietz, W. H., & Felitti, V. (2002). Body weight and obesity in adults and self-reported abuse in childhood. *International Journal of Obesity*, *26*(8), 1075 - 1082.

Wilson, R. S., Bienias, J. L., Mendes de Leon, C. F., Evans, D. A., & Bennett, D. A. (2003). Negative affect and mortality in older persons. *American Journal of Epidemiology*, *158*(9), 827 - 835.

Wilson, R. S., Mendes de Leon, C. F., Bienias, J. L., Evans, D. A., & Bennett, D. A. (2004). Personality and mortality in old age. *The Journals of Gerontology*, *Series B: Psychological Sciences and Social Sciences*, *59*(3), 110 - 116.

Winkelmann, L., & Winkelmann, R. (2008). Personality, work, and satisfaction: Evidence from the German Socio-Economic Panel. *The Journal of Positive Psychology*, *3*(4), 266 - 275.

Wohlwill, J. F. (1973). *The study of behavioral development*. New York: Academic Press.

Wood, D., Gosling, S. D., & Potter, J. (2007). Normality evaluation and their relation to personality traits and well-being. *Journal of Personality and Social Psychology*, *93*(5), 861 - 879.

Wortman, J., Lucas, R. E., & Donnellan, M. (2012). Stability and change in the big five personality domains: Evidence from a longitudinal study of Australians. *Psychology and Aging*, *27*(4), 867 - 874.

Wortman, J., & Wood, D. (2013). *Motivated development? A trait's desiability directs its development*. Paper presented at the Association for Research in Personality, Charlotte, NC.

Wrzus, C., Hänel, M., Wagner, J., & Neyer, F. J. (2013). Social network changes and life events across the life span: A meta-analysis. *Psychological Bulletin*, *139*(1), 53 - 80.

Yan, L. L., Liu, K., Matthews, K. A., Daviglus, M. L., Ferguson, T. F., & Kiefe, C. I. (2003). Psychosocial factors and risk of hypertension:

The coronary artery risk development in young adults (CARDIA) study. *JAMA*, *290*(16), 2138 - 2148.

Yang, J. A., & Rehm, L. P. (1993). A study of autobiographical memories in depressed and nondepressed elderly individuals. *The International Journal of Aging and Human Development*, *36*(1), 39 - 55.

Yap, S. C., Anusic, I., & Lucas, R. E. (2012). Does personality moderate reaction and adaptation to major life events? Evidence from the British Household Panel Survey. *Journal of Research in Personality*, *46*(5), 477 - 488.

Zelenski, J. M., Whelan, D. C., Nealis, L. J., Besner, C. M., Santoro, M. S., & Wynn, J. E. (2013). Personality and affective forecasting: Trait introverts underpredict the hedonic benefits of acting extraverted. *Journal of Personality and Social Psychology*, *104*(6), 1092 - 1108.

Zemack-Rugar, Y., Bettman, J. R., & Fitzsimons, G. J. (2007). The effects of nonconsciously priming emotion concepts on behavior. *Journal of Personality and Social Psychology*, *93*(6), 927 - 939.

Zentner, M. (2005). Ideal mate personality concepts and compatibility in close relationships: A longitudinal analysis. *Journal of Personality and Social Psychology*, *89*(2), 242 - 256.

Zhang, J., Niaura, R., Todaro, J. F., McCaffery, J. M., Shen, B. J., Spiro, A., & Ward, K. D. (2005). Suppressed hostility predicted hypertension incidence among middle-aged men: The normative aging study. *Journal of Behavioral Medicine*, *28*(5), 443 - 454.

图书在版编目（CIP）数据

人格的毕生发展 / 尤瑾著. — 上海:上海教育出版社, 2020.8
（人格心理研究丛书 / 郭永玉主编）
ISBN 978-7-5444-9985-9

Ⅰ. ①人… Ⅱ. ①尤… Ⅲ. ①发展心理学②人格心理学
Ⅳ. ①B84

中国版本图书馆CIP数据核字(2020)第146184号

责任编辑　徐凤娇
书籍设计　陆　弦

人格心理研究丛书
郭永玉　主编
人格的毕生发展
尤　瑾　著

出版发行　上海教育出版社有限公司
官　　网　www.seph.com.cn
地　　址　上海市永福路123号
邮　　编　200031
印　　刷　上海展强印刷有限公司
开　　本　965×635　1/16　印张 17
字　　数　237 千字
版　　次　2020年9月第1版
印　　次　2020年9月第1次印刷
书　　号　ISBN 978-7-5444-9985-9/B·0182
定　　价　49.00 元